中華古籍保護計劃

ZHONG HUA GU JI BAO HU JI HUA CHENG GUO

·成 果·

杭州圖書館

古籍普查登記目録

全國古籍普查登記目録·浙江杭州

國家圖書館出版社
National Library of China Publishing House

圖書在版編目（CIP）數據

杭州圖書館古籍普查登記目錄/杭州圖書館編. --北京:國家圖書館出版社,2018.9
（全國古籍普查登記目錄）
ISBN 978 - 7 - 5013 - 6475 - 6

Ⅰ.①杭…　Ⅱ.①杭…　Ⅲ.①公共圖書館—古籍—圖書館目錄—杭州　Ⅳ.①Z838

中國版本圖書館 CIP 數據核字(2018)第 154151 號

書　　名　杭州圖書館古籍普查登記目錄
著　　者　杭州圖書館　編
責任編輯　許海燕

出　　版　國家圖書館出版社(100034　北京市西城區文津街 7 號)
　　　　　（原書目文獻出版社　北京圖書館出版社）
發　　行　010 - 66114536　66126153　66151313　66175620
　　　　　66121706(傳真)　66126156(門市部)
E-mail　　nlcpress@ nlc. cn(郵購)
Website　www. nlcpress. com→投稿中心
經　　銷　新華書店
印　　裝　河北三河弘翰印務有限公司
版　　次　2018 年 9 月第 1 版　2018 年 9 月第 1 次印刷

開　　本　787×1092(毫米)　1/16
印　　張　16. 75
字　　數　350 千字

書　　號　ISBN 978 - 7 - 5013 - 6475 - 6
定　　價　180. 00 圓

《全國古籍普查登記目錄》

工作委員會

主 任： 周和平

副主任： 張永新　詹福瑞　劉小琴　李致忠　張志清

委 員（按姓氏筆畫排序）：

于立仁	王水喬	王　沛	王紅蕾	王筱雯
方自今	尹壽松	包菊香	任　競	全　勤
李西寧	李　彤	李忠昊	李春來	李　培
李曉秋	吳建中	宋志英	努　木	林世田
易向軍	周建文	洪　琰	倪曉建	徐欣禄
徐　蜀	高文華	郭向東	陳荔京	陳紅彦
張　勇	湯旭岩	楊　揚	賈貴榮	趙　嬿
鄭智明	劉洪輝	歷　力	鮑盛華	韓　彬
魏存慶	鍾海珍	謝冬榮	謝　林	應長興

《全國古籍普查登記目録》

序　言

　　全國古籍普查登記工作是"中華古籍保護計劃"的首要任務,是全面開展古籍搶救、保護和利用工作的基礎,也是有史以來第一次由政府組織、參加收藏單位最多的全國性古籍普查登記工作。

　　2007年國務院辦公廳發布《關於進一步加强古籍保護工作的意見》(國辦發[2007]6號),明確了古籍保護工作的首要任務是對全國公共圖書館、博物館和教育、宗教、民族、文物等系統的古籍收藏和保護狀况進行全面普查,建立中華古籍聯合目録和古籍數字資源庫。2011年12月,文化部下發《文化部辦公廳關於加快推進全國古籍普查登記工作的通知》(文辦發[2011]518號),進一步落實了全國古籍普查登記工作。根據文化部2011年518號文件精神,國家古籍保護中心擬訂了《全國古籍普查登記工作方案》,進一步規範了古籍普查登記工作的範圍、内容、原則、步驟、辦法、成果和經費。目前進行的全國古籍普查登記工作的中心任務是通過每部古籍的身份證——"古籍普查登記編號"和相關信息,建立古籍總臺賬,全面瞭解全國古籍存藏情况,開展全國古籍保護的基礎性工作,加强各級政府對古籍的管理、保護和利用。

　　《全國古籍普查登記工作方案》規定了全國古籍普查登記工作的三個主要步驟:一、開展古籍普查登記工作;二、在古籍普查登記基礎上,編纂出版館藏古籍普查登記目録,形成《全國古籍普查登記目録》;三、在古籍普查登記工作基本完成的前提下,由省級古籍保護中心負責編纂出版本省古籍分類聯合目録《中華古籍總目》分省卷,由國家古籍保護中心負責編纂出版《中華古籍總目》統編卷。

　　在黨和政府領導下,在各地區、各有關部門和全社會共同努力下,古籍普查登記工作得以扎實推進。古籍普查已在除臺、港、澳之外的全國各省級行政區域開展,普查内容除漢文古籍外,還包括各少數民族文字古籍,特别是於2010年分别啓動了新疆古籍保護和西藏古籍保護專項,因地制宜,開展古籍普查登記工作;國家古籍保護中心研製的"全國古籍普查登記平臺"已覆蓋到全國各省級古籍保護中心,并進一步研發了"中華古籍索引庫",爲及時展現古籍普查成果提供有力支持;截至目前,已有11375部古籍進入《國家珍貴古籍名録》,浙江、江蘇、山東、河北等省公布了省級《珍貴古籍名録》，古籍分級保護機制初步形成。

《全國古籍普查登記目録》是古籍普查工作的階段性成果，旨在摸清家底，揭示館藏，反映古籍的基本信息。原則上每申報單位獨立成册，館藏量少不能獨立成册者，則在本省範圍內幾個館目合并成册。無論獨立成册還是合并成册，均編製獨立的書名筆畫索引附於書後。著録的必填基本項目有：古籍普查登記編號、索書號、題名卷數、著者（含著作方式）、版本、册數及存缺卷數。其他擴展項目有：分類、批校題跋、版式、裝幀形式、叢書子目、書影、破損狀況等。有條件的收藏單位多著録的一些擴展項目，也反映在《全國古籍普查登記目録》上。目録編排按古籍普查登記編號排序，內在順序給予各古籍收藏單位較大自由度，可按分類排列古籍普查登記編號，也可按排架號、按同書名等排列古籍普查登記編號，以反映各館特色。

此次全國古籍普查登記工作，克服了古籍數量多、普查人員少、普查難度大等各種困難，也得到了全國古籍保護工作者的極大支持。在古籍普查登記過程中，國家古籍保護中心、各省古籍保護中心爲此舉辦了多期古籍普查、古籍鑒定、古籍普查目録審校等培訓班，全國共 1600 餘家單位參加了培訓，爲古籍普查登記工作培養了大量人才。同時在古籍普查登記工作中，也鍛煉了普查員的實踐能力，爲將來古籍保護事業發展奠定了良好的基礎。

《全國古籍普查登記目録》的出版，將摸清我國古籍家底，爲古籍保護和利用工作提供依據，也將是古籍保護長期工作的一個里程碑。

國家古籍保護中心
2013 年 10 月

2

《全國古籍普查登記目録》

編纂凡例

一、收録範圍爲我國境内各收藏機構或個人所藏,産生於 1912 年以前,具有文物價值、學術價值和藝術價值的文獻典籍,包括漢文古籍和少數民族文字古籍以及甲骨、簡帛、敦煌遺書、碑帖拓本、古地圖等文獻。其中,部分文獻的收録年限適當延伸。

二、以各收藏機構爲分冊依據,篇幅較小者,適當合并出版。

三、一部古籍一條款目,複本亦單獨著録。

四、著録基本要求爲客觀登記、規範描述。

五、著録款目包括古籍普查登記編號、索書號、題名卷數、著者、版本、冊數、存缺卷等。古籍普查登記編號的組成方式是:省級行政區劃代碼—單位代碼—古籍普查登記順序號。

六、以古籍普查登記編號順序排序。

《浙江省古籍普查登記目録》

工作委員會

主　任：金興盛

副主任：葉　菁

委　員：倪　巍　　徐曉軍　　賈曉東　　雷祥雄　　劉曉清

　　　　徐　潔　　李儉英　　孫雍容　　張愛琴　　張純芳

　　　　金琴龍　　樓　婷　　陳泉標　　鍾世杰　　應　雄

　　　　陸深海　　吕振興　　徐兼明

《浙江省古籍普查登記目録》

編纂委員會

主　編：徐曉軍

副主編：童聖江　曹海花　褚樹青　莊立臻　徐益波

　　　　胡海榮　沈紅梅　劉　偉　王以儉　孫旭霞

　　　　占　劍　孫國茂　毛　旭　季彤曦

統校和編纂工作小組組長：曹海花（浙江圖書館）

統校和編纂工作小組成員：秦華英（浙江圖書館）

　　　　　　　　　　　　呂　芳（浙江圖書館）

　　　　　　　　　　　　干亦鈴（寧波市圖書館）

　　　　　　　　　　　　劉　雲（寧波市天一閣博物館）

　　　　　　　　　　　　周慧惠（寧波市天一閣博物館）

　　　　　　　　　　　　馬曉紅（餘姚市文物保護管理所）

　　　　　　　　　　　　陳瑾淵（温州市圖書館）

　　　　　　　　　　　　王　昉（温州市圖書館）

　　　　　　　　　　　　沈秋燕（嘉興市圖書館）

　　　　　　　　　　　　丁嫻明（嘉興市圖書館）

　　　　　　　　　　　　唐　微（紹興圖書館）

　　　　　　　　　　　　丁　瑛（紹興圖書館）

　　　　　　　　　　　　毛　慧（衢州市博物館）

《浙江省古籍普查登記目録》
序　言

　　浙江文化底藴深厚，書籍刻印歷史悠久，前賢留下的著述浩如烟海，藏書雅閣及私人藏書爲數衆多，古籍資源十分豐富，幾乎縣縣有古籍，是全國古籍藏量較多的省份之一，是中華文化中具有獨特地域特色的重要一脉。保護好這些珍貴的古籍，對促進文化傳承、弘揚民族精神、維護國家統一及社會穩定具有重要作用。同時，加强古籍保護工作，也是加快建設文化大省、文化强省，努力推動文化浙江建設和社會主義文化大發展大繁榮的必然要求。

（一）

　　爲搶救、保護我國的珍貴古籍，繼承和弘揚優秀傳統文化，國務院辦公廳印發了《關於進一步加强古籍保護工作的意見》（國辦發［2007］6 號），全國古籍普查登記工作是瞭解全國古籍存藏情況、建立古籍總臺賬、開展全國古籍保護的基礎性工作。爲認真貫徹落實"國辦發［2007］6 號"文件精神，切實加强全省古籍的搶救、保護，浙江省人民政府辦公廳印發《關於進一步加强古籍保護工作的意見》（浙政辦發［2009］54 號），提出 2009 年起要在全省範圍内開展古籍普查登記工作。2012 年，浙江省古籍保護工作聯席會議下發《關於印發〈浙江省"中華古籍保護計劃"實施方案〉的通知》（浙文社［2012］30 號），提出在"十二五"末基本完成全省古籍普查工作的目標。

　　試點先行、摸底調查、制定方案，建立制度、統籌指揮，引進人員、有效培訓、壯大隊伍，配置設備、補助經費、保障到位，編製手册、明確款目、統一規則，著録完整、審核到位、保證質量，設立項目、表揚先進，在省委省政府的高度重視及其各部門的大力支持下，在國家古籍保護中心的積極指導和省文化廳的正確領導下，通過以上種種措施，"秉持浙江精神，幹在實處、走在前列、勇立潮頭"，全省公共圖書館、文物、教育、檔案、衛生五大系統共計 95 家公藏單位通力合作，到 2017 年 4 月底基本完成了全省的古籍普查登記工作。

　　通過普查，摸清了全省古籍文化遺產家底，揭示了全省各地區文化脉絡，形成了統一的古籍信息數據庫，建立了一支遍布全省的古籍保護隊伍，爲下一步有針對性地開展古籍保護工作奠定堅實的基礎。鑒於全省在古籍普查和其他古籍保護工作中的突出表現，2014 年，浙江圖書館、嘉興市圖書館、雲和縣圖書館獲得"全國古籍保護工作先進單位"稱號，浙江圖書館徐曉軍和曹海花、温州市圖書館王妍、紹興圖書館唐微、平湖市圖書館馬慧、衢州市博物館程勤等6人獲得"全國古籍保護工作先進個人"稱號。

（二）

全國古籍普查登記範圍爲1912年以前産生的文獻典籍。由於近代以來浙江私人藏書相當發達，民國期間也刻印了大量典籍，民國文獻在各藏書單位（尤其是基層單位）所藏歷史文獻中占據了相當大的比重。這些文獻形成了浙江文獻典藏的重要特色，是浙江傳統文化的重要組成部分。爲更加全面地掌握本省歷史文獻文化遺産現狀，浙江省將民國時期傳統裝幀書籍也納入普查範圍。

按照《全國古籍普查登記手冊》要求，登記每部古籍的基本項目，必登項目有索書號、題名卷數、著者、版本、冊數、存缺卷數，選登項目有分類、批校題跋、版式、裝幀形式、叢書子目、書影、破損狀況等內容。浙江省的古籍普查工作一直高標準、嚴要求，自始至終堅持平臺項目全著録，堅持文字信息和書影信息雙著録，登記每部書的索書號、分類、題名卷數、著者、卷數統計、版本、版式、裝幀、裝具、序跋、刻工、批校題跋、鈐印、叢書子目、定級及書影、定損及書影等16大項74小項的信息。

普查統計顯示，截至2017年4月30日，全省95家單位共藏有傳統裝幀書籍337405部2506633冊，其中不分卷者計31737部96822冊，分卷者計305668部2409811冊11433371卷（實存8223803卷）：古籍（含域外本）219862部1754943冊，不分卷者15777部54901冊，分卷者204085部1700042冊7934703卷；民國時期傳統裝幀書籍117543部751690冊，不分卷者15960部41921冊，分卷者101583部709769冊3498668卷。

從版本定級來看，全省四級文獻最多，部數、冊數數量占比分別爲84.75%、78.69%。三級次之，部數、冊數數量占比13.12%、15.96%。一級、二級文獻共計5689部111722冊，量雖不多，極爲珍貴，其破損程度較輕，基本都配置了裝具且裝具狀況良好，這是古籍分級保護體系的有力體現。

從文獻類型來看，古籍普查平臺采用六部分類，在傳統的經、史、子、集四部外加上類叢部、新學。從冊數來看，全省文獻類叢部數量最多，占比29.40%，這其中很大一部分原因在於民國時期刊印了不少大型叢書。史部、集部、子部、經部分居第二至五位，數量占比分別爲28.98%、18.00%、13.49%、9.24%。新學數量最少，還不到1%。

從版本類型來看，全省古籍版本類型豐富，數量最多的是刻本，部數占比51.01%、冊數占比55.03%。部數排在第二至四位的是鉛印本、石印本、抄本，分別占比17.71%、16.58%、5.19%。冊數排在第二至四位的是鉛印本、石印本、影印本，分別占比14.27%、12.40%、11.38%，這與將民國時期傳統裝幀書籍納入古籍普查範圍有極大關係。稿、抄本部數占比6.9%、冊數占比4.04%，總體占比不是很高，但在一、二級文獻中稿、抄本的比例比較高，一級中部數占比20.49%、冊數占比70.25%，二級中部數占比13.16%、冊數占比6.57%。

從版本年代來看,全省藏書從南北朝以迄民國,并有部分日本、朝鮮、越南本。其中,元及元以前共計 244 部 3357 册。明、清、民國共計 2486788 册,數量占比 99.21%:明代占比 5.95%、清代占比 63.27%、民國占比 29.99%。日本、朝鮮、越南三國本共計 1877 部 14522 册,部數、册數占比分別爲 0.56%、0.58%。

從批校題跋來看,337405 部文獻中有姓名可考的批校題跋共計 15374 部,其中集部批校題跋最多,占全部批校題跋的 38.73%、占集部文獻的 6.16%。稿本的批校題跋在相對應的版本類型中比例最高,爲 16.18%。且稿本中有多人批校題跋的量最多,多者一部稿本中的批校題跋者達 25 人,如浙江圖書館藏沈蕉青稿本《燈青茶嫩草》三卷中有孫麟趾等 25 人的批校題跋。從各館藏書的批校題跋者來看,有鮮明的館域特色,從一個側面體現了各館的文獻來源。

從鈐印來看,337405 部文獻中有 51509 部有收藏鈐印,各級文獻鈐印比例隨級別的增高而加大,一至四級文獻的鈐印占比分別爲 50.67%、49.38%、26.00%、12.90%。收藏鈐印從一個方面體現了某書的遞藏源流,鈐印多於 1 方者有 24840 部,鈐印多者達 54 方,如寧波市天一閣博物館藏清初毛氏汲古閣影宋抄本《集韻》十卷上鈐毛晉、毛扆、段玉裁、朱鼎煦四人共計 54 方印。

在普查的過程中,我們還利用普查成果積極申報《國家珍貴古籍名録》、評選《浙江省珍貴古籍名録》,建立珍貴古籍分級保護體系。截至目前,全省共有 871 部珍貴古籍入選第一至五批《國家珍貴古籍名録》,有 609 部古籍入選第一至三批《浙江省珍貴古籍名録》。

(三)

普查登記著録工作結束後,省古籍保護中心於 2016 年 6 月成立由浙江圖書館、寧波市圖書館、寧波市天一閣博物館、餘姚市文物保護管理所、温州市圖書館、嘉興市圖書館、紹興圖書館、衢州市博物館 8 家單位的 14 名普查業務骨幹組成的浙江省古籍普查登記目録統校和編纂工作小組,開始全省普查數據的統校和古籍普查登記目録的編纂工作。

浙江省的普查登記目録是將古籍和民國書籍分開的,全省統一規劃,分別出版《浙江省古籍普查登記目録》和《浙江省民國時期傳統裝幀書籍普查登記目録》。根據《全國古籍普查登記目録審校要求》《古籍普查登記表格整理規範》的要求,省古籍保護中心制定《浙江省古籍普查登記目録編纂工作方案》《浙江省古籍普查數據統校細則》,用於指導全省的數據統校和登記目録的編纂。統校和編纂工作程序如下:導出普查平臺上的數據,切分爲古籍、民國兩張表,按照設定的普查編號、索書號、分類、題名卷數、著者、版本、批校題跋、册數、存缺卷這幾項登記目録的出版款目對表格進行整理,整理後按照題名進行排列分給各統校員進行統校,統校結束後的數據按行政區域進行彙總交由分區負責人進行覆核,覆核結束後由省古籍保護中心一一寄給各館進行修改確認,經各館確認後由分區負責人進行最後審定。

在統校的過程中,爲了保證全省數據著錄的一致,我們積極利用我國古籍整理研究的重大成果《中國古籍總目》(以下簡稱《總目》),每條書目一一對核《總目》,《總目》收者即標注《總目》頁碼,《總目》未收某版本者標注"無此版本",《總目》未收者標注"無",《總目》所收即浙江某館所藏者特殊標注,《總目》著錄與普查信息有差異或一時無法判斷者標注"存疑"。拿浙江圖書館的近7萬條古籍數據來看,據不完全統計,除去複本,《總目》所收即浙江圖書館所藏者有1100多種,《總目》未收某一明確版本者有3200多種,《總目》未收者有8300多種。

全省95家單位中有93家單位有古籍數據,總條數計22萬條左右。根據分區域出版和達到一定條數可以單獨成書的原則,全省的古籍普查登記目錄大致分爲以下26種:浙江圖書館,浙江大學圖書館,浙江省博物館,浙江省中醫藥研究院等四家收藏單位,杭州圖書館,西泠印社社務委員會等十家收藏單位,浙江省瑞安中學等八家收藏單位,寧波市圖書館,寧波市天一閣博物館,寧波市奉化區文物保護管理所等六家收藏單位,舟山市圖書館等二家收藏單位,溫州市圖書館,瑞安市博物館,嘉興市圖書館,平湖市圖書館,嘉善縣圖書館,海寧市圖書館等六家收藏單位,湖州市圖書館等七家收藏單位、常山縣圖書館等二家收藏單位,紹興圖書館,嵊州市圖書館,紹興市上虞區圖書館等八家收藏單位,東陽市博物館,金華市博物館等九家收藏單位,衢州市博物館,台州市黃岩區圖書館,臨海市圖書館,臨海市博物館等六家收藏單位,麗水市圖書館等八家收藏單位。目前全省的古籍普查登記目錄有多種已進入出版流程(爲保障普查編號的唯一性、終身有效性,各館數據以原普查編號從低到高的順序進行排列,由於浙江省古籍普查範圍包括古籍、民國時期傳統裝幀書籍、域外漢文古籍,著錄時幾種文獻交替進行,而出版時是分開的,加之普查平臺系統出現的跳號情況,所以會出現普查編號不連貫的情況,特此説明),民國時期傳統裝幀書籍普查登記目錄的編纂亦接近尾聲。普查登記工作和普查登記目錄的編纂爲接下來《中華古籍總目·浙江卷》的編纂打下了良好的基礎。

浙江省古籍普查工作得到了各方的關心和支持。感謝各兄弟省份古籍同行的熱情幫助,感謝李致忠、張志清、吳格、陳先行、陳紅彦、陳荔京、羅琳、王清原、唱春蓮、李德生、石洪運、賈秀麗、范邦瑾等專家學者的悉心指導,藉力於此,普查工作纔得以順利完成。

條數多,分布廣,又出於衆手,儘管工作中我們一直争取做到最好,但無論是已經著錄的平臺數據還是即將付梓的登記目錄,都難免存在紕漏,希望業界同仁不吝賜教,俾臻完善。

浙江省古籍保護中心

2018年4月

《杭州圖書館古籍普查登記目録》

編委會

《杭州圖書館古籍普查登記目録》

前　言

　　2007年，文化部正式啓動國家級重點文化工程——"中華古籍保護計劃"。同年，國務院辦公廳發布《關於進一步加强古籍保護工作的意見》，對全國古籍保護工作進行專門指導，從此古籍普查工作在全國範圍內逐步深入開展。在這種新形式和新環境下，杭州圖書館的古籍保護工作也步入了一個新的軌道。2007年，杭州圖書館經由全國古籍保護工作部際聯席會議審議確定，被列爲全國古籍保護工作試點單位。2008年新館落成，書庫環境大爲改善，建成了具有恒温恒濕、防火防盗等功能的獨立古籍書庫。2009年，我館被列入第二批"全國古籍重點保護單位"。2011年，在原有館藏目録的基礎上，我館編纂完成并出版了《杭州圖書館善本書目録》和《杭州圖書館地方碑帖目録提要》。2012年，我館申報"浙江省古籍普查項目"并立項。在國家古籍保護中心和浙江省古籍保護中心的培訓指導下，我館再次對古舊文獻進行全面普查，經過數年的不懈努力，這本凝結了杭州圖書館人心血的《杭州圖書館古籍普查登記目録》終於編纂完成。這是一次更徹底、更完善的基礎性整理工作，對杭州圖書館的古籍目録編纂工作和今後的古籍保護與整理工作有着重要的意義。

　　杭州圖書館創建於1958年，起初古籍文獻不甚豐富，通過文化局調撥和古舊書店購買等手段，經過50多年的不斷發展，現有古籍3076種18255冊（件），其中善本600多種4000餘冊。雖然我館古籍總數仍不算龐大，但其中不乏珍本佳槧。早在20世紀80年代編撰《中國古籍善本書目》時，我館已能提供善本條目407種。截至目前，我館共有41部古籍入選《國家珍貴古籍名録》，38部入選《浙江省珍貴古籍名録》。杭州圖書館古籍文獻以稿本、抄本、批校題跋本、套印本及地方文獻、雲南文獻爲特色。稿本如《王文韶日記》，王文韶是浙江仁和（今浙江杭州）人，咸豐二年（1852）進士，清末大臣，當過直隸總督兼北洋大臣。該日記記事從同治六年至十一年（1867–1872）、光緒元年至二十八年（1875–1902），中間雖缺同治十二、十三年，但記録和保存相對完好，且是未刊稿本，史料價值極高，已入選第一批《國家珍貴古籍名録》。其他稿本如清江承之撰、張惠言校補的《虞氏易變表》，清王同撰《武林風俗記》，清來集之撰《樵叟備忘雜識》等都有較高的版本價值和學術價值，均入選《國家珍貴古籍名録》。抄本如清田汝成撰《遼紀》，此爲清初抄本，編纂《四庫全書》時被

1

徵爲四庫底本，也入選第一批《國家珍貴古籍名録》。批校題跋本有《書經集傳》清丁晏批校并跋、《唐書》清蔣杲校并跋等。丁晏是清代著名經學家，對《尚書》深有研究。題跋從文獻原本入手，揭示版本删存情況，搜輯前人解説，叙述成書經過，又間出己見，體現了丁晏深厚的文獻學功底。蔣杲批校《唐書》，取材詳贍，間有評議，并綴寫小記，説明此書學術淵源、版刻異同，具有較高的學術價值。套印本有《李長吉歌詩》《三子合刊》《陶靖節詩》等。分版分色的套印技術來源於最初的一版分色敷彩法。到了明代，套印技術發展迅速，尤其以浙江烏程凌濛初、閔齊伋兩家爲代表。除了朱墨套印外，他們還掌握了三色套印的技法。館藏的這幾種古籍都是凌、閔兩家朱墨兩色套印的精品，版式疏朗，紙瑩色豔。此外，我館還藏有不少杭州地方文獻資料，爲近年來杭州市重點圖書館出版項目《西湖文獻集成》提供了諸如《遊明聖湖日記》等多種古籍原本。這些珍貴的古籍文獻都將在這本目録中得到體現。

這本目録的編纂過程漫長而嚴謹，編纂者立足於原始文本，從題名著者、存缺卷數、版本年代、版式行款、刻寫收藏、紙張裝幀、牌記印鑒、序跋目録、正文附録等多方面條分縷析，考辨入微，著録方式規範統一，古籍定級和古籍破損情況詳録在案，并前後數次校對，有效地保證了此目録的内容品質和學術價值。

此次普查提高了我館古籍工作人員的業務水準，明確了現有古籍的存量情況和破損情況，糾正了館藏目録原有著録的訛誤問題，爲下一步的古籍保護工作打下了扎實的基礎。2014 年，我館通過專家評審，入選"省級古籍修復中心"，這將有利於促進杭州地區古籍保護工作的積極開展，提高古籍修復和保護水準。

最後，由於古籍普查登記難度較大，我們編輯經驗不足，不免有疏漏之處，懇請方家批評指正，以待完善。

沈静
2017 年 3 月

目　　録

330000－1702－0000001　善201/1　子部/兵家類/兵法之屬

兵略三卷　(清)揭暄撰　清抄本　二冊

330000－1702－0000002　善201/2　經部/小學類/音韻之屬/韻書

古今韻略五卷　(清)邵長蘅撰　清康熙三十五年(1696)商丘宋犖刻本　清江昱批　十冊

330000－1702－0000003　史部/紀傳類/正史之屬

漢書一百卷　(漢)班固撰　(唐)顏師古注　明正統八年至十年(1443－1445)刻本　二冊　存三卷(八十三至八十四、九十四)

330000－1702－0000004　善201/4　史部/詔令奏議類/奏議之屬

海防奏疏二卷撫畿奏疏十卷計部奏疏四卷　(明)汪應蛟撰　明末刻本　十二冊

330000－1702－0000005　善210/5　子部/宗教類/佛教之屬/論

成唯識論十卷　(天竺)護法等菩薩造　(唐)釋玄奘譯　明刻本　四冊

330000－1702－0000006　善201/6　子部/術數類/命書相書之屬

大定新編四卷　(明)楊向春撰　明嘉靖二十五年(1546)刻本　八冊

330000－1702－0000007　善201/7　子部/雜著類/雜纂之屬

小窗四紀四種　(明)吳從先輯　明萬曆刻本　十二冊　存一種

330000－1702－0000008　善201/8　經部/小學類/訓詁之屬/爾雅

爾雅新義二十卷　爾雅新義敘錄一卷　(宋)陸佃撰　(清)宋大樽輯　清嘉慶十三年(1808)陸芝榮三間草堂刻本　清王宗炎批校並跋　六冊

330000－1702－0000009　善201/9　史部/地理類/雜志之屬

龍井見聞錄十卷附宋僧元淨外傳二卷　(清)汪孟鋗撰　稿本　三冊　存六卷(龍井見聞錄三至六、宋僧元淨外傳一至二)

330000－1702－0000010　善201/10　史部/史評類/史論之屬

蘭曹讀史日記四卷　(明)熊尚文撰　明萬曆四十三年(1615)刻本　十冊

330000－1702－0000011　善201/11　子部/宗教類/佛教之屬/經

大佛頂如來密因修證了義諸菩薩萬行首楞嚴經十卷　題(唐)釋般剌密帝　(唐)釋彌伽釋迦譯　明淩毓枬刻朱墨套印本　十冊

330000－1702－0000012　善201/12　子部/宗教類/佛教之屬/經

大佛頂如來密因修證了義諸菩薩萬行首楞嚴經十卷　題(唐)釋般剌密帝　(唐)釋彌伽釋迦譯　明淩毓枬刻朱墨套印本　十冊

330000－1702－0000013　善202/13　子部/儒家類/儒學之屬/性理

分類經進近思錄集解十四卷　(宋)葉采撰　明吳勉學刻本　六冊

330000－1702－0000014　善202/14　類叢部/類書類/通類之屬

卓氏藻林八卷　(明)卓明卿輯　明萬曆八年(1580)卓氏妙香室刻本　八冊

330000－1702－0000015　善202/15　史部/傳記類/別傳之屬

烏臺詩案一卷　(宋)朋九萬撰　清康熙四十年(1701)海寧馬氏衎齋刻本　清諸璧發跋　一冊

330000－1702－0000016　善202/16　經部/小學類/訓詁之屬/群雅

爾雅翼三十二卷　(宋)羅願撰　(元)洪焱祖音釋　明萬曆三十三年(1605)羅文瑞刻本　十二冊

330000－1702－0000017　善202/17　子部/宗教類/佛教之屬/經疏

觀楞伽阿跋多羅寶經記四卷署科一卷　(南朝宋)釋求那跋陀羅譯　(明)釋德清筆記　明萬曆刻本　四冊

330000－1702－0000018　善202/18　經部/小學類/文字之屬/字書/字典

新校經史海篇直音五卷　（明）□□輯　明萬曆六年(1578)黃祿刻本　十冊

330000－1702－0000019　善202/19　子部/道家類

南華眞經十卷　（晉）郭象注　（唐）陸德明音義　明刻本　清計東跋　朱師轍過錄孫星衍廉石居藏書記並跋　十冊

330000－1702－0000020　善202/20　子部/道家類

南華真經旁注五卷　（明）方虛名撰　明萬曆二十二年(1594)刻本　二冊

330000－1702－0000021　善202/21　經部/小學類/音韻之屬/韻書

洪武正韻十六卷　（明）樂韶鳳撰　（明）宋濂等撰　**正字千文二卷**　（明）馮應京參定（明）瞿九思校正　明萬曆三年(1575)刻本五冊

330000－1702－0000022　善202/22　史部/紀傳類/正史之屬

漢書評林一百卷　（明）凌稚隆輯　明萬曆九年(1581)吳興凌稚隆刻本　三十二冊

330000－1702－0000023　善203/23　子部/宗教類/佛教之屬

知儒編一卷　（明）周夢秀撰　明吳祚刻本三冊

330000－1702－0000024　善203/24　史部/雜史類/斷代之屬

聖典二十四卷　（明）朱睦㮮輯　明萬曆四十一年(1613)刻本　八冊

330000－1702－0000025　善203/25　子部/叢編

二十家子書　（明）謝汝韶編　明萬曆六年(1578)吉藩崇德書院刻本　十六冊

330000－1702－0000026　善203/26　子部/道家類

南華眞經十卷　（晉）郭象注　（唐）陸德明音義　明刻本　六冊

330000－1702－0000027　善203/27　史部/紀傳類/正史之屬

唐書二百卷　（五代）劉昫等撰　明嘉靖十四年至十八年(1535－1539)餘姚聞人詮刻本清蔣杲校並跋　六十四冊

330000－1702－0000028　善203/28　經部/小學類/音韻之屬/韻書

古今韻會舉要三十卷禮部韻略七音三十六母通考一卷　（元）黃公紹撰　（元）熊忠舉要明嘉靖十五年(1536)秦鉞、李舜臣刻十七年(1538)劉儲秀補刻本　三十冊

330000－1702－0000029　善204/29　類叢部/類書類/通類之屬

新刊唐荊川先生稗編一百二十卷目錄三卷（明）唐順之輯　明萬曆九年(1581)茅一相文霞閣刻本（卷七十六至七十七配抄本）　佚名過錄欽定四庫全書提要　六十冊

330000－1702－0000030　善205/30　史部/紀傳類/正史之屬

史漢評林　（明）凌稚隆輯　明萬曆烏程凌氏刻本　三十六冊　存一種

330000－1702－0000031　善205/31　子部/儒家類/儒學之屬/性理

新刻九我李太史校正大方性理全書七十卷（明）胡廣等撰　明萬曆三十一年(1603)吳勉學刻本　二十二冊

330000－1702－0000032　善206/32　經部/詩類/詩序之屬

詩傳孔氏傳一卷　題（周）端木賜撰　明萬曆四十五年(1617)張鶴鳴刻本　六冊

330000－1702－0000033　善206/33　子部/法家類

韓子迂評二十卷　（明）無門子撰　明刻朱墨套印本　七冊

330000－1702－0000034　善206/34　子部/法家類

韓子迂評二十卷　（明）無門子撰　明刻朱墨

套印本　七册

330000－1702－0000035　善206/35　史部/
地理類/雜志之屬

會稽三賦四卷　（宋）王十朋撰　（明）南逢吉
注　（明）尹壇補注　明萬曆刻本　清陳家倓
跋　四册

330000－1702－0000036　善206/36　子部/
宗教類/佛教之屬/大藏

徑山藏　明萬曆十七年（1589）至清嘉慶五
臺、嘉興、徑山等地刻本　十二册　存一種

330000－1702－0000037　善206/37　類叢
部/叢書類/自著之屬

李竹嬾先生說部全書八種　（明）李日華撰
明天啓至崇禎刻本　二十二册　存七種

330000－1702－0000038　善206/38　子部/
小說家類/瑣語之屬

祝氏事偶十五卷　（明）祝彥輯　明崇禎九年
（1636）祝氏刻本　十六册

330000－1702－0000039　善206/39　經部/
春秋總義類/傳說之屬

春秋師說三卷附錄二卷　（元）趙汸撰　元至
正二十四年（1364）休寧商山義塾刻明弘治六
年（1493）高忠重修本　一册　存三卷（一至
三）

330000－1702－0000040　善206/40　子部/
宗教類/佛教之屬/諸宗

注華嚴法界觀門一卷　（唐）釋杜順撰　（唐）
釋宗密注　明雲棲寺刻本　一册

330000－1702－0000041　善206/41　史部/
傳記類/別傳之屬

蘇長公外紀十二卷　（明）王世貞輯　（明）璩
之璞校補　明萬曆二十二年（1594）璩氏燕石
齋刻二十三年（1595）重修本　六册

330000－1702－0000042　善206/42　子部/
雜著類/雜說之屬

真率先生學譜不分卷　（明）徐日久撰　明崇
禎五年（1632）刻本　四册

330000－1702－0000043　善206/43　子部/
宗教類/佛教之屬/經

**大佛頂如來密因修證了義諸菩薩萬行首楞嚴
經十卷**　題（唐）釋般剌密帝　（唐）釋彌伽釋
迦譯　明瑪瑙寺仰山房刻本　四册

330000－1702－0000044　善206/44　子部/
叢編

六子書　（明）顧春編　明嘉靖十二年（1533）
吳郡顧氏世德堂刻本　四册　存一種

330000－1702－0000045　善206/45　經部/
三禮總義類/通禮雜禮之屬

家禮銓補十卷　（明）鄭元錫撰　明萬曆三十
八年（1610）秣陵王其玉、王之度刻本　八册

330000－1702－0000046　善207/46　史部/
地理類/專志之屬/祠墓

關中陵墓志二卷附錄一卷　（明）祁光宗輯
明萬曆三十五年（1607）刻本　一册　存二卷
（下、附錄）

330000－1702－0000047　善207/47　史部/
雜史類/通代之屬

漢唐秘史二卷　（明）朱權撰　明建文四年
（1402）寧藩刻本　二册

330000－1702－0000048　善207/48　史部/
雜史類/通代之屬

戰國策十卷　（宋）鮑彪校注　（元）吳師道補
正　明萬曆九年（1581）張一鯤刻本　八册

330000－1702－0000049　善207/49　子部/
宗教類/道教之屬

性命雙修萬神圭旨四卷　明萬曆四十三年
（1615）吳之鶴刻本　四册

330000－1702－0000050　善207/50　子部/
宗教類/佛教之屬/經

篆書金剛般若波羅蜜經一卷　（後秦）釋鳩摩
羅什譯　（元）釋道肯集篆　明萬曆四十一年
（1613）倪錦刻本　三册

330000－1702－0000051　善207/51　子部/
兵家類/操練之屬

耕餘剩技六卷　（明）程宗猷撰　明萬曆四十

二年至天啓元年(1614-1621)程禹跡等刻本
　　四册

330000-1702-0000052　善207/52　史部/
政書類/通制之屬

文獻通考三百四十八卷　（元）馬端臨撰　明
嘉靖三年(1524)司禮監刻本(卷六十七至六
十九配清抄本)　一百册

330000-1702-0000053　善211/53　史部/
編年類/通代之屬

歷代通鑑纂要九十二卷　（明）李東陽等撰
明正德十四年(1519)劉氏慎獨齋刻本　四十
八册

330000-1702-0000054　善211/54　子部/
道家類

南華真經副墨八卷讀南華真經雜說一卷
（明）陸西星撰　明萬曆刻本　四册

330000-1702-0000055　善211/55　子部/
宗教類/佛教之屬/經疏

維摩詰所說經六卷　（後秦）釋鳩摩羅什譯
（後秦）釋僧肇注　明萬曆戚繼光刻本　六册

330000-1702-0000056　善211/56　經部/
禮記類/分篇之屬

檀弓批點四卷　（宋）謝枋得　（宋）蘇洵批點
　明刻本　四册

330000-1702-0000057　善211/57　經部/
易類/傳說之屬

周易傳義大全二十四卷首一卷　（明）胡廣等
纂修　（明）陳仁錫校正　**易經彙徵二十四卷
首一卷**　（明）劉庚撰　明崇禎刻本　十册

330000-1702-0000058　善211/58　經部/
易類/傳說之屬

兒易內儀以六卷兒易外儀十五卷　（明）倪元
璐撰　明崇禎刻本　六册

330000-1702-0000059　善211/59　經部/
易類/傳說之屬

虞氏易變表二卷　（清）江承之撰　稿本
二册

330000-1702-0000060　善211/60　子部/
宗教類/佛教之屬/諸宗

御選寶筏精華二卷　（清）世宗胤禛輯　清雍
正十一年(1733)內府銅活字印本　二册

330000-1702-0000061　善211/61　子部/
宗教類/佛教之屬/諸宗

六祖大師法寶壇經一卷附錄一卷　（唐）釋慧
能撰　（唐）釋法海等輯　明刻本　二册

330000-1702-0000062　善212/62　子部/
宗教類/佛教之屬/大藏

徑山藏　明萬曆十七年(1589)至清嘉慶五
臺、嘉興、徑山等地刻本　四册　存一種

330000-1702-0000063　善212/63　集部/
總集類/尺牘之屬

尺牘清裁六十卷補遺一卷　（明）王世貞輯
明刻本　六册

330000-1702-0000064　善212/64　史部/
地理類/方志之屬/郡縣志

[萬曆]蒙城縣誌八卷　（明）吳一鸞等纂修
明萬曆刻本　一册　存七卷(一至七)

330000-1702-0000065　善212/65　史部/
政書類/軍政之屬/兵制

雲南昭通鎮標四營營制總册不分卷　（清）麟
志撰　稿本　二册

330000-1702-0000066　善212/66　子部/
儒家類/儒家之屬

荀子二十卷　（唐）楊倞注　明刻本　清羅以
智批校　二册

330000-1702-0000067　善212/67　子部/
儒家類/儒家之屬

荀子二十卷　（唐）楊倞注　明刻本　十册

330000-1702-0000068　善212/68　子部/
道家類

三子合刊　（明）閔齊伋輯　明閔齊伋刻朱墨
套印本　四册　存二種

330000-1702-0000069　善212/69　類叢
部/叢書類/自著之屬

邵子全書三種　(宋)邵雍撰　(明)徐必達編
明萬曆三十四年(1606)徐必達刻本　十六冊

330000－1702－0000070　善 212/70　子部/道家類

道德南華二經評註合刻　(明)歸有光輯
(明)文震孟訂　明天啓四年(1624)文氏竺塢刻本　十冊　存一種

330000－1702－0000071　善 212/71　子部/宗教類/佛教之屬/總錄

李卓吾先生批點道餘錄一卷　(明)姚廣孝撰
明末刻本　一冊

330000－1702－0000072　善 212/72　史部/史抄類

史記抄九十一卷首一卷　(明)茅坤輯　明萬曆三年(1575)茅坤刻本　四冊

330000－1702－0000073　善 212/73　子部/兵家類/兵法之屬

孫子摘廣十三卷　清初抄本　十六冊　存十卷(二至五、七至九、十一至十三)

330000－1702－0000074　善 212/74　子部/小說家類/雜事之屬

皇明世說新語八卷　(明)李紹文撰　明萬曆刻本　七冊

330000－1702－0000075　善 213/75　史部/地理類/總志之屬/斷代

大明一統志九十卷　(明)李賢等纂修　明弘治十八年(1505)慎獨齋刻本　五十冊

330000－1702－0000076　善 213/76　子部/儒家類/儒學之屬/性理

呻吟語六卷　(明)呂坤撰　明萬曆二十一年(1593)刻本　六冊

330000－1702－0000077　類叢部/叢書類/自著之屬

歸雲別集十種外集十種　(明)陳士元撰　明萬曆十一年至十七年(1583－1589)陳氏刻本　三冊　存一種

330000－1702－0000078　善 213/78　子部/宗教類/道教之屬

悟真篇三註三卷　(宋)薛道光　(宋)陸墅　(元)陳致虛撰　明刻本　四冊

330000－1702－0000079　善 213/79/1　子部/宗教類/佛教之屬/諸宗

禪源諸詮集都序二卷　(唐)釋宗密撰　明萬曆三十五年(1607)寂照庵刻本　佚名過錄清徐大椿洄溪道情勸孝歌　一冊

330000－1702－0000080　善 213/80　子部/宗教類/佛教之屬

五燈會元二十卷　(宋)釋普濟撰　明成化十一年(1475)刻本　十冊

330000－1702－0000081　善 214/81　經部/三禮總義類/通論之屬

三禮編繹二十六卷　(明)鄧元錫撰　明萬曆三十三年(1605)史繼辰、饒景曜等刻本　五冊　存十卷(一至十)

330000－1702－0000082　善 214/82　類叢部/類書類/通類之屬

劉氏鴻書一百八卷　(明)劉仲達輯　明萬曆刻本　二十冊

330000－1702－0000083　善 214/83　史部/史抄類

新鍥鰲頭歷朝實錄音釋引蒙鑑鈔八卷　(明)張崇仁輯　明萬曆十七年(1589)書林鄭雲竹刻本　二冊

330000－1702－0000084　善 214/84　史部/編年類

資治通鑑大全八種　題(明)陳仁錫輯　明崇禎刻本　四冊　存一種

330000－1702－0000085　善 214/85　子部/儒家類/儒學之屬/蒙學

小學內外篇章句五卷　(宋)朱熹撰　明刻本　四冊

330000－1702－0000086　善 214/86　史部/傳記類/總傳之屬/通代

台獻疑年錄一卷　(清)王棻輯　稿本　一冊

330000－1702－0000087　善214/87　史部/
目錄類/總錄之屬/禁燬

全燬書目一卷抽燬書目一卷　（清）英廉編
清乾隆四十七年（1782）翰林院刻本　一冊

330000－1702－0000088　善214/88　史部/
金石類/石之屬/通考

十經齋元碑釋文一卷　（清）沈濤撰　稿本
佚名過錄名人大辭典　一冊

330000－1702－0000089　善214/89　史部/
雜史類/通代之屬

越絕書十五卷　（漢）袁康撰　明刻本　一冊

330000－1702－0000090　善214/90　史部/
目錄類/總錄之屬/禁燬

違礙書籍目錄不分卷　清乾隆刻本　一冊

330000－1702－0000091　善214/91　史部/
目錄類/總錄之屬/禁燬

禁書總目一卷　清乾隆刻本　一冊

330000－1702－0000092　善215/92　子部/
儒家類/儒家之屬

荀子二十卷　（唐）楊倞注　明刻本　二冊

330000－1702－0000093　善215/93　子部/
道家類

南華真經副墨八卷讀南華真經雜說一卷
（明）陸西星撰　明萬曆刻本　四冊

330000－1702－0000094　善214/94　子部/
宗教類/佛教之屬/諸宗

肇論三卷　（後秦）釋僧肇撰　明萬曆十三年
（1585）周祝刻本　一冊

330000－1702－0000095　善214/95　經部/
書類/傳說之屬

書經集傳六卷　（宋）蔡沈撰　清金閶步月樓
刻本　清丁晏批校並跋　六冊

330000－1702－0000096　善214/96　經部/
禮記類/傳說之屬

禮記集註十卷　（元）陳澔撰　明書林新賢堂
張閩岳刻本　二十冊

330000－1702－0000097　善215/97　史部/

史評類/史論之屬

宋史闡幽二卷　（明）許浩撰　明崇禎元年
（1628）許鏘刻本　一冊

330000－1702－0000098　善215/98　史部/
政書類/軍政之屬/邊政

三廳屯防錄二卷　（清）傅鼐撰　清抄本
四冊

330000－1702－0000099　善215/99　史部/
傳記類/日記之屬

建寧粵匪圍城日記不分卷　（清）程我齋撰
稿本　一冊

330000－1702－0000100　善215/100　史部/
傳記類/總傳之屬/家乘

[浙江黃巖]柔橋王氏家譜八卷首一卷末一卷
（清）王棻纂修　清咸豐九年（1859）稿本
四冊

330000－1702－0000101　善215/101　史部/
傳記類/總傳之屬/家乘

[浙江蕭山]蕭山來氏族譜十七卷　（明）來端
蒙纂修　明嘉靖稿本　一冊

330000－1702－0000102　善215/102　史部/
地理類/水利之屬

問水漫錄四卷　（清）盛百二輯　清乾隆四十
九年（1784）盛百二柚堂刻本　二冊

330000－1702－0000103　善215/103　史部/
地理類/方志之屬/郡縣志

南潯鎮志十二卷首一卷　（清）潘爾夒編
（清）夏光遠增輯　（清）陳可升　（清）張鴻
寯續輯　（清）方熊　（清）方燾增訂　稿本
一冊　存四卷（四至七）

330000－1702－0000104　善215/104　史部/
金石類/石之屬/通考

石墨鐫華八卷　（明）趙崡撰　明萬曆四十六
年（1618）趙崡刻本　四冊

330000－1702－0000105　善215/105　子部/
儒家類/儒學之屬/性理

重刻西村顧先生省己錄二卷　（明）顧諒撰
明萬曆三十五年（1607）刻本　一冊

330000－1702－0000106　善 215/106　史部/傳記類/日記之屬

金陵行紀不分卷(清道光十一年、二十年至二十一年)　(清)姚祖同撰　稿本　四冊

330000－1702－0000107　善 215/107　史部/地理類/山川之屬/水志

西湖遊覽志二十四卷志餘二十六卷　(明)田汝成撰　明萬曆四十七年(1619)商濬刻本　十六冊

330000－1702－0000108　善 215/108　史部/雜史類/斷代之屬

遼紀一卷　(明)田汝成撰　清抄本　一冊

330000－1702－0000109　善 215/109　史部/傳記類/總傳之屬/家乘

[安徽祁門]王源謝氏孟宗譜十卷　(明)謝顯纂修　明萬曆三十年(1602)刻本　三冊　存七卷(一至五、九至十)

330000－1702－0000110　善 215/110　史部/史評類/史論之屬

新鐫歷朝捷錄增定全編大成四卷　(明)顧充撰　(明)鍾惺等補　明末刻本　四冊

330000－1702－0000111　善 215/111　史部/傳記類/日記之屬

王文韶日記不分卷(清同治六年至十一年、光緒元年至二十八年)　(清)王文韶撰　稿本　二十冊

330000－1702－0000112　善 216/112　子部/宗教類/佛教之屬/論

十住毗婆沙論十七卷　(後秦)釋鳩摩羅什譯　清刻本　一冊　存一卷(五)

330000－1702－0000113　善 216/113　集部/詞類/總集之屬

古今名媛百花詩餘一卷　(清)歸淑芬等輯　清康熙二十四年(1685)刻本　一冊

330000－1702－0000114　善 216/114　子部/宗教類/佛教之屬/諸宗

肇論三卷　(後秦)釋僧肇撰　明萬曆十三年(1585)周祝刻本　一冊

330000－1702－0000115　善 216/115　子部/儒家類/儒家之屬

新刊標題明解聖賢語論四卷首一卷　(元)王廣謀撰　明萬曆十四年(1586)書林張氏居仁堂刻本(卷二、首配明嘉靖十二年書林余氏自新齋刻本)　一冊

330000－1702－0000116　善 216/116　史部/雜史類/斷代之屬

蒙難紀略一卷　(清)林鶴年撰　稿本　一冊

330000－1702－0000117　善 216/117　經部/四書類/總義之屬/傳說

新鍥四書心鉢九卷　(明)方應龍撰　明末刻本　四冊

330000－1702－0000118　善 216/118　史部/雜史類/斷代之屬

書事志恨一卷　(清)方榮芬撰　稿本　清方宏辰跋　一冊

330000－1702－0000119　善 216/119　子部/天文曆算類/曆法之屬

殘明大統曆不分卷附宰輔年表不分卷　(清)傅以禮撰　稿本　清俞人蔚跋　一冊

330000－1702－0000120　善 216/120　類叢部/類書類/通類之屬

鍥音注萊林晉故事白眉十二卷　(明)鄧志謨輯　明萬曆三十五年(1607)書林余彰德萃慶堂刻本　四冊

330000－1702－0000121　善 216/121　史部/政書類/律令之屬/治獄

刻御製新頒大明律例註釋招擬折獄指南十八卷首一卷　明金陵書坊周近泉大有堂刻本　二冊　存五卷(一、六至八,首)

330000－1702－0000122　善 216/122　子部/宗教類/佛教之屬/經疏

大方廣圓覺修多羅了義經集註二卷　(宋)釋元粹撰　明雲棲寺刻本　二冊

330000－1702－0000123　善 216/123　史部/地理類/方志之屬/郡縣志

新疆圖考不分卷　(清)經費局錄　清經費局

抄本　二冊

330000－1702－0000124　善216/124　子部/
儒家類/儒學之屬/經濟

大學衍義補一百六十卷目錄二卷　（明）邱濬
撰　明嘉靖十三年(1534)刻本　十六冊

330000－1702－0000125　善216/125　集部/
總集類/選集之屬/通代

刪補古今文致十卷　（明）劉士鏻輯　（明）王
宇增補　明天啓刻本　二冊

330000－1702－0000126　善216/126　集部/
總集類/選集之屬/通代

詩歸五十一卷　（明）鍾惺　（明）譚元春選定
（明）劉敔重訂　明末刻本　四冊　存十五
卷(古詩歸一至十五)

330000－1702－0000127　善216/127　集部/
總集類/選集之屬/通代

秦漢文鈔十二卷　（明）馮有翼輯　（明）汪德
元訂　明萬曆刻本　六冊

330000－1702－0000128　善216/128　集部/
總集類/尺牘之屬

尺牘補遺四卷　（明）公鼐輯　明萬曆十三年
(1585)刻本　二冊

330000－1702－0000129　善216/129　集部/
總集類/選集之屬/斷代

明詩選十二卷　（明）華淑輯　明金閶簧玉堂
刻本　四冊

330000－1702－0000130　善217/130　集部/
總集類/選集之屬/斷代

唐十二家詩二十四卷　（明）張遜業輯　明嘉
靖三十一年(1552)江都黃埻東壁圖書府刻本
四冊　存六卷(岑嘉州集一至二、高常侍集
一至二、沈佺期集一至二)

330000－1702－0000131　善217/131　集部/
楚辭類

楚辭十卷　（宋）朱熹集注　（明）張鳳翼輯
明末刻本　清莫京批　四冊

330000－1702－0000132　善217/132　集部/
總集類/郡邑之屬

廣東詩粹十二卷補編一卷　（清）梁善長輯
清乾隆十二年(1747)達朝堂刻本　十二冊

330000－1702－0000133　善217/133　集部/
總集類/選集之屬/斷代

明詩十二家十二卷　（明）李心學輯　明楊
材、程拱宸刻本　四冊

330000－1702－0000134　善217/134　集部/
總集類/選集之屬/通代

**八代詩乘四十五卷吳詩一卷總錄二卷補遺一
卷**　（明）梅鼎祚輯　明萬曆十一年(1583)劉
文顯、徐家慶等刻三十四年(1606)寧國郡續
刻本　十冊　存二十二卷(漢魏詩乘一至二
十、吳詩、總錄一)

330000－1702－0000135　善217/135　集部/
總集類/選集之屬/通代

古樂府十卷　（元）左克明輯　明嘉靖二十三
年(1544)蕭一中刻本　四冊

330000－1702－0000136　善217/136　集部/
總集類/彙編之屬

陶韋合集二種　（明）凌濛初編　明吳興凌濛
初刻朱墨套印本　二冊　存一種

330000－1702－0000137　善217/137　集部/
別集類/宋別集

晦庵文抄七卷　（宋）朱熹撰　（明）吳訥輯
明宣德五年(1430)刻本　四冊

330000－1702－0000138　善217/138　集部/
總集類/選集之屬/通代

詞致錄十六卷　（明）李天麟輯　明萬曆十五
年(1587)李天麟刻本　八冊

330000－1702－0000139　善217/139　類叢
部/類書類/通類之屬

唐宋白孔六帖一百卷目錄二卷　（唐）白居易
（宋）孔傳輯　明刻本　清張綬銜跋　一
百冊

330000－1702－0000140　善218/140　集部/
總集類/選集之屬/通代

四六法海十二卷　（明）王志堅輯　明天啓七

年(1627)刻本　六冊

330000－1702－0000141　善218/141　集部/總集類/選集之屬/斷代

唐詩解五十卷　（明）唐汝詢輯　明萬曆四十三年(1615)楊鶴刻本　十六冊

330000－1702－0000142　善218/142　集部/總集類/選集之屬/通代

秦漢文定十二卷　（明）倪元璐輯　明末刻本　六冊

330000－1702－0000143　善219/143　集部/總集類/選集之屬/斷代

唐詩類苑纂五集不分卷　（清）蔣伊輯　（清）蔣陳錫補訂　清抄本　十六冊

330000－1702－0000144　善219/144　集部/楚辭類

楚辭疏(楚辭)十九卷讀楚辭語一卷楚辭雜論一卷　（明）陸時雍撰　**屈原傳一卷**　（漢）司馬遷撰　明末緝柳齋刻本　二冊

330000－1702－0000145　善219/145　集部/總集類/選集之屬/通代

集錄真西山文章正宗三十卷　（宋）真德秀輯　明嘉靖二十三年(1544)太原孔天胤刻本　二十冊

330000－1702－0000146　善219/146　集部/總集類/選集之屬/通代

六臣註文選六十卷　（南朝梁）蕭統輯　（唐）李善等注　明嘉靖潘惟時、潘惟德刻吳勉學重修本　三十冊

330000－1702－0000147　善220/147　集部/總集類/選集之屬/斷代

唐文粹一百卷　（宋）姚鉉輯　明崇禎三年(1630)徐仁中刻本　四十八冊

330000－1702－0000148　善220/148　集部/總集類/選集之屬/通代

漢魏詩紀二十卷　（明）馮惟訥輯　明嘉靖刻本　六冊

330000－1702－0000149　善220/149　集部/別集類/漢魏六朝別集

謝康樂集四卷　（南朝宋）謝靈運撰　明刻本　四冊

330000－1702－0000150　善220/150　集部/楚辭類

離騷辨不分卷　（清）朱冀撰　清康熙綠筠堂刻本　四冊

330000－1702－0000151　善220/151　集部/別集類/明別集

陳太史無夢園初集三十四卷　（明）陳仁錫撰　明崇禎六年(1633)張一鳴刻本　十一冊存十三卷(車一至三、馬一至四、駐一至二、江一至三、干一)

330000－1702－0000152　善220/152　集部/總集類/彙編之屬

盛唐四名家集　（明）淩濛初輯　明吳興淩濛初刻朱墨套印本　二冊　存一種

330000－1702－0000153　善220/153　史部/傳記類/別傳之屬/年譜

丁丙年譜四卷　（清）丁立中撰　稿本　清李培、戴維璞校　三冊

330000－1702－0000154　善220/154　史部/地理類/雜志之屬

武林風俗記不分卷　（清）王同撰　稿本　清王綺跋　一冊

330000－1702－0000155　善220/155　子部/雜著類/雜纂之屬

意林校補三卷　（清）譚獻　（清）許增撰　稿本　清劉履芬跋　五冊

330000－1702－0000156　善220/156　史部/政書類/公牘檔冊之屬

杭州織造運部用黃冊不分卷　（清）誠全編　稿本　二冊

330000－1702－0000157　善220/157　子部/藝術類/書畫之屬/書法書品

梁山舟學士書集杜長卷一卷　（清）梁同書輯並書　稿本　熊季貞、康有爲、馬龍、李金藻、

宋育德、瞿宣穎、龐國鈞跋　高時豐、瞿宣穎題詩　一卷軸

330000－1702－0000158　善221/158　集部/總集類/選集之屬/通代

古詩類苑一百三十卷　（明）張之象輯　（明）俞顯卿訂補　明萬曆三十年（1602）俞顯謨、王穎、陈甲刻本　三十二冊

330000－1702－0000159　善221/159　集部/總集類/選集之屬/斷代

唐詩類苑二百卷　（明）張之象輯　明萬曆二十九年（1601）曹仁孫刻本（卷九十五至九十六、一百六十三至一百六十四原缺）　清蘇承弼題識　六十冊

330000－1702－0000160　善222/160　集部/總集類/彙編之屬

李杜全集　（明）許自昌編　明萬曆三十年（1602）長洲許自昌刻本　五冊　存一種

330000－1702－0000161　善222/161　集部/別集類/清別集

牧齋初學集一百十卷目錄二卷　（清）錢謙益撰　明崇禎十六年（1643）海虞瞿式耜刻本　二十冊

330000－1702－0000162　善222/162　集部/總集類/選集之屬/通代

六臣註文選六十卷　（南朝梁）蕭統輯　（唐）李善等注　明萬曆二年（1574）崔孔昕刻六年（1578）徐成位重修本　二十冊

330000－1702－0000163　善222/163　集部/別集類/明別集

王文恪公集三十六卷名公筆記一卷　（明）王鏊撰　**鵑音一卷白社詩草一卷**　（明）王禹聲撰　明萬曆震澤王氏三槐堂刻本　十冊

330000－1702－0000164　善222/164　集部/別集類/清別集

悅親樓詩集三十卷　（清）祝德麟撰　稿本　清張興載觀款　十六冊

330000－1702－0000165　善223/165　集部/別集類/明別集

鈐山詩選七卷　（明）嚴嵩撰　（明）楊慎輯並批點　明嘉靖刻本　八冊

330000－1702－0000166　善223/166　史部/地理類/方志之屬/郡縣志

[乾隆] 白鹽井志四卷　（清）郭存莊修　（清）趙淳等纂　清乾隆二十三年（1758）刻五十九年（1794）增修本　八冊

330000－1702－0000167　善223/167　集部/別集類/宋別集

濂溪集六卷　（宋）周敦頤撰　明嘉靖三十七年（1558）丁永成刻本　二冊

330000－1702－0000168　善223/168　集部/總集類/選集之屬/通代

古唐選屑三十卷　（明）李本緯輯　明萬曆四十一年（1613）刻本　六冊

330000－1702－0000169　善223/169　集部/別集類/唐五代別集

王右丞詩十六卷　（唐）王維撰　（清）趙殿成箋注　清趙殿成目耕堂抄本　仲勉題記　四冊

330000－1702－0000170　善223/170　集部/別集類/宋別集

宋丞相文山先生全集十六卷　（宋）文天祥撰　明萬曆二十八年（1600）蕭大亨刻本　二十冊

330000－1702－0000171　善223/171　集部/別集類/宋別集

豫章黃先生文集三十卷外集十四卷別集二十卷簡尺二卷詞一卷　（宋）黃庭堅撰　**伐檀集二卷**　（宋）黃庶撰　**山谷先生年譜三十卷**　（宋）黃𥊙撰　明弘治十八年（1505）葉天爵刻嘉靖六年（1527）喬遷、余載仕重修本　二十冊

330000－1702－0000172　善224/172　集部/總集類/選集之屬/斷代

明詩綜一百卷　（清）朱彝尊輯　清康熙刻本

清吳騫跋　三十二冊

330000－1702－0000173　善224/173　集部/別集類/明別集

白香集五卷　（明）沈行撰　明末抄本　二冊　存一卷（詠雪集）

330000－1702－0000174　善224/174　集部/別集類/清別集

曝書亭集八十卷附錄一卷　（清）朱彝尊撰　笛漁小稾十卷　（清）朱昆田撰　清康熙五十三年（1714）曹寅、朱稻孫刻本　十二冊

330000－1702－0000175　善224/175　類叢部/類書類/通類之屬

鴛鴦小譜八卷　（清）徐念祖輯　稿本　張鎮跋　二十四冊

330000－1702－0000176　善225/176　集部/小說類/長篇之屬

紅樓夢一百二十回　（清）曹霑　（清）高鶚撰　清乾隆五十七年（1792）萃文書屋活字印本　清陳其泰批點並跋　三十六冊

330000－1702－0000177　善225/177　集部/楚辭類

楚辭集解十六卷蒙引二卷考異一卷大序一卷小序一卷　（明）汪瑗撰輯　明萬曆四十三年（1615）新安汪文英刻本　十三冊　存十三卷（楚辭集解一至七、十四至十六，蒙引一，大序，小序）

330000－1702－0000178　善225/178　集部/曲類/曲選之屬

新刻出像點板時尚崑腔雜齣醉怡情八卷　（清）菰盧釣叟編輯　清刻本　八冊

330000－1702－0000179　善226/179　集部/別集類/唐五代別集

昌黎先生集四十卷外集十卷遺文一卷　（唐）韓愈撰　（宋）廖瑩中校正　朱子校昌黎先生集傳一卷　（宋）朱熹撰　明東吳徐氏東雅堂刻本　二十四冊

330000－1702－0000180　善226/180　集部/別集類/唐五代別集

昌黎先生集四十卷外集十卷遺文一卷　（唐）韓愈撰　（宋）廖瑩中校正　朱子校昌黎先生集傳一卷　（宋）朱熹撰　明東吳徐氏東雅堂刻本　十二冊

330000－1702－0000181　善226/181　集部/別集類/唐五代別集

昌黎先生集四十卷外集十卷遺文一卷　（唐）韓愈撰　（宋）廖瑩中校正　朱子校昌黎先生集傳一卷　（宋）朱熹撰　明東吳徐氏東雅堂刻本　十六冊

330000－1702－0000182　善226/182　集部/別集類/唐五代別集

陸宣公全集二十四卷　（唐）陸贄撰　（明）湯賓尹評　明崇禎元年（1628）刻本　十二冊

330000－1702－0000183　善226/183　集部/別集類/明別集

蔣道林先生文粹九卷　（明）蔣信撰　明萬曆四年（1576）姚世英新安刻本　清陸時化、高燮跋　二冊

330000－1702－0000184　善226/184　集部/楚辭類

楚辭集註八卷辨證二卷後語六卷　（宋）朱熹撰　明萬曆楊鶴刻本　二冊　存八卷（楚辭集註一至八）

330000－1702－0000185　善226/185　集部/楚辭類

楚辭述註五卷　（明）來欽之撰　九歌圖一卷　（明）陳洪綬繪　明崇禎刻本　四冊　存五卷（一至五）

330000－1702－0000186　善227/186　史部/地理類/總志之屬/斷代

天下一統志九十卷　（明）萬安等纂修　明萬壽堂刻清初印本　四十冊

330000－1702－0000187　善227/187　集部/總集類/酬唱之屬

酒帘唱和詩六卷　（清）汪啓淑輯　清乾隆六十年（1795）汪氏飛鴻堂刻本　四冊

330000－1702－0000188　善227/188　集部/

別集類/明別集

何氏集二十六卷 （明）何景明撰　明嘉靖吳郡沈氏野竹齋刻本　十冊

330000－1702－0000189　善227/189　子部/醫家類/醫經之屬/内經

重廣補註黃帝内經素問二十四卷 （唐）王冰注　（宋）林億等校正　（宋）孫兆改誤　明嘉靖二十九年（1550）顧從德影宋刻本　十冊

330000－1702－0000190　善228/190　子部/雜著類/雜纂之屬

自警編九卷 （宋）趙善璙輯　明嘉靖十九年（1540）陳光哲薇垣精舍刻本　四冊

330000－1702－0000191　善228/191　子部/術數類/命書相書之屬

新編分類當代名公文武星案六卷首一卷 （明）陸位撰　明萬曆四十四年（1616）書林余應虬刻四十八年（1620）增修本　十六冊

330000－1702－0000192　善228/192　子部/道家類

紫薇堂四子 （明）陸明陽編　明萬曆五年（1577）施堯臣刻本　八冊　存一種

330000－1702－0000193　善228/193　子部/雜著類/雜纂之屬

樵叟備忘雜識五卷 （清）來集之撰　稿本　十四冊

330000－1702－0000194　善229/194　集部/別集類/漢魏六朝別集

蔡中郎集八卷 （漢）蔡邕撰　明萬曆至天啓新安汪氏刻漢魏六朝諸名家集本　佚名批並圈點　四冊

330000－1702－0000195　善229/195　集部/總集類/選集之屬/通代

文章軌範百家評註七卷 （宋）謝枋得輯（明）顧充集評　（明）茅坤訓註　明刻本　四冊

330000－1702－0000196　善229/196　子部/雜著類/雜考之屬

丹鉛總錄二十七卷 （明）楊慎撰　明嘉靖三

十三年（1554）梁佐刻藍印本　八冊

330000－1702－0000197　善229/197　集部/詩文評類/文評之屬

文章軌範七卷 （宋）謝枋得輯　明成化九年（1473）劉氏刻本　陳仁懋題識　四冊

330000－1702－0000198　善229/198　子部/藝術類/書畫之屬/畫譜

芥子園畫傳五卷 （清）王槩輯　清康熙十八年（1679）芥子園甥館刻彩色套印本　四冊存四卷（一至三、五）

330000－1702－0000199　善229/199　子部/雜著類/雜考之屬

校訂困學紀聞三箋二十卷 （宋）王應麟撰（清）閻若璩等箋　（清）屠繼序校補　清嘉慶九年（1804）刻本　四冊

330000－1702－0000200　善229/200　集部/詞類/總集之屬

精選古今詩餘醉十五卷 （明）潘游龍輯　明崇禎九年（1636）海陽胡正言十竹齋刻本　十二冊

330000－1702－0000201　善229/201　子部/雜著類/雜說之屬

小柴桑喃喃錄二卷 （明）陶奭齡撰　明崇禎八年（1635）李爲芝刻本　四冊

330000－1702－0000202　善229/202　子部/醫家類/醫經之屬/内經

重廣補註黃帝内經素問二十四卷 （唐）王冰注　（宋）林億等校正　（宋）孫兆改誤　明嘉靖二十九年（1550）顧從德影宋刻本　五冊

330000－1702－0000203　善229/203　集部/別集類/明別集

驪山集十四卷 （明）趙統撰　明萬曆三十一年（1603）楊光訓刻本　月樵評　十二冊

330000－1702－0000204　善230/204　子部/雜著類/雜說之屬

顏氏家訓七卷補遺一卷重校正一卷注補正一卷北齊書文苑傳顏之推傳一卷 （北齊）顏之推撰　（清）趙曦明注　（清）盧文弨補注重校

（清）錢大昕補正　清乾隆五十四年(1789)
盧文弨刻抱經堂叢書本　佚名批注　八冊

330000－1702－0000205　善230/205　集部/
別集類/明別集

空同子集六十六卷目錄三卷　（明）李夢陽撰
　附錄二卷　（明）鄧雲霄輯　明萬曆三十年
(1602)鄧雲霄刻本　十二冊　存六十六卷
(一至六十六)

330000－1702－0000206　善230/206　子部/
術數類/占卜之屬

焦氏易林二卷　（漢）焦贛撰　明嘉靖四年
(1525)姜恩刻本　佚名過錄漢魏叢書原本批
點　二冊

330000－1702－0000207　善230/207　史部/
時令類

日涉編十二卷　（明）陳堦輯　（清）白輝補輯
　明萬曆三十九年(1611)徐養量刻清康熙六
年(1667)白輝、康熙二十七年(1688)紀元遞
修本　十二冊

330000－1702－0000208　善230/208　集部/
別集類/漢魏六朝別集

陶靖節集十卷總論一卷　（晉）陶潛撰　（宋）
湯漢箋注　明嘉靖二十五年(1546)蔣孝刻本
　八冊

330000－1702－0000209　善230/209　史部/
傳記類/總傳之屬

宋三大臣彙志　（明）鄭鄤輯　明崇禎元年
(1628)大觀堂刻本　八冊　存一種

330000－1702－0000210　善230/210　集部/
別集類/漢魏六朝別集

陶淵明全集四卷　（晉）陶潛撰　明白鹿齋刻
陶李合刻本　清陶澍宣批注　二冊

330000－1702－0000211　善230/211　子部/
小說家類/雜事之屬

世說新語六卷　（南朝宋）劉義慶撰　（南朝
梁）劉孝標注　明吳中珩刻本　六冊

330000－1702－0000212　善230/212　史部/
地理類/山川之屬/山志

明州阿育王山志十卷　（明）郭子章撰　**明州
阿育王山續志六卷**　（清）釋畹荃撰　明萬曆
刻清乾隆續刻本　六冊

330000－1702－0000213　善230/213　子部/
宗教類/道教之屬

悟真篇四註二卷　（宋）薛道光　（宋）陸墅
（元）陳致虛　（明）彭好古撰　明萬曆二十七
年(1599)刻本　一冊

330000－1702－0000214　善230/214　子部/
醫家類/方書之屬/歷代方書

千金翼方三十卷　（唐）孫思邈撰　明萬曆三
十三年(1605)王肯堂刻本　八冊

330000－1702－0000215　善231/215　子部/
雜著類/雜說之屬

篷底浮談十五卷　（明）張元諭撰　明隆慶四
年(1570)董原道刻本　三冊　存十二卷(一
至八、十二至十五)

330000－1702－0000216　善231/216　史部/
地理類/總志之屬/斷代

廣輿記二十四卷　（明）陸應陽輯　明萬曆刻
本　六冊

330000－1702－0000217　善231/217　類叢
部/叢書類/彙編之屬

漢魏叢書三十八種　（明）程榮編　明萬曆二
十年(1592)新安程氏刻本　四冊　存一種

330000－1702－0000218　善231/218　史部/
雜史類/斷代之屬

先撥志始二卷　（明）文秉撰　清康熙刻本
一冊

330000－1702－0000219　善231/219　子部/
道家類

莊子南華真經四卷附音義四卷　（晉）郭象注
　（唐）陸德明音義　明刻本　六冊

330000－1702－0000220　善231/220　史部/
地理類/水利之屬

治河通考十卷　（明）吳山撰　明崇禎十一年
(1638)吳士顏刻本　二冊

330000－1702－0000221　善 231/221　子部/醫家類/綜合之屬/通論

心印紺珠經二卷　（明）李湯卿撰　明嘉靖二十六年（1547）趙瀛刻本　四冊

330000－1702－0000222　善 231/222　子部/叢編

五子書　（明）歐陽清編　明嘉靖二十三年（1544）歐陽清刻本　一冊　存一種

330000－1702－0000223　善 231/223　集部/總集類/選集之屬/通代

新刻合諸名家評選古文啟秀六卷　（明）王訥諫輯　明刻本　三冊

330000－1702－0000224　善 231/224　集部/別集類/明別集

商文毅公集十卷　（明）商輅撰　（明）劉體元輯　明萬曆三十年（1602）劉體元刻本　三冊　存八卷（一至八）

330000－1702－0000225　善 231/225　集部/別集類/明別集

六欲軒初稿（六欲軒藁）不分卷　（明）賀燦然撰　明刻本　六冊

330000－1702－0000226　善 231/226　類叢部/叢書類/彙編之屬

文林綺繡五種　（明）淩迪知編　明萬曆四年至五年（1576－1577）吳興淩氏桂芝館刻本　十冊　存一種

330000－1702－0000227　善 231/227　集部/別集類/唐五代別集

昌谷集四卷　（唐）李賀撰　（明）曾益釋　明末刻本　四冊

330000－1702－0000228　善 231/228　集部/別集類/明別集

方洲先生集二十六卷讀史錄六卷　（明）張寧撰　（明）許清編集　明萬曆錢世垚等刻本　二十四冊

330000－1702－0000229　善 232/229　經部/易類

張皋文箋易詮全集十八種　（清）張惠言撰

清嘉慶至道光刻本　四冊　存二種

330000－1702－0000230　善 232/230　史部/紀傳類/正史之屬

五代史七十四卷　（宋）歐陽修撰　（宋）徐無黨注　明萬曆二十八年（1600）北京國子監刻二十一史本　清陳樹華過錄沈岩錄、何焯批校並跋　十冊

330000－1702－0000231　善 232/231　集部/總集類/尺牘之屬

翰海十二卷　（明）沈佳胤輯　明末刻本　四冊

330000－1702－0000232　善 232/232　集部/楚辭類

山帶閣註楚辭六卷首一卷餘論二卷說韻一卷　（清）蔣驥撰　清雍正五年（1727）蔣氏山帶閣刻本　四冊

330000－1702－0000233　善 232/233　集部/別集類/唐五代別集

朱文公校昌黎先生文集四十卷外集十卷遺文一卷　（唐）韓愈撰　（宋）朱熹考異　（宋）王伯大音釋　**京本朱文公校昌黎先生集傳一卷**　明嘉靖十三年（1534）安正書堂建陽縣刻本　六冊

330000－1702－0000234　善 232/234　集部/別集類/宋別集

豫章羅先生文集十七卷　（宋）羅從彥撰　**豫章羅先生年譜一卷**　（元）曹道振編　明成化馮孜刻本　四冊　存八卷（一至七、年譜）

330000－1702－0000235　善 232/235　集部/總集類/郡邑之屬

粵風續九五卷　（清）吳淇輯　清康熙刻本　諸宗元題記　四冊

330000－1702－0000237　善 232/237　集部/總集類/選集之屬/斷代

四六狐白十六卷　（明）瞿九思等撰　明金陵李少渠刻本　六冊

330000－1702－0000238　善 232/238　史部/紀傳類/正史之屬

新校晉書地理志一卷　（清）方楷撰　稿本　一冊

330000－1702－0000239　善232/239　集部/總集類/選集之屬/斷代

文粹一百卷　（宋）姚鉉輯　明初刻本　一冊　存三卷(二十五至二十七)

330000－1702－0000240　善232/240　子部/術數類/數學之屬

揚子太玄經十卷　（漢）揚雄撰　（明）趙如源輯　說玄一卷　（宋）司馬光撰　明天啓六年(1626)武林書坊趙世楷刻本　四冊

330000－1702－0000241　善214/90　史部/目錄類/總錄之屬/禁燬

違礙書籍目錄不分卷　清刻本　一冊

330000－1702－0000242　普281/5653　經部/叢編

皇清經解一千四百卷首一卷　（清）阮元輯　清道光九年(1829)廣東學海堂刻本　一冊　存三卷(六百六十四至六百六十六)

330000－1702－0000243　普1/17　經部/群經總義類/文字音義之屬

十三經集字摹本不分卷分畫便查一卷韻有經無各字摘錄一卷　（清）彭玉雯撰　清道光二十九年(1849)江右彭氏刻本　七冊

330000－1702－0000244　普1/18　經部/易類/傳說之屬

周易直本中觀不分卷　（清）夏封泰撰　清刻本　十二冊

330000－1702－0000245　普12/203/1794　史部/地理類/山川之屬/山志

廬山志十五卷首一卷　（清）毛德琦撰　清康熙五十九年(1720)順德堂刻乾隆、道光、同治遞修本　十六冊

330000－1702－0000246　普1/19　經部/小學類/文字之屬/說文

說文考略四卷　（清）陳宗恕撰　稿本　一冊　存三卷(一至三)

330000－1702－0000247　普1/2　經部/叢編

十三經注疏三百三十五卷　（明）□□輯　明嘉靖李元陽福建刻本　一冊　存一種

330000－1702－0000248　普1/5　類叢部/叢書類/彙編之屬

後知不足齋叢書四十七種　（清）鮑廷爵編　清同治至光緒常熟鮑氏刻本　一冊　存一種

330000－1702－0000249　普1/6　經部/三禮總義類/通禮雜禮之屬

家禮五卷　（宋）朱熹撰　家禮附錄一卷　（宋）楊復撰　清初刻本　三冊

330000－1702－0000250　普1/10　經部/春秋左傳類/傳說之屬

左選旁註四卷　（明）鮑啓心音釋　明刻本　一冊　存二卷(一至二)

330000－1702－0000251　普1/13　經部/叢編

十三經讀本一百五十二卷　（清）□□編　清同治金陵書局刻本　四冊　存一種

330000－1702－0000252　普1/14　經部/書類/傳說之屬

書經體註大全合參六卷　（宋）蔡沈集傳　（清）錢希祥輯注　清刻本　四冊

330000－1702－0000253　普1/15　經部/四書類/孟子之屬/傳說

孟子字義疏證三卷　（清）戴震撰　清乾隆孔氏刻微波榭叢書本　清戴望批並題記　一冊　存一卷(一)

330000－1702－0000254　普1/20/126　經部/小學類/文字之屬/說文/傳說

說文蟲篆十四卷　（清）潘奕雋撰　清咸豐十年(1860)抄本　清周灝孫題識　一冊

330000－1702－0000256　普1/23　類叢部/叢書類/自著之屬

文章練要三種　（清）王源撰輯　清康熙至雍正刻本　二冊　存一種

330000－1702－0000257　普280/5601　集

部/別集類/唐五代別集

溫飛卿詩集七卷別集一卷集外詩一卷附錄諸家詩評一卷 （唐）溫庭筠撰 （明）曾益注 （清）顧予咸補注 （清）顧嗣立續注 清宣統二年（1910）上海國學扶輪社石印本 四冊 缺一卷（諸家詩評）

330000－1702－0000258 普2/43 經部/群經總義類/文字音義之屬

七經孟子考文補遺一百九十九卷 （日本）山井鼎撰 （日本）物觀補遺 清抄本 一冊 存十卷（周易一至十）

330000－1702－0000259 普2/36 經部/小學類/文字之屬/說文/傳說

說文拈字七卷補遺一卷 （清）王玉樹撰 清嘉慶八年（1803）芳椶堂刻本 八冊

330000－1702－0000260 普280/5603 集部/別集類

湘綺樓文集八卷詩集十四卷箋啟八卷（湘綺樓全集三十卷、精刊王壬秋全集三十卷） 王闓運撰 清宣統二年（1910）上海國學扶輪社石印本 六冊

330000－1702－0000261 普2/38 子部/儒家類/儒學之屬/蒙學

六藝綱目二卷附發原一卷字原一卷 （元）舒天民撰 （元）舒恭注 （明）趙宜中附注 重刊六藝綱目札記一卷 （清）管禮耕撰 清光緒八年（1882）汪鳴鑾籀書詒刻本 二冊

330000－1702－0000262 普2/40/224 經部/易類/傳說之屬

周易本義四卷附圖說一卷新增圖說一卷卦歌一卷筮儀一卷 （宋）朱熹撰 清光緒三年（1877）永康胡氏退補齋刻本 二冊

330000－1702－0000266 普2/44/234 經部/四書類/總義之屬/傳說

漱芳軒合纂四書體注十九卷 （清）范翔撰 四書章句集註十九卷 （宋）朱熹撰 清待賢樓慧業堂刻本 趙秋囿批校 六冊

330000－1702－0000267 普2/46 經部/春

秋公羊傳類/專著之屬

董子春秋繁露十七卷附錄一卷 （漢）董仲舒撰 清光緒二年（1876）浙江書局刻二十二子本 清鄒壽祺題記並過錄清譚廷獻集校 二冊

330000－1702－0000271 普21/355 史部/地理類/方志之屬/郡縣志

[光緒]無錫金匱縣志四十卷首一卷附編六卷 （清）裴大中 （清）倪咸生修 （清）秦緗業等纂 清光緒七年（1881）刻本 十八冊

330000－1702－0000273 普2/48 經部/易類/傳說之屬

讀易蒐十二卷 （清）鄭賡唐撰 清康熙金閶劉汝潔刻本 六冊

330000－1702－0000274 普2/49 經部/儀禮類/傳說之屬

儀禮正義四十卷 （清）胡培翬撰 （清）楊大堉補 清咸豐二年（1852）陸建瀛木樨香館刻本 六冊 存十九卷（一至十九）

330000－1702－0000276 普2/50 經部/小學類/音韻之屬/韻書

佩文廣韻匯編五卷 （清）李元祺輯 清道光十年（1830）半塿艸堂刻本 二冊

330000－1702－0000281 普12/205/1806 史部/地理類/山川之屬/山志

重修南海普陀山志二十卷首一卷 （清）秦耀曾輯 清道光十二年（1832）刻本 四冊

330000－1702－0000283 普2/51/263 經部/易類/傳說之屬

易經本義十二卷首一卷末一卷 （宋）朱熹撰 附音訓十二卷 （宋）呂祖謙撰 清同治四年（1865）金陵書局刻本 二冊

330000－1702－0000284 普3/52 經部/四書類/論語之屬/傳說

論語經正錄二十卷 （清）王肇晉撰 （清）王用誥輯 王篠泉先生年譜一卷 （清）王孝箴 （清）王孝銘 （清）王孝來述 清光緒二十年（1894）刻本 十冊 缺一卷（論語經正錄

一)

330000－1702－0000285　普279/5584　集部/別集類/清別集

澹遠香齋詩存二卷　（清）李光漢撰　清同治十二年(1873)刻本　一冊

330000－1702－0000286　普3/54/304　經部/群經總義類/文字音義之屬

經籍籑詁一百六卷補遺一百六卷首一卷　（清）阮元撰　清光緒十四年(1888)鴻文石印本　十六冊

330000－1702－0000289　普12/206/1806　史部/地理類/山川之屬/山志

重修南海普陀山志二十卷首一卷　（清）秦耀曾輯　清道光十二年(1832)刻本　四冊

330000－1702－0000290　民12/207/1813　史部/地理類/山川之屬/山志

重修南海普陀山志二十卷首一卷　（清）秦耀曾輯　清道光十二年（1832）刻民國四年(1915)趙希伊補刻南海普陀山佛經流通處印本　四冊

330000－1702－0000291　普3/55　經部/叢編

五經合籑大成　（清）同文書局主人輯　清光緒十一年(1885)上海同文書局石印本　二十四冊

330000－1702－0000292　民12/208/1813　史部/地理類/山川之屬/山志

重修南海普陀山志二十卷首一卷　（清）秦耀曾輯　清道光十二年（1832）刻民國四年(1915)趙希伊補刻南海普陀山佛經流通處印本　三冊　存十八卷(一至十七、首)

330000－1702－0000293　普12/209/1832　史部/地理類/山川之屬/山志

重修南海普陀山志二十卷首一卷　（清）許琰撰　清乾隆五年(1740)刻本　八冊

330000－1702－0000294　普22/367/3139　史部/地理類/方志之屬/郡縣志

[光緒]建德縣志二十一卷首一卷　（清）謝仁澍　（清）吳俊修　（清）俞觀旭　（清）孫詒謀纂　清光緒十八年(1892)刻本　十冊

330000－1702－0000295　普3/56/330　經部/小學類/文字之屬/字書/字體

偏旁字攷不分卷　（清）趙芷楣撰　清光緒九年(1883)戴啓文抄本　清戴啓文跋　二冊

330000－1702－0000296　普3/57　經部/小學類/文字之屬/字書/字體

篆林肆攷十五卷　（明）鄭大郁輯　明崇禎刻本　一冊　存四卷(一至四)

330000－1702－0000298　普22/368　類叢部/叢書類/郡邑之屬

武林掌故叢編一百九十種　（清）丁丙編　清光緒三年至二十六年(1877－1900)錢塘丁氏嘉惠堂刻本([乾道]臨安志卷四至十五、南宋館閣錄卷一原缺)　六冊　存一種

330000－1702－0000301　普3/60/350　子部/儒家類/儒學之屬/蒙學

小學六卷　（清）高愈注　**文公朱夫子年譜一卷**　題（宋）李方子撰　清同治十一年(1872)浙江書局刻本　一冊　存五卷(一至四、年譜)

330000－1702－0000302　普22/371　類叢部/叢書類/郡邑之屬

武林掌故叢編一百九十種　（清）丁丙編　清光緒三年至二十六年(1877－1900)錢塘丁氏嘉惠堂刻本([乾道]臨安志卷四至十五、南宋館閣錄卷一原缺)　二冊　存一種

330000－1702－0000303　普3/62　類叢部/叢書類/自著之屬

萬木草堂叢書□□種　康有爲輯　清光緒至民國刻本　六冊　存一種

330000－1702－0000304　普3/63/359　經部/小學類/文字之屬/說文/傳說

說文通檢十四卷首一卷末一卷　（清）黎永椿撰　清光緒二年(1876)崇文書局刻本　二冊

330000－1702－0000305　普51/792　史部/詔令奏議類/奏議之屬

海防所見錄一卷　（清）□□辑　清道光抄本
一冊

330000－1702－0000306　普 3/64/363　經部/詩類/傳説之屬

詩經四卷　（宋）朱熹撰　清同治二年（1863）崇川文會堂刻本　四冊

330000－1702－0000307　普 22/369　類叢部/叢書類/郡邑之屬

武林掌故叢編一百九十種　（清）丁丙編　清光緒三年至二十六年（1877－1900）錢塘丁氏嘉惠堂刻本（〔乾道〕臨安志卷四至十五、南宋館閣錄卷一原缺）　六冊　存一種

330000－1702－0000308　普 22/370　類叢部/叢書類/郡邑之屬

武林掌故叢編一百九十種　（清）丁丙編　清光緒三年至二十六年（1877－1900）錢塘丁氏嘉惠堂刻本（〔乾道〕臨安志卷四至十五、南宋館閣錄卷一原缺）　六冊　存一種

330000－1702－0000309　普 3/65/364　經部/小學類/文字之屬/說文

說文管見三卷　（清）胡秉虔撰　清抄本
一冊

330000－1702－0000310　普 3/66/365　經部/小學類/文字之屬/字書

翰苑增補字學舉隅不分卷　（清）黃本驥（清）龍啓瑞撰　清光緒十二年（1886）刻本
一冊

330000－1702－0000311　普 22/372　類叢部/叢書類/郡邑之屬

武林掌故叢編一百九十種　（清）丁丙編　清光緒三年至二十六年（1877－1900）錢塘丁氏嘉惠堂刻本（〔乾道〕臨安志卷四至十五、南宋館閣錄卷一原缺）　四冊　存一種

330000－1702－0000312　普 22/373　類叢部/叢書類/彙編之屬

式訓堂叢書四十一種　（清）章壽康編　清光緒會稽章氏刻本　一冊　存一種

330000－1702－0000313　普 22/374/3165

史部/地理類/方志之屬/郡縣志

乾道臨安志十五卷　（宋）周淙撰　札記一卷（清）錢保塘撰　清光緒四年（1878）會稽章氏刻式訓堂叢書本（卷四至十五原缺）　佚名題識　一冊　存一卷（札記）

330000－1702－0000314　普 22/375/3166
史部/地理類/方志之屬/郡縣志

乾道臨安志十五卷　（宋）周淙纂　清光緒二十年（1894）孫氏壽松堂刻本（卷四至十五原缺）　一冊

330000－1702－0000317　普 22/378/3202
史部/地理類/方志之屬/郡縣志

咸淳臨安志一百卷　（宋）潛說友纂　校栞咸淳臨安志札記三卷　（清）黃士珣撰　清道光十年（1830）錢唐汪氏振綺堂刻同治六年（1867）補刻本（卷九十、九十八至一百原缺）　二十四冊

330000－1702－0000318　普 3/67/366　史部/政書類

翰苑分書臨文正宗不分卷　清光緒石印本
一冊

330000－1702－0000321　普 22/379/3226
史部/地理類/方志之屬/郡縣志

咸淳臨安志一百卷　（宋）潛說友纂　校栞咸淳臨安志札記三卷　（清）黃士珣撰　清道光十年（1830）錢唐汪氏振綺堂刻同治六年（1867）補刻光緒十七年（1891）補修本（卷九十、九十八至一百原缺）　二十四冊

330000－1702－0000322　普 22/380/3250
史部/地理類/方志之屬/郡縣志

咸淳臨安志一百卷　（宋）潛說友纂　校栞咸淳臨安志札記三卷　（清）黃士珣撰　清道光十年（1830）錢唐汪氏振綺堂刻本（卷九十、九十八至一百原缺）　二十四冊

330000－1702－0000323　普 23/381/3254
史部/地理類/專志之屬/寺觀

武林靈隱寺誌八卷　（清）孫治纂　（清）徐增重編　清康熙十一年（1672）刻雍正補刻本
四冊

330000－1702－0000324 普 23/382/3255
史部/地理類/專志之屬/祠墓

汪王廟志畧一卷 （清）汪文炳撰 清光緒三十一年（1905）刻本 一冊

330000－1702－0000326 普 23/384/3260
史部/地理類/專志之屬/祠墓

岳廟志略十卷首一卷 （清）馮培輯 清光緒五年（1879）浙江書局刻本 四冊

330000－1702－0000328 普 23/391/3325
史部/地理類/方志之屬/郡縣志

[光緒]撫州府志八十六卷首一卷 （清）許應鑅 （清）朱澄瀾修 （清）謝煌等纂 清光緒二年（1876）刻本 三十二冊

330000－1702－0000329 普 23/392/3341
史部/地理類/方志之屬/郡縣志

[光緒]富陽縣志二十四卷首一卷 （清）汪文炳等修 （清）蔣敬時 （清）何鎔纂 清光緒三十二年（1906）刻本 十六冊

330000－1702－0000330 普 23/393/3377
史部/地理類/方志之屬/郡縣志

[光緒]處州府志三十卷首一卷末一卷 （清）潘紹詒修 （清）周榮椿纂 清光緒三年（1877）刻本 三十六冊

330000－1702－0000335 普 23/386/3265
史部/地理類/專志之屬/寺觀

玉皇山廟志一卷 （清）卓炳森纂修 清光緒七年（1881）刻本 一冊

330000－1702－0000336 普 23/387/3269
史部/地理類/專志之屬/寺觀

吳山城隍廟志八卷首一卷 （清）朱文藻等輯 清光緒四年（1878）錢塘丁氏刻本 四冊

330000－1702－0000337 普 12/210/1825
史部/地理類/山川之屬/山志

重修南海普陀山志二十卷首一卷 （清）許琰撰 清乾隆五年（1740）刻本 四冊

330000－1702－0000338 普 51/793 史部/紀傳類/正史之屬

二十四史 清光緒二十八年（1902）史學會社

石印本 八冊 存一種

330000－1702－0000339 善 213/79/2 子部/宗教類/佛教之屬/諸宗

普勸修行文一卷 （宋）顏丙撰 明刻本 佚名過錄清徐大椿洄溪道情勸孝歌 一冊

330000－1702－0000340 善 213/79/3 子部/宗教類/佛教之屬/總錄

長慶集敬悟選一卷 （唐）白居易撰 明雲樓寺刻本 佚名過錄洄溪道情勸孝歌 一冊

330000－1702－0000341 普 23/388/3275
類叢部/叢書類/郡邑之屬

武林掌故叢編一百九十種 （清）丁丙編 清光緒三年至二十六年（1877－1900）錢塘丁氏嘉惠堂刻本（[乾道]臨安志卷四至十五、南宋館閣錄卷一原缺） 五冊 存一種

330000－1702－0000342 普 23/390/3293
史部/地理類/方志之屬/郡縣志

[康熙]錢塘縣志三十六卷首一卷 （清）魏峴修 （清）裴璉等纂 清抄本 十冊

330000－1702－0000343 普 51/794 史部/詔令奏議類/詔令之屬

諭旨二道一卷附和約一件一卷 清末抄本 一冊 存一卷（諭旨）

330000－1702－0000352 普 51/795 類叢部/叢書類/彙編之屬

魚凫彙刻三種 （清）魚凫居士編 清咸豐十一年（1861）刻本 一冊 存一種

330000－1702－0000354 善 233/241 集部/別集類/明別集

從野堂存稿八卷 （明）繆昌期撰 明崇禎十年（1637）江陰繆虛白刻本 十二冊

330000－1702－0000355 善 233/242 集部/別集類/明別集

徐文長評于節閹奏疏四卷文集一卷詩集三卷補遺一卷 （明）于謙撰 （明）徐渭評 **徐文長評于忠肅二卷** （明）徐渭評 明刻本 六冊 缺一卷（徐文長評于忠肅一）

330000－1702－0000356　善233/243　集部/
總集類/尺牘之屬

古今振雅雲箋十卷　（明）徐渭輯　明末刻本
十二冊

330000－1702－0000357　善233/244　集部/
別集類/宋別集

新刻臨川王介甫先生文集一百卷目錄二卷
（宋）王安石著　明萬曆四十年（1612）王鳳
翔、王承宗金陵光啓堂刻本　二十冊

330000－1702－0000358　善233/245　集部/
別集類/宋別集

宋李梅亭先生四六標準四十卷目錄四卷
（宋）李劉撰　（宋）羅逢吉輯　明萬曆二十五
年（1597）新安吳士睿、黃立範刻本　十二冊

330000－1702－0000359　善233/246　集部/
別集類/清別集

之溪老生集八卷勸影堂詞三卷　（清）先著撰
清康熙刻本　四冊

330000－1702－0000360　善233/247　集部/
別集類/宋別集

羅鄂州小集五卷　（宋）羅願撰　**羅鄂州遺文
一卷**　（宋）羅頌撰　明洪武二年（1369）羅宣
明刻天啓六年（1626）羅朗重修本　二冊

330000－1702－0000361　善233/248　集部/
別集類/明別集

夏桂洲先生文集十八卷　（明）夏言撰　**夏桂
洲先生年譜一卷**　（明）林日瑞編　明崇禎十
一年（1638）吳一璘刻本　十八冊　存十八卷
（一至十八）

330000－1702－0000362　善233/249　經部/
禮記類/傳說之屬

禮記旁訓六卷　（元）李恕撰　明萬曆二十三
年（1595）鄭汝璧、田疇刻五經旁訓本　清
□□題記　六冊

330000－1702－0000363　善234/250　子部/
醫家類/方書之屬/單方驗方

新刊明醫攷訂丹溪心法大全八卷　（元）朱震
亨撰　明萬曆元年（1573）熊沖宇刻本　二冊

330000－1702－0000364　善234/251　集部/
別集類/明別集

長水先生文鈔□□卷　（明）沈懋孝撰　明萬
曆刻本　二冊　存一卷（四餘編一）

330000－1702－0000365　善234/252　集部/
別集類/明別集

來禽館集二十九卷　（明）邢侗撰　明萬曆四
十六年（1618）史高先襄陽刻清康熙十九年
（1680）鄭雍重修本　十冊　存二十四卷（一
至十四、二十至二十九）

330000－1702－0000366　善234/253　集部/
別集類/宋別集

范文正公集十二卷　（宋）范仲淹撰　（明）毛
一鷺彙編　**年譜一卷**　（宋）樓鑰撰　（明）毛
一鷺彙編　**年譜補遺一卷言行拾遺事錄一卷
義莊規矩一卷鄱陽遺事錄一卷褒賢祠錄二卷**
（明）毛一鷺彙編　明末刻本（范文正公年
譜補配抄本）　十二冊

330000－1702－0000367　善234/254　集部/
詞類/別集之屬

水琴詞四卷縵雅堂駢文一卷　（清）王詒壽撰
稿本　清王慶勳、題思疚氏題款　二冊

330000－1702－0000368　善234/255　集部/
別集類/唐五代別集

**朱文公校昌黎先生文集四十卷外集十卷遺文
一卷**　（唐）韓愈撰　（宋）朱熹考異　（宋）
王伯大音釋　**京本朱文公校昌黎先生集傳一
卷**　明嘉靖十三年（1534）安正書堂建陽縣刻
本　佚名批並過錄清黃丕烈、葉德輝跋　十
二冊

330000－1702－0000369　善234/256　史部/
雜史類/斷代之屬

先撥志始二卷　（明）文秉撰　清同治二年
（1863）當塗夏燮江西省寓刻本　清平步青批
校並跋　二冊　存一卷（一）

330000－1702－0000370　善234/257　史部/
紀傳類/正史之屬

五代史七十四卷　（宋）歐陽修撰　（宋）徐無
黨注　明崇禎三年（1630）毛氏汲古閣刻十七

史本　清徽庵過錄吳中倫批校　五冊

330000－1702－0000371　善234/258　集部/
別集類/唐五代別集

杜詩偶評四卷　（唐）杜甫撰　（清）沈德潛評
　　清乾隆十二年（1747）潘承松賦閒草堂刻本
　　一冊

330000－1702－0000372　善234/259　集部/
別集類/明別集

沈蘭軒集五卷　（明）沈彬撰　明萬曆刻武康
四先生集本　二冊

330000－1702－0000373　善234/260　集部/
別集類/宋別集

司馬太師溫國文正公傳家集八十卷目錄二卷
　（宋）司馬光撰　明刻本（卷七至八配清莫
友芝抄本）　十六冊

330000－1702－0000374　善235/261　集部/
別集類/清別集

丹霞天老人雪詩一卷　（清）釋函昰撰　（清）
釋古翼錄　清刻本　一冊

330000－1702－0000375　善235/262　集部/
別集類/清別集

南蘭紀事詩五卷詩餘一卷　（清）楊文言撰
絡緯吟一卷　（清）曹尊眞撰　**幼學編一卷**
（清）楊祖祥撰　清康熙三十四年（1695）楊祖
祥刻本　一冊

330000－1702－0000376　善235/263　集部/
詞類/別集之屬

琳清仙館詞薰二卷　（清）陶方琦撰　稿本
清秦勉鉏觀款　一冊

330000－1702－0000377　善235/264　子部/
醫家類/内科之屬

痰火顓門四卷　（明）梁學孟撰　明萬曆三十
八年（1610）葉大受建陽刻本　四冊

330000－1702－0000378　善235/265　子部/
雜著類/雜說之屬

淮南子二十一卷　（漢）劉安撰　（漢）高誘注
　清乾隆五十三年（1788）武進莊逵吉刻本
清陳奐批校並跋　六冊

330000－1702－0000379　善235/266　子部/
術數類/相宅相墓之屬

宅經類纂四卷首一卷　（明）黃汝和輯纂　清
抄本　三冊

330000－1702－0000380　善235/267　子部/
雜著類/雜品之屬

竹嶼山房雜部三十二卷　（明）宋詡撰　明刻
本　一冊　存三卷（宋氏養生部一至三）

330000－1702－0000381　善235/268　子部/
雜家類

呂氏春秋二十六卷　（漢）高誘注　明萬曆宋
邦乂等校刻本　八冊

330000－1702－0000382　善235/269　集部/
別集類/宋別集

蘇文忠公策論選十二卷　（宋）蘇軾撰　（明）
茅坤　（明）鍾惺評　明天啓元年（1621）刻三
色套印本　六冊

330000－1702－0000383　善235/270　集部/
別集類/宋別集

東坡先生全集七十五卷　（宋）蘇軾撰　明刻
本　二十冊

330000－1702－0000385　普24/394　史部/
地理類/方志之屬/郡縣志

[嘉慶]松江府志八十四卷首二卷圖一卷
（清）宋如林修　（清）孫星衍　（清）莫晉纂
　清嘉慶二十三年（1818）松江府學明倫堂刻
本　四十冊

330000－1702－0000386　普24/395　史部/
地理類/方志之屬/郡縣志

[光緒]唐棲志二十卷　（清）王同纂　清光緒
十五年至十六年（1889－1890）刻本　六冊

330000－1702－0000388　普24/396　類叢
部/叢書類/郡邑之屬

武林掌故叢編一百九十種　（清）丁丙編　清
光緒三年至二十六年（1877－1900）錢塘丁氏
嘉惠堂刻本（[乾道]臨安志卷四至十五、南宋
館閣錄卷一原缺）　二冊　存一種

330000－1702－0000389　普24/397/3440

史部/地理類/方志之屬/郡縣志

[乾隆]新建縣志七十四卷首一卷末一卷
(清)邱蘭標修　(清)曹秀先纂　清道光十年
(1830)刻本　十五冊　存六十卷(一至五十
九、首)

330000－1702－0000390　普 24/398/3464
史部/地理類/方志之屬/郡縣志

[光緒]松江府續志四十卷首一卷圖一卷
(清)博潤修　(清)姚光發等纂　清光緒十年
(1884)刻本　二十四冊

330000－1702－0000392　普 24/400/3484
史部/目錄類/總錄之屬/地方

常郡八邑藝文志十二卷　(清)盧文弨輯
(清)莊翊昆校補　清光緒十六年(1890)刻本
　十六冊

330000－1702－0000396　普 25/401/3508
史部/地理類/方志之屬/郡縣志

[光緒]烏程縣志三十六卷　(清)潘玉璿
(清)馮健修　(清)周學濬　(清)汪曰楨纂
　清光緒六年至七年(1880－1881)刻本　二
十四冊　存三十三卷(一至三十三)

330000－1702－0000399　普 25/404/3513
史部/地理類/方志之屬/郡縣志

[同治]黃縣志十四卷首一卷末一卷　(清)尹
繼美修　(清)王棠等纂　清同治十年(1871)
刻光緒印本　三冊　存十卷(六至十四、末)

330000－1702－0000407　普 279/5595　集
部/別集類/唐五代別集

讀杜心解六卷首二卷　(清)浦起龍撰　清雍
正二年至三年(1724－1725)無錫浦氏寧我齋
刻本　十二冊

330000－1702－0000408　普 25/412/3620
史部/地理類/方志之屬/郡縣志

[同治]南昌府志六十六卷首一卷末一卷
(清)許應鑅　(清)王之藩修　(清)曾作舟
　(清)杜防纂　清同治十二年(1873)刻本
四十冊

330000－1702－0000409　普 25/413/3629

類叢部/叢書類/彙編之屬

武英殿聚珍版書一百三十八種　清乾隆四十
二年(1777)福建刻道光至同治遞修光緒二十
一年(1895)增刻本　九冊　存一種

330000－1702－0000410　普 26/414/3635
史部/地理類/方志之屬/郡縣志

[乾隆]桐廬縣志十六卷　(清)嚴正身
(清)王德讓修　(清)金嘉琰等纂　清乾隆二
十一年(1756)刻本　六冊　存十一卷(三至
四、八至十六)

330000－1702－0000411　普 26/415　史部/
地理類/方志之屬/郡縣志

[光緒]重修嘉善縣志三十六卷首一卷　(清)
江峯青修　(清)顧福仁纂　**校勘光緒嘉善縣
志劄記一卷**　孫傳樞　唐步雲纂　清光緒二
十年(1894)刻民國七年(1918)印本(校勘光
緒嘉善縣志劄記配民國八年鉛印本)　十
七冊

330000－1702－0000414　普 26/418/3658
史部/地理類/山川之屬/山志

黃山志二卷　(清)張佩芳撰　清乾隆三十六
年(1771)刻本　一冊

330000－1702－0000415　普 26/419/3662
史部/地理類/方志之屬/郡縣志

[雍正]巖鎮誌艸四卷　(清)佘華瑞撰　抄本
　四冊

330000－1702－0000420　普 271/5399　類叢
部/叢書類/彙編之屬

龍威秘書一百六十九種　(清)馬俊良編　清
乾隆五十九年至嘉慶元年(1794－1796)浙江
石門馬氏大酉山房刻本　二十四冊　存五十
三種

330000－1702－0000422　普 26/420/3666
史部/地理類/方志之屬/郡縣志

[雍正]巖鎮誌艸四卷　(清)佘華瑞撰　抄本
　四冊

330000－1702－0000423　普 4/97　經部/四
書類/總義之屬/傳說

酌雅齋四書遵註合講十九卷圖說一卷人物考四卷 （清）翁復編 清末至民國上海鑄記書局石印本 六冊

330000－1702－0000426 普 26/416 史部/地理類/方志之屬/郡縣志
[正德]武功縣志三卷首一卷 （明）康海纂 （清）孫景烈評註 清嘉慶十九年(1814)張樹勳綠野書院刻本 二冊

330000－1702－0000427 普 51/797 史部/金石類/郡邑之屬/文字
兩浙金石志十八卷補遺一卷 （清）阮元撰 清光緒十六年(1890)浙江書局刻本 十二冊

330000－1702－0000428 普 26/423/3708 史部/地理類/方志之屬/郡縣志
[光緒]永嘉縣志三十八卷首一卷 （清）張寶琳修 （清）王棻 （清）孫詒讓纂 清光緒六年至八年(1880－1882)刻本 二十四冊

330000－1702－0000429 普 26/424/3736 史部/地理類/方志之屬/郡縣志
[光緒]永嘉縣志三十八卷首一卷 （清）張寶琳修 （清）王棻 （清）孫詒讓纂 清光緒六年至八年(1880－1882)刻本 二十八冊

330000－1702－0000430 普 26/425 史部/地理類/山川之屬/山志
明州阿育王山志十卷 （明）郭子章撰 明州阿育王山續志六卷 （清）釋畹荃撰 明萬曆刻清乾隆續刻本 六冊

330000－1702－0000431 普 27/426/3772 史部/地理類/方志之屬/郡縣志
[光緒]永嘉縣志三十八卷首一卷 （清）張寶琳修 （清）王棻 （清）孫詒讓纂 清光緒六年至八年(1880－1882)溫州維新書局刻民國二十四年(1935)劉景晨補版印本 三十冊

330000－1702－0000437 普 27/431 史部/地理類/山川之屬/山志
清涼山志十卷 （明）釋秋厓原纂 （明）釋鎮澄編 （清）釋阿王老藏補 清乾隆二十年(1755)釋聚用刻光緒十三年(1887)重修本

四冊

330000－1702－0000439 普 27/433 史部/地理類/總志之屬/斷代
廣輿記二十四卷 （明）陸應陽輯 （清）蔡方炳增輯 清嘉慶七年(1802)聚文堂刻本 十四冊 缺一卷(五)

330000－1702－0000440 普 27/434/3813 史部/地理類/總志之屬/斷代
廣輿記二十四卷 （明）陸應陽輯 （清）蔡方炳增輯 清刻本 十二冊

330000－1702－0000441 普 27/436 史部/地理類/方志之屬/郡縣志
[乾隆]曲阜縣志一百卷 （清）潘相等纂修 清乾隆三十九年(1774)刻本 十二冊

330000－1702－0000442 普 27/437 史部/地理類/方志之屬/郡縣志
[同治]湖州府志九十六卷首一卷 （清）宗源瀚 （清）郭式昌修 （清）周學濬 （清）陸心源纂 清同治十一年至十三年(1872－1874)愛山書院刻本 十三冊 存三十一卷(四至三十四)

330000－1702－0000444 普 27/438/3853 史部/地理類/方志之屬/郡縣志
[同治]湖州府志九十六卷首一卷 （清）宗源瀚 （清）郭式昌修 （清）周學濬 （清）陸心源纂 清同治十一年至十三年(1872－1874)愛山書院刻本 三冊 存七卷(二十一至二十二、三十一至三十三、三十六至三十七)

330000－1702－0000448 普 27/441/3871 史部/地理類/方志之屬/郡縣志
[同治]江山縣志十二卷首一卷末一卷 （清）王彬 （清）孫晉梓修 （清）朱寶慈等纂 清同治十二年(1873)文溪書院刻本 八冊

330000－1702－0000449 普 27/442/3873 史部/地理類/專志之屬/寺觀
杭州上天竺講寺誌十五卷首一卷 （明）釋廣賓撰 清順治刻本 二冊 存八卷(八至十

五)

330000 - 1702 - 0000450　普 51/799　史部/
雜史類/通代之屬

重訂路史全本四十七卷　(宋)羅泌撰　(宋)
羅苹注　(明)吳弘基等重編　清嘉慶六年
(1801)酉山堂刻本　三冊　存十卷(餘論一
至十)

330000 - 1702 - 0000455　普 278/5565　集
部/別集類/清別集

李文忠公朋僚函稿二十四卷　(清)李鴻章撰
　(清)吳汝綸輯　清光緒二十八年(1902)蓮
池書社鉛印本　十二冊

330000 - 1702 - 0000457　普 28/448　史部/
地理類/方志之屬/郡縣志

**[同治]上海縣志三十二卷首一卷末一卷補遺
一卷敘錄一卷**　(清)應寶時等修　(清)俞樾
　(清)方宗誠纂　清同治十年(1871)吳門皋
署刻十一年(1872)南園志局重校光緒八年
(1882)補版印本　十六冊

330000 - 1702 - 0000461　普 4/104　經部/小
學類

萩林山房四種　(清)萩林山房輯　清道光刻
本　一冊　存一種

330000 - 1702 - 0000466　普 28/453 - 454
史部/地理類/山川之屬/山志

委羽山志六卷　(明)胡昌賢撰　**續志六卷首
一卷**　(清)王維翰撰　清同治九年(1870)委
羽石室刻本　三冊

330000 - 1702 - 0000467　普 2/33　經部/書
類/傳說之屬

尚書古文疏證九卷　(清)閻若璩撰　**朱子古
文書疑一卷**　(清)閻詠輯　清乾隆十年
(1745)眷西堂刻同治六年(1867)錢塘汪氏振
綺堂補刻本(卷三原缺)　七冊

330000 - 1702 - 0000472　普 28/459　史部/
地理類/方志之屬/郡縣志

[道光]金華縣志十二卷首一卷　(清)黃金聲
修　(清)李林松纂　清道光四年(1824)刻本

八冊

330000 - 1702 - 0000473　普 276/5496 - 1
集部/別集類/唐五代別集

李義山文集十卷　(唐)李商隱撰　(清)徐樹
榖箋　(清)徐炯注　清康熙四十七年(1708)
崑山徐氏花黐草堂刻本　四冊

330000 - 1702 - 0000479　普 276/5496 - 2
集部/別集類/唐五代別集

李義山詩集十六卷　(唐)李商隱撰　(清)姚
培謙箋　清乾隆五年(1740)姚氏松桂讀書堂
刻本　周端濟題記　八冊

330000 - 1702 - 0000493　普 51/801　史部/
傳記類/總傳之屬/列女

列女傳十六卷　(漢)劉向撰　(明)汪道昆輯
　(明)仇英繪圖　明萬曆刻清乾隆四十四年
(1779)鮑氏知不足齋印本　四冊　存八卷
(一至二、七至十、十五至十六)

330000 - 1702 - 0000494　普 7/148　史部/雜
史類/斷代之屬

海昌沈又亭孝廉隨軍目覩武功記略一卷
(清)沈兆元撰　清同治六年(1867)刻本
一冊

330000 - 1702 - 0000496　普 29/478　史部/
地理類/方志之屬/郡縣志

[光緒]樂清縣志十六卷首一卷　(清)李登雲
　(清)錢寶镕修　(清)陳珅等纂　清光緒二
十七年(1901)東甌郭博古齋刻民國元年
(1912)高誼校印本　十六冊

330000 - 1702 - 0000497　普 29/479　史部/
地理類/方志之屬/郡縣志

[光緒]樂清縣志十六卷首一卷　(清)李登雲
　(清)錢寶镕修　(清)陳珅等纂　清光緒二
十七年(1901)東甌郭博古齋刻民國元年
(1912)高誼校民國二十五年(1936)印本　十
五冊

330000 - 1702 - 0000520　普 12/211/1829
史部/地理類/山川之屬/山志

重修南海普陀山志二十卷首一卷　(清)許琰

撒　清乾隆五年(1740)刻本　四冊

330000 - 1702 - 0000526　普 31/507　史部/
地理類/方志之屬/郡縣志

[光緒]桐鄉縣志二十四卷首四卷　(清)嚴辰
纂　楊園淵源錄四卷　(清)沈曰富輯　清光
緒十三年(1887)蘇州陶漱藝齋刻本　二十
四冊

330000 - 1702 - 0000528　普 31/509　史部/
地理類/專志之屬/寺觀

天童寺志十卷首一卷　(清)德介　(清)聞性
道撰　清康熙刻嘉慶增補本　四冊

330000 - 1702 - 0000529　普 31/510　史部/
地理類/專志之屬/寺觀

天童寺志十卷首一卷　(清)德介　(清)聞性
道撰　清康熙刻嘉慶增補本　四冊

330000 - 1702 - 0000530　普 31/511　史部/
地理類/方志之屬/郡縣志

宋元四明六志　(清)徐時棟輯　清咸豐四年
(1854)甬上徐氏煙嶼樓刻光緒五年(1879)印
本([大德]昌國州圖志卷首、末,[延祐]四明
志卷九至十一原缺)　四十冊

330000 - 1702 - 0000531　普 271/5413　集
部/別集類/清別集

靈素堂駢體文一卷詩鈔四卷　(清)徐錦撰
清光緒十二年(1886)刻本　一冊

330000 - 1702 - 0000534　普 31/512　史部/
地理類/方志之屬/郡縣志

[道光]廣順州志十二卷首一卷末一卷　(清)
金臺修　(清)但明倫纂　清道光二十七年
(1847)刻本　六冊

330000 - 1702 - 0000535　普 276/5497 - 5498
　史部/紀傳類/正史之屬

四史　清光緒二十八年(1902)竢實齋石印本
　十四冊　存二種

330000 - 1702 - 0000536　普 31/513/4363
史部/地理類/專志之屬/園林

滄浪小志二卷　(清)宋犖輯　清光緒十年
(1884)江蘇書局刻本　一冊

330000 - 1702 - 0000537　普 31/515　史部/
地理類/方志之屬/郡縣志

[光緒]奉化縣志四十卷首一卷　(清)李前泮
修　張美翊等纂　清光緒三十四年(1908)刻
本　十二冊

330000 - 1702 - 0000538　普 31/514/4364
史部/地理類/專志之屬/園林

滄浪小志二卷　(清)宋犖輯　清康熙三十五
年(1696)刻本　一冊

330000 - 1702 - 0000539　普 31/516　史部/
地理類/方志之屬/郡縣志

[光緒]奉化縣志四十卷首一卷　(清)李前泮
修　張美翊等纂　清光緒三十四年(1908)刻
本　十二冊

330000 - 1702 - 0000541　普 31/517　史部/
地理類/水利之屬

荆州萬城隄志十卷首一卷末一卷　(清)倪文
蔚纂　荆州萬城隄續志十卷首一卷末一卷
(清)舒惠撰　荆州萬城隄後續志一卷　(清)
余肇康撰　清光緒二年至二十二年(1876 -
1896)刻本　十一冊

330000 - 1702 - 0000542　普 5/117　經部/春
秋左傳類/傳說之屬

東萊博議四卷首一卷增補虛字註釋一卷
(宋)呂祖謙撰　清光緒二十四年(1898)上海
文富樓石印本　四冊

330000 - 1702 - 0000544　普 1/1　經部/禮記
類/傳說之屬

禮記集說大全三十卷　(明)胡廣等輯　明刻
本　一冊　存二卷(十六至十七)

330000 - 1702 - 0000548　普 5/121　經部/群
經總義類/文字音義之屬

經典釋文三十卷　(唐)陸德明撰　經典釋文
攷證三十卷　(清)盧文弨撰　清同治十三年
(1874)成都尊經書院刻民國二年(1913)存古
書局補刻本　一冊　存四卷(一至二、攷證一
至二)

330000 - 1702 - 0000549　普 5/122　經部/詩

類/傳說之屬

詩補考七卷 稿本 七冊

330000－1702－0000550 普31/518 史部/
地理類/水利之屬

荆州萬城隄志十卷首一卷末一卷 （清）倪文
蔚纂 清光緒二年(1876)刻本 六冊

330000－1702－0000551 普31/519 史部/
地理類/專志之屬/祠墓

曹江孝女廟誌八卷首一卷末一卷補遺一卷
（清）金廷棟輯 （清）唐煕春增輯 清光緒八
年(1882)五社公所刻本 二冊

330000－1702－0000552 普31/520 史部/
地理類/專志之屬/祠墓

曹江孝女廟誌八卷首一卷末一卷補遺一卷
（清）金廷棟輯 （清）唐煕春增輯 清光緒八
年(1882)五社公所刻本 四冊

330000－1702－0000553 普32/521 史部/
地理類/方志之屬/郡縣志

[光緒]慈谿縣志五十六卷附編一卷 （清）楊
泰亨 （清）馮可鏞纂 （清）劉一桂校補 清
光緒二十五年(1899)德潤書院刻民國三年
(1914)慈谿縣公署印本 二十四冊

330000－1702－0000554 普5/123 經部/
叢編

十三經注疏三百三十五卷 （明）□□輯 明
嘉靖李元陽福建刻本 一冊 存一種

330000－1702－0000555 普112/2803 類叢
部/叢書類/彙編之屬

知不足齋叢書一百九十六種 （清）鮑廷博編
（清）鮑士恭續編 清乾隆三十七年至道光
三年(1772－1823)長塘鮑氏刻彙印本 一冊
存二種

330000－1702－0000558 普32/524 史部/
地理類/總志之屬/斷代

大清一統志四百二十四卷 （清）和珅等纂修
清光緒二十三年(1897)杭州竹簡齋石印本
六十冊

330000－1702－0000559 普32/525 史部/

地理類/外紀之屬

海國圖志一百卷首一卷 （清）魏源撰 **續集
二十五卷首一卷** （英國）麥高爾撰 （美國）
林樂知 （清）瞿昂來譯 清光緒二十八年
(1902)文賢閣石印本 十四冊 存一百卷
（一至六十五、六十七至一百,首）

330000－1702－0000560 普32/526－527
史部/地理類/外紀之屬

海國圖志一百卷首一卷 （清）魏源撰 **續集
二十五卷首一卷** （英國）麥高爾撰 （美國）
林樂知 （清）瞿昂來譯 清光緒二十四年
(1898)文賢閣石印本 十六冊

330000－1702－0000561 普1/25 經部/易
類/傳說之屬

今文周易演義十二卷首一卷 （明）徐師曾撰
清抄本 六冊

330000－1702－0000562 普32/528 史部/
地理類/方志之屬/郡縣志

[乾隆]欽定皇輿西域圖志四十八卷首四卷
（清）傅恒等修 （清）褚廷璋等纂 （清）英
廉等增纂 清光緒十九年(1893)杭州便益書
局石印本 十二冊

330000－1702－0000563 普32/529 史部/
地理類/總志之屬/斷代

大清一統志輯要五十卷 （清）洪亮吉撰 清
光緒二十八年(1902)山左輿圖局石印本
十冊

330000－1702－0000564 普32/530 類叢
部/叢書類/彙編之屬

申報館叢書正集五十七種附錄三種 （清）尊
聞閣主編 **續集一百四十二種** （清）蔡爾康
編 清同治至光緒上海申報館鉛印本 四冊
存一種

330000－1702－0000565 普32/531 史部/
雜史類/斷代之屬

平浙紀略十六卷 （清）秦緗業 （清）陳鍾英
撰 清末抄本 四冊

330000－1702－0000566 普32/532 史部/

地理類/山川之屬/山志

廣雁蕩山誌二十八卷首一卷末一卷 （清）曾唯輯 清乾隆五十五年(1790)曾唯依綠園刻嘉慶十三年(1808)增刻同治八年(1869)重修本 八冊

330000－1702－0000567 普32/533 史部/地理類/山川之屬/山志

廣雁蕩山誌二十八卷首一卷末一卷 （清）曾唯輯 清乾隆五十五年(1790)曾唯依綠園刻嘉慶十三年(1808)增刻同治八年(1869)重修本 八冊

330000－1702－0000569 善235/271 子部/道家類

莊子南華真經三卷 （晉）郭象注 明萬曆刻本 一冊

330000－1702－0000570 善235/272 集部/別集類/明別集

快雪堂集六十四卷 （明）馮夢禎撰 明萬曆四十四年(1616)黃汝亨、朱之蕃等金陵刻本 十二冊 存四十六卷(一至四十六)

330000－1702－0000571 善235/273 子部/道家類

三子合刊 （明）閔齊伋輯 明閔齊伋刻朱墨套印本 二冊 存一種

330000－1702－0000572 善235/275 子部/醫家類/醫案之屬

名醫類案十二卷 （明）江瓘輯 明萬曆十九年(1591)刻本 七冊 存七卷(四至六、八至十一)

330000－1702－0000573 善235/276 集部/別集類/宋別集

坡仙集十六卷 （宋）蘇軾撰 （明）李贄評輯 明萬曆二十八年(1600)焦竑刻本 五冊 存十卷(一至十)

330000－1702－0000574 善236/277 子部/雜著類/雜考之屬

野客叢書三十卷附野老記聞一卷 （宋）王楙撰 **宋王先生壙銘一卷** （宋）郭紹彭撰 明

嘉靖四十一年(1562)王穀祥刻本 十六冊

330000－1702－0000575 善236/278 集部/別集類/明別集

楊忠烈公文集六卷 （明）楊漣撰 清順治十七年(1660)李贊元刻本 六冊

330000－1702－0000576 善236/279 集部/別集類/漢魏六朝別集

陶元亮詩四卷 （晉）陶潛撰 （明）黃文煥析義 明末刻本 一冊

330000－1702－0000577 善236/280 子部/術數類/相宅相墓之屬

新編秘傳堪輿類纂人天共寶十二卷 （明）黃慎輯 明崇禎六年(1633)刻本 六冊

330000－1702－0000578 善236/281 子部/醫家類/綜合之屬/通論

醫學綱目四十卷 （明）樓英撰 明嘉靖四十四年(1565)曹灼刻本 四十一冊

330000－1702－0000579 善236/282 史部/紀傳類/正史之屬

宋史四百九十六卷目錄三卷 （元）脫脫等撰 明成化七年至十六年(1471－1480)朱英刻本 一冊 存一卷(四百七)

330000－1702－0000580 善236/283 子部/雜著類/雜纂之屬

古今書抄三十二卷 （明）屠本畯撰 明萬曆刻本 十六冊

330000－1702－0000581 善236/284 集部/別集類/宋別集

東坡先生詩集註三十二卷 （宋）蘇軾撰 （宋）王十朋集注 **東坡紀年錄一卷** （宋）傅藻編纂 明萬曆茅維刻本 十二冊

330000－1702－0000582 善237/285 子部/宗教類/道教之屬

雲笈七籤一百二十二卷 （宋）張君房撰 明張萱清真館刻六經堂印本 四十八冊

330000－1702－0000583 善237/286 集部/別集類/明別集

蔗園外集不分卷　（明）盧洪遠撰　清順治刻本　四冊

330000－1702－0000584　善237/287　子部/藝術類/遊藝之屬/酒令

唐詩酒底二卷　（清）張潮輯　**酒律一卷**（清）卓水月定　清張氏心齋刻本　二冊

330000－1702－0000585　善237/288　史部/傳記類/總傳之屬/通代

三立堂新編闔外春秋三十二卷　（明）尹商撰　明崇禎刻本　九冊　存十九卷（十一至十二、十五至三十一）

330000－1702－0000586　善237/289　子部/雜著類/雜纂之屬

山林經濟籍不分卷　（明）屠本畯輯　明末自娛齋刻本　瞿越題記　十二冊

330000－1702－0000587　善238/290　經部/三禮總義類/通論之屬

禮堂集義十六卷　（清）王紹蘭撰　稿本　五十六冊

330000－1702－0000588　善238/291　子部/雜著類/雜纂之屬

車徵鴻錄二十四卷　（清）錢大昭撰　清抄本　十二冊

330000－1702－0000589　善238/292　集部/別集類/元別集

鐵崖先生古樂府十卷補六卷復古詩集六卷麗則遺音四卷　（元）楊維楨撰　**附錄一卷**（元）謝一魯等撰　明末海虞毛氏汲古閣刻本　一冊　存五卷（麗則遺音一至四、附錄）

330000－1702－0000590　善238/293　史部/紀傳類/別史之屬

西魏書二十四卷敘錄一卷　（清）謝啓昆撰　清乾隆六十年(1795)謝啓昆樹經堂刻本　清周春跋　六冊

330000－1702－0000591　善238/294　類叢部/類書類/專類之屬

新刻分類摘聯四六積玉二十卷　（明）章斐然輯　明萬曆四十四年(1616)陳所學刻本　六冊

330000－1702－0000592　善238/295　類叢部/叢書類/彙編之屬

古今說海一百三十五種　（明）陸楫等編　明嘉靖二十三年(1544)陸楫儼山書院雲山書院刻本　五冊　存十八種

330000－1702－0000593　善238/296　史部/傳記類/別傳之屬/年譜

朱子年譜四卷考異四卷　（清）王懋竑撰　**朱子論學切要語二卷**（清）王懋竑輯　清乾隆十七年(1752)寶應王氏白田草堂刻本　清莫棠跋　四冊

330000－1702－0000594　善238/297　史部/目錄類/版本之屬/專考

重編汲古閣刊書目錄二卷　（明）毛晉撰　（清）姚振宗重編　清姚氏快閣師石山房抄本　清陶濬宣批校並跋　清陶方琦跋　一冊

330000－1702－0000595　善238/298　史部/地理類/雜志之屬

中吳紀聞六卷　（宋）龔明之撰　明末毛氏汲古閣刻本　一冊

330000－1702－0000596　善239/299　子部/墨家類

墨子十六卷附篇目考一卷　（清）畢沅校注並考　清乾隆四十九年(1784)畢氏靈巖山館刻經訓堂叢書本　清顧廣圻批校　八冊

330000－1702－0000597　善239/300　集部/別集類/宋別集

東坡全集一百十五卷目錄七卷　（宋）蘇軾撰　**東坡先生墓誌銘一卷**（宋）蘇轍撰　**東坡本傳一卷**（元）脫脫撰　**年譜一卷**（宋）王宗稷編　明刻本　二十八冊

330000－1702－0000598　善235/274　類叢部/叢書類/彙編之屬

山居小玩十種　（明）毛晉編　明毛氏汲古閣刻本　一冊　存二種

330000－1702－0000599　善239/301　集部/別集類/清別集

青霞草堂詩七卷 （清）顧岱撰 清康熙刻本 一冊

330000－1702－0000600 善239/302 史部/詔令奏議類/奏議之屬

賜餘艸不分卷 （明）何士晉撰 明萬曆四十三年（1615）刻本 三冊

330000－1702－0000601 善303/303 史部/傳記類/總傳之屬/列女

女範編四卷首一卷 （明）黃尚文撰 明萬曆刻本 四冊 存三卷（一至二、首）

330000－1702－0000602 善239/304 集部/別集類/清別集

弱水集二十二卷 （清）屈復撰 清乾隆七年（1742）刻本 四冊

330000－1702－0000603 善239/305 史部/詔令奏議類/奏議之屬

皇明疏鈔七十卷 （明）孫旬輯 明萬曆十二年（1584）刻本 十三冊 存二十六卷（二至三、十五至十六、二十一至二十二、三十一至三十二、三十七至三十八、四十一至四十六、四十九至五十四、五十九至六十、六十三至六十四）

330000－1702－0000604 善239/306 集部/別集類/清別集

貽安堂詩集六卷外集四卷 （清）金漸皋撰 清康熙五十六年（1717）刻本 二冊

330000－1702－0000605 善239/307 類叢部/叢書類/彙編之屬

寶顏堂秘笈二百二十八種 （明）陳繼儒編 明萬曆至泰昌繡水沈氏刻本 四冊

330000－1702－0000606 善239/308 集部/別集類/明別集

詩稿前集一卷劄稿內集一卷外集一卷 （明）詹伯麒撰 明萬曆吳懷保刻本 一冊 存二卷（劄稿內集、外集）

330000－1702－0000607 善239/309 子部/雜著類/雜說之屬

焦氏筆乘六卷續集八卷 （明）焦竑撰 明萬

曆三十四年（1606）謝與棟刻本 十四冊

330000－1702－0000608 善239/310 子部/雜著類/雜品之屬

格古要論三卷 （明）曹昭撰 清活字印本 一冊

330000－1702－0000609 善239/311 子部/雜著類/雜說之屬

風俗通義十卷 （漢）應劭撰 明刻本 二冊

330000－1702－0000610 善239/312 史部/政書類/律令之屬/治獄

敬由編十二卷 （明）竇子偁撰 明萬曆二十九年（1601）刻本 六冊

330000－1702－0000611 善239/313 集部/別集類/清別集

鶯嘯堂集九卷 （清）李沂撰 清康熙刻本 二冊 存八卷（一至八）

330000－1702－0000612 善240/314 經部/叢編

來子談經五種 （清）來集之撰 清順治九年（1652）蕭山來氏倘湖小築刻本 三冊 存一種

330000－1702－0000613 善240/315 集部/別集類/明別集

徐文長文集三十卷四聲猿一卷 （明）徐渭撰 （明）袁宏道評點 明萬曆四十二年（1614）鍾人傑刻本 四冊

330000－1702－0000614 善240/316 子部/雜著類/雜說之屬

芝園外集二十四卷 （明）張時徹撰 明嘉靖刻本 八冊

330000－1702－0000615 善240/317 集部/別集類/唐五代別集

杜樊川集十七卷 （唐）杜牧撰 （明）朱一是 （明）吳琠評 明末吳氏西爽堂刻本 十二冊

330000－1702－0000616 善240/318 集部/詞類/別集之屬

自賞音齋詞草二卷詩一卷　（清）姚文填　稿本　清許所望、清徐本立觀款　三冊

330000－1702－0000617　善240/319　集部/別集類/明別集

耦耕堂集詩三卷文二卷　（明）程嘉燧撰　松圓詩老小傳一卷　（清）錢謙益撰　清順治十二年(1655)金獻士、金望刻本　一冊　存五卷(詩一至三、文一至二)

330000－1702－0000618　善240/320　集部/別集類/清別集

述學三卷外編一卷補遺一卷別錄一卷　（清）汪中撰　清道光汪氏刻本　清鄭文焯跋　一冊　存三卷(述學一至三)

330000－1702－0000619　善240/321　史部/地理類/方志之屬

[乾隆]西藏見聞錄二卷　（清）蕭騰麟撰　清乾隆二十四年(1759)蕭錫珀刻本　一冊

330000－1702－0000620　善240/322　類叢部/叢書類/彙編之屬

津逮祕書十五集一百四十種　（明）毛晉編　明崇禎虞山毛氏汲古閣刻本　清惠棟批跋　十一冊　存九種

330000－1702－0000621　善240/323　集部/別集類/明別集

儼山文集一百卷目錄二卷外集四十卷續集十卷　（明）陸深撰　明嘉靖二十五年至三十年(1546－1551)雲間陸楫刻本　四冊　存十卷(續集一至十)

330000－1702－0000622　善240/324　史部/傳記類/總傳之屬/通代

近花樓纂釋分類合法百將全傳二卷　（明）陳裕輯　清康熙俞大緝刻本　四冊

330000－1702－0000623　善240/325　經部/小學類/音韻之屬/韻書

韻補五卷　（宋）吳棫撰　明刻本　清戈小蓮題記　五冊

330000－1702－0000624　善240/326　類叢部/叢書類/彙編之屬

格致叢書　（明）胡文煥編　明萬曆胡氏文會堂刻本　一冊　存一種

330000－1702－0000625　善240/327　類叢部/類書類/通類之屬

增訂二三場群書備考四卷　（明）袁黃撰　（明）袁儼注　（明）沈昌世增　明崇禎五年(1632)刻本　四冊

330000－1702－0000626　善240/328　史部/傳記類/職官錄之屬/總錄

宋宰輔編年錄二十卷　（宋）徐自明纂　明萬曆四十六年(1618)呂邦耀刻本　五冊　存八卷(一至二、五至六、十一、十三、十七至十八)

330000－1702－0000627　善240/329　子部/雜著類/雜纂之屬

初潭集十二卷　（明）李贄撰　明末刻本　十二冊

330000－1702－0000628　善240/330　子部/雜著類/雜考之屬

秇林伐山二十卷　（明）楊慎撰　明萬曆三年(1575)許嶽刻本　三冊

330000－1702－0000629　善240/331　子部/宗教類/道教之屬/雜著

清庵先生中和集前集三卷後集三卷　（元）李道純撰　（元）蔡志頤輯　明覆元大德十年(1306)刻本　二冊　存五卷(前集一至二、後集一至三)

330000－1702－0000630　善243/361　集部/詩文評類/詩評之屬

詩話類編三十二卷　（明）王昌會撰　明萬曆刻本　十二冊

330000－1702－0000631　善240/332　經部/叢編

經言枝指九十九卷　（明）陳禹謨撰　明萬曆刻本　二冊　存十九卷(漢詁篘一至十九)

330000－1702－0000632　善241/334　子部/雜著類/雜說之屬

淮南鴻烈解二十一卷　（漢）劉安撰　（漢）高誘注　明萬曆十八年(1590)汪一鸞刻本

七冊

330000－1702－0000633　善241/335　子部/雜著類/雜說之屬

鶴林玉露十六卷　（宋）羅大經撰　明刻本南曲外史過錄宋羅大經序並跋　四冊

330000－1702－0000634　善241/336　子部/術數類/陰陽五行之屬

推背圖說一卷　題（唐）袁天罡撰　（唐）李淳風注　清抄彩繪本　四冊

330000－1702－0000635　善241/337　集部/總集類/選集之屬/斷代

箋註唐賢絕句三體詩法二十卷　（宋）周弼輯　（元）釋圓至注　明刻本　姚世鈺校跋並過錄何焯校　二冊

330000－1702－0000636　善241/338　子部/道家類

道德會元不分卷　（元）李道純撰　明抄本仲勉題記　二冊

330000－1702－0000637　善241/339　經部/小學類/音韻之屬/韻書

大明正德乙亥重刊改併五音類聚四聲篇十五卷附五音集韻十五卷　（金）韓道昭撰　明正德十一年(1516)金臺衍法寺釋覺恒刻明嘉靖三十八年(1559)釋本贊重修本　二冊　存一卷(四聲篇十三)

330000－1702－0000638　善241/340　子部/藝術類/書畫之屬/畫譜

黃氏畫譜八種　（明）黃鳳池輯　明萬曆至天啟集雅齋清繪齋刻本　一冊　存一種

330000－1702－0000639　善241/341　子部/道家類

南華經十六卷　（晉）郭象注　（宋）林希逸口義　（宋）劉辰翁點校　（明）王世貞評點（明）陳仁錫批註　明刻本　四冊

330000－1702－0000640　善241/342　經部/周禮類/正文之屬

周禮二十卷　（明）陳深批點　明凌杜若刻朱墨套印本　四冊

330000－1702－0000641　善241/343　經部/周禮類/正文之屬

周禮二十卷　（明）陳深批點　明凌杜若刻朱墨套印本　四冊

330000－1702－0000642　善241/344　集部/別集類/明別集

七錄齋詩文合集十六卷　（明）張溥撰　明崇禎九年(1636)刻本　八冊

330000－1702－0000643　善241/345　集部/別集類

補松廬雜文不分卷　吳慶坻撰　稿本　清柯劭忞批　三冊

330000－1702－0000644　善241/346　集部/別集類/明別集

倘湖遺稿不分卷　（清）來集之撰　稿本八冊

330000－1702－0000645　善242/347　史部/編年類/通代之屬

資治通鑑綱目五十九卷　（宋）朱熹撰　（明）陳仁錫評　**資治通鑑綱目續編一卷**　（明）陳桱撰　（明）陳仁錫評　**資治通鑑綱目前編二十五卷**　（明）南軒撰　（明）陳仁錫評　**續資治通鑑綱目二十七卷末一卷**　（明）商輅等撰　（明）陳仁錫評　明崇禎三年(1630)陳仁錫刻本　三十冊　存二十八卷(續資治通鑑綱目一至二十七、末)

330000－1702－0000646　善242/348　子部/道家類

三子合刊　（明）閔齊伋輯　明閔齊伋刻朱墨套印本　二冊　存一種

330000－1702－0000647　善242/349　子部/小說家類/雜事之屬

何氏語林三十卷　（明）何良俊撰　（明）茅坤評　明嘉靖二十九年(1550)何氏清森閣刻本　十二冊

330000－1702－0000648　善242/350　集部/總集類/選集之屬/斷代

中州集十卷首一卷中州樂府一卷　（金）元好

問輯　明末海虞毛氏汲古閣刻清吳門寒松堂印本　十冊　存十一卷(一至十、首)

330000－1702－0000649　善242/351　史部/雜史類/斷代之屬

酌中志畧二十三卷　(明)劉若愚撰　清初抄本　三冊　存十六卷(一至八、十六至二十三)

330000－1702－0000650　善242/352　集部/戲劇類/傳奇之屬

湯義仍先生南柯夢記二卷　(明)湯顯祖撰明末刻玉茗堂四種傳奇本　佚名批註　一冊

330000－1702－0000651　善242/353　集部/別集類/明別集

戊申筆記一卷　(明)王樵撰　明萬曆刻本大至跋　一冊

330000－1702－0000652　善242/354　子部/雜著類/雜考之屬

白虎通德論二卷　(漢)班固撰　明嘉靖元年(1522)傅鑰刻本　二冊

330000－1702－0000653　善242/355　史部/地理類/方志之屬/郡縣志

[道光]婺志粹十四卷　(清)盧標纂　婺詩補三卷　(清)盧標輯　清道光十九年(1839)東陽李氏映台樓刻本　鄧子恂批校　鍾玉批蓮道人跋　清張春珊題記　十冊

330000－1702－0000654　善242/356　集部/總集類/選集之屬/通代

文選六十卷　(南朝梁)蕭統輯　(唐)李善注明末刻本　清諸煜校並跋　十冊

330000－1702－0000655　善243/357　子部/雜著類/雜纂之屬

倘湖樵書初編六卷二編六卷　(清)來集之撰清乾隆五十三年(1788)來廷栒等倘湖小築刻本　十二冊

330000－1702－0000656　善243/358　子部/醫家類/醫經之屬/內經

類經三十二卷　(明)張介賓類注　類經圖翼十一卷附翼四卷　(明)張介賓撰　明天啓四

年(1624)會稽張介賓刻金閶萬賢樓印本　九冊　存三十二卷(類經一至三十二)

330000－1702－0000657　善243/359　子部/醫家類/方書之屬/單方驗方

程氏即得方二卷　(清)程林撰　清康熙刻本四冊

330000－1702－0000658　善243/360　集部/別集類/清別集

居易堂集二十卷　(清)徐枋撰　清康熙刻本五冊

330000－1702－0000659　善241/333

人鏡陽秋二十二卷　(明)汪廷訥撰　明萬曆二十七年(1599)汪氏環翠堂刻本　二冊　存五卷(七至十一)

330000－1702－0000660　善243/362　集部/曲類/散曲之屬

新鐫古今大雅北宮詞紀六卷南宮詞紀六卷(明)陳所聞選　(明)陳邦泰輯　明萬曆三十三年(1605)陳氏繼志齋刻本　十四冊

330000－1702－0000661　善243/363　子部/小說家類/雜事之屬

燕寓偶談六卷　(明)楊繼益撰　清康熙刻本陳信觀款　六冊

330000－1702－0000662　善243/364　集部/別集類/唐五代別集

李長吉歌詩四卷外卷一卷　(唐)李賀撰(宋)吳正子箋注　(宋)劉辰翁評點　明天啓四年(1624)楊人駒刻宋劉須溪先生較書(合刻宋劉須溪點校書)本　肖巖題記　二冊

330000－1702－0000663　善243/365　集部/總集類/彙編之屬

韓文杜律二卷　(明)郭正域編　明閔齊伋刻朱墨套印本　一冊　存一卷(韓文)

330000－1702－0000664　善243/366　子部/小說家類/異聞之屬

酉陽雜俎二十卷續集十卷　(唐)段成式撰清光緒三年(1877)湖北崇文書局刻本　清譚獻跋　六冊

330000－1702－0000665　善243/367　集部/
別集類/唐五代別集

杜少陵集十卷　（唐）杜甫撰　明正德刻本
五冊　存六卷（五至十）

330000－1702－0000666　善244/368　集部/
別集類/清別集

拙宜園稿一卷　（清）黃燮清撰　清抄本
一冊

330000－1702－0000667　善244/369　集部/
別集類/清別集

遯阿賸觚一卷　（清）楊葆彝撰　稿本　一冊

330000－1702－0000668　善244/370　史部/
傳記類/別傳之屬/年譜

古艸老人（王本）自著年譜不分卷　（清）王本
撰　稿本　清商元柏跋　二冊

330000－1702－0000669　善244/371　集部/
別集類/清別集

王金銛詩稿一卷　（清）王金銛撰　稿本　崔
永安題記　清汪苣、清王金銛跋　一冊

330000－1702－0000670　善244/372　集部/
總集類/選集之屬/斷代

剡中集四卷　（清）周熙文輯　清乾隆二十八
年（1763）木活字印本　二冊

330000－1702－0000671　善244/373　史部/
地理類/方志之屬/郡縣志

[康熙]祁門縣志八卷　（清）張瑗纂修　清康
熙刻本　八冊

330000－1702－0000672　善244/374　集部/
別集類/唐五代別集

杜詩論文五十六卷　（清）吳見思撰　（清）潘
眉評　清康熙十一年（1672）常州岱淵堂刻本
清張映杙題記　十二冊

330000－1702－0000673　善244/375　子部/
小說家類/雜事之屬

篷窗蚓語一卷　（清）石杰撰　清乾隆刻本
一冊

330000－1702－0000674　善244/376　集部/

詞類/別集之屬

凝香室詩餘一卷　（清）葉澹宜撰　**適廬詞草
一卷**　（清）葉翰仙撰　**蘊香齋詞稿一卷**
（清）葉靜宜撰　稿本　清張鳴珂批　一冊

330000－1702－0000675　善244/377　經部/
詩類/傳說之屬

詩經題竅四卷　（清）曹天膺輯撰　（清）江騰
蛟增訂　清乾隆二十六年（1761）刻本　一冊

330000－1702－0000676　善244/378　史部/
地理類/山川之屬/山志

齊雲山志五卷　（明）魯點撰　明萬曆刻本
四冊　存四卷（一至四）

330000－1702－0000677　善244/379　集部/
別集類/明別集

**顧文康公文草十卷詩草六卷續稿六卷三集四
卷首一卷**　（明）顧鼎臣撰　明崇禎十三年
（1640）崑山顧氏桂雲堂刻十六年至清順治二
年（1643－1645）顧晉璠續刻本　一冊　存四
卷（三集一至四）

330000－1702－0000678　善244/380　集部/
別集類/清別集

復初齋詩集七十卷　（清）翁方綱撰　清道光
二十五年（1845）漢陽葉志詵刻本（卷六十三
至七十配繆荃孫抄本）　繆荃孫跋　十二冊
存六十二卷（一至六十二）

330000－1702－0000679　善244/381　集部/
別集類/清別集

柔橋初集二十卷柔橋續集十四卷詩集九卷
（清）王棻撰　稿本　清唐贇觀款　九冊　存
二十三卷（初集一至三、九至二十,續集一至
二,詩集一至四、八至九）

330000－1702－0000680　善244/382　集部/
總集類/彙編之屬

**詩慰初集二十家二十四卷二集十家十一卷續
集四家四卷**　（清）陳允衡編　清順治澄懷閣
刻本　二十冊　缺五卷（耦耕堂集選、不已集
選、河邨集選、汉上集選、石臼後集選）

330000－1702－0000681　善245/383　集部/

總集類/彙編之屬

李杜詩通六十一卷 （明）胡震亨編　清順治七年（1650）朱茂時刻本　十五冊　存三十八卷（杜詩通一至三十二、三十五至四十）

330000－1702－0000682　善245/384　子部/醫家類/類編之屬

古今醫統正脉全書四十四種 （明）王肯堂編　明萬曆二十九年（1601）新安吳勉學刻本　二冊　存一種

330000－1702－0000683　善245/385　子部/道家類

三子口義 （宋）林希逸撰　明嘉靖四年（1525）張士鎬刻本　五冊

330000－1702－0000684　善245/386　集部/總集類/選集之屬/斷代

明文偶抄不分卷 （清）徐錫麟輯　清徐錫麟抄本　徐仲蓀跋　一冊

330000－1702－0000685　善245/387　經部/四書類/論語之屬/專著

鄉黨朝聘解一卷附井田說一卷 （清）洪世佺輯　清抄本　一冊

330000－1702－0000686　善245/388　經部/樂類/律呂之屬

律書詳註一卷 （漢）司馬遷撰　（明）王正中注　清初刻本　一冊

330000－1702－0000687　善245/389　子部/醫家類/方書之屬/歷代方書

新編醫學正傳八卷 （明）虞摶撰　明嘉靖刻本　六冊

330000－1702－0000688　善245/390　集部/別集類/唐五代別集

唐黃御史集八卷附錄一卷 （唐）黃滔撰　明崇禎十一年（1638）黃鳴喬等刻本　四冊

330000－1702－0000689　善245/391　集部/總集類/課藝之屬

鼎鍥青螺郭先生注釋小試論轂評林六卷 （明）郭子章輯　明萬曆二十四年（1596）書林余仙源刻本　二冊

330000－1702－0000690　善245/392　集部/別集類/清別集

張文敏公送朱南崖太夫子入都文一卷 （清）張照撰　稿本　一冊

330000－1702－0000691　善245/393　集部/戲劇類/傳奇之屬

魚水緣傳奇二卷三十二齣 （清）周書撰　（清）凌存淳評點　清乾隆二十六年（1761）博文堂刻本　二冊

330000－1702－0000692　善245/394　集部/小說類/長篇之屬

狐仙口授人見樂妓館珍匭東遊記二十四章 （清）顧道民撰　清抄本　適盫迄士跋　二冊　存六章（一至六）

330000－1702－0000693　善245/395　子部/雜著類/雜考之屬

修潔齋閑筆八卷 （清）劉堅撰　清乾隆六年（1741）刻十八年（1753）增刻本　八冊

330000－1702－0000694　善245/396　子部/雜著類/雜纂之屬

智囊補二十八卷 （明）馮夢龍輯　明末刻本　八冊

330000－1702－0000695　善245/397　集部/別集類/漢魏六朝別集

陶靖節詩集四卷 （晉）陶潛撰　（清）蔣薰評　**附東坡和陶詩一卷** （宋）蘇軾撰　**律陶一卷** （明）王思任輯　**敦好齋律陶纂一卷** （清）黃槐開輯　清康熙刻本　清姚椿校並圈點　吳慶坻跋　一冊

330000－1702－0000696　善245/398　集部/別集類/清別集

晬盤彙一卷 （清）葉蓁撰　清抄本　一冊

330000－1702－0000697　善245/399　史部/地理類/方志之屬/郡縣志

［康熙］西安縣志十二卷首一卷 （清）陳鵬年修　（清）徐之凱等纂　清康熙三十八年（1699）刻本　八冊

330000－1702－0000698　善246/400　史部/

政書類/通制之屬

通志二百卷 （宋）鄭樵撰　元大德三山郡庠刻元明遞修本　二十一冊　存四十四卷（五至六、十至十七、三十二至三十九、七十四至七十六、一百十二至一百十三、一百十七至一百十九、一百二十二至一百二十五、一百四十三至一百四十七、一百四十九、一百六十五至一百六十六、一百六十九至一百七十、一百八十四至一百八十五、一百九十六、二百）

330000－1702－0000699　善247/401　類叢部/類書類/專類之屬

唐句分編二十九卷 （清）朗文勳選輯　清抄本　二十七冊

330000－1702－0000700　善247/402　集部/別集類/明別集

倪文正公遺稿二卷 （明）倪元璐撰　（清）唐九經評　清順治八年（1651）會稽唐九經刻本　六冊

330000－1702－0000701　善247/403　類叢部/類書類/通類之屬

新鐫音註釋義萬物皆偹類纂四卷 （明）黃龍吟輯　明萬曆三十四年（1606）劉龍田刻本　一冊

330000－1702－0000702　善247/404　集部/別集類/明別集

世翰堂文集八卷詩集四卷附錄詩餘一卷 （明）林庭機撰　明萬曆八年（1580）林貞耀刻本　一冊　存五卷（詩集一至四、附錄詩餘）

330000－1702－0000703　善407/405　集部/別集類/明別集

環碧齋尺牘二卷 （明）祝世祿撰　明刻本　一冊

330000－1702－0000704　善247/406　史部/地理類/雜志之屬

乾隆五十一年聖駕展謁泰陵巡幸五臺啟鑾經由直隸站圖並說一卷回鑾站圖並說一卷 清乾隆刻本　四冊

330000－1702－0000705　善247/407　史部/

地理類/山川之屬/山志

虎邱綴英志略二卷首一卷 （清）釋佛海撰　清乾隆十五年（1750）刻本　四冊

330000－1702－0000706　善247/408　集部/別集類/清別集

劉龕石先生詩文集十二卷 （清）劉天潮撰　清康熙六十年（1721）周維慶刻本　四冊

330000－1702－0000707　善247/409　集部/別集類/清別集

吟風嘯月軒詩彙四卷 （清）周葆元撰　稿本　清錢維鞬、清孫葆辰、清善有、清沈嘉汾觀款　清汪繩武、清王文鎔、清錢維鞬、清仲阮、清徐子廉、清章朱綏跋　清汪汝泰、清陸離、清汪宏治、清顧福仁題記　二冊

330000－1702－0000708　善247/410

清賞錄十二卷 （明）包衡　（明）張翼輯　明萬曆刻本　六冊

330000－1702－0000709　善247/411　子部/農家農學類/鳥獸蟲之屬

禽經一卷 題（晉）師曠撰　（晉）張華注　**獸經一卷** （明）黃省曾撰　明天啓六年（1626）呂茂良刻本　一冊

330000－1702－0000710　善247/412　經部/四書類/孟子之屬/傳說

三經評注五卷 （明）閔齊伋輯　明萬曆吳興閔齊伋刻三色套印本　二冊

330000－1702－0000711　善247/413　子部/道家類

道德經二卷 （宋）蘇轍注　（明）凌以棟批點　**老子考異一卷** 明刻朱墨套印本　四冊

330000－1702－0000712　善248/414　史部/地理類/方志之屬/郡縣志

[道光]趙州志六卷 （清）陳釗鍠修　（清）李其馨等纂　清道光十八年（1838）刻本　六冊

330000－1702－0000713　善248/415　集部/總集類/彙編之屬

蘇黃題跋十二卷 （明）楊鶴編　明刻本　二

冊　存六卷(東坡題跋雜書一至六)

330000－1702－0000714　善 248/416　子部/雜著類/雜考之屬

日知錄三十二卷　（清）顧炎武撰　清康熙三十四年(1695)潘耒刻本　清譚獻批校　十冊　存二十七卷(一至二十七)

330000－1702－0000715　善 248/417　集部/總集類/氏族之屬

嘉樂齋三蘇文範十八卷首一卷　（宋）蘇洵（宋）蘇軾　（宋）蘇轍撰　（明）楊慎輯（明）袁宏道評釋　明天啓二年(1622)刻本六冊

330000－1702－0000716　善 248/418　類叢部/叢書類/自著之屬

逸亭山人集十種十卷　（明）徐繼恩撰　清初刻本　一冊　存五卷(十笏齋集、董園存稿、倀亭和尚涉江草、客問、徐氏家誡)

330000－1702－0000717　善 248/420　子部/道家類

道德經二卷　（宋）蘇轍注　（明）淩以棟批點　老子考異一卷　明刻朱墨套印本　四冊　存二卷(道德經一至二)

330000－1702－0000718　善 248/421　子部/小說家類/雜事之屬

世說新語六卷　（南朝宋）劉義慶撰　（南朝梁）劉孝標注　明萬曆二十四年(1596)吳瑞徵刻本　四冊

330000－1702－0000719　善 248/422　類叢部/叢書類/彙編之屬

百家名畫一百四種　（明）胡文煥編　明萬曆錢塘胡氏文會堂刻本　二冊　存一種

330000－1702－0000720　善 248/423　經部/叢編

三經評注五卷　（明）閔齊伋輯　明萬曆吳興閔齊伋刻三色套印本　二冊　存二卷(孟子一至二)

330000－1702－0000721　善 248/424　集部/詞類/別集之屬

瀔水草堂詞集二卷　（清）陳希濂撰　稿本一冊

330000－1702－0000722　善 248/425　集部/小說類/長篇之屬

新鐫全像通俗演義隋煬帝艷史八卷四十回（明）齊東野人撰　明崇禎人瑞堂刻本　一冊存插圖四十九葉

330000－1702－0000723　善 248/426　子部/農家農學類/園藝之屬/總志

華夷花木鳥獸珍玩考十二卷　（明）慎懋官撰明萬曆九年(1581)刻本　三冊　存五卷(三至七)

330000－1702－0000724　善 248/427　集部/別集類/明別集

鶯鳩小啟十七卷　（明）連繼芳撰　（明）何其美等注　明萬曆刻本　五冊　存八卷(六至十二、十六)

330000－1702－0000725　善 248/428　史部/詔令奏議類/奏議之屬

掌銓題藁三十四卷　（明）高拱撰　明隆慶刻本　一冊　存二卷(二十三至二十四)

330000－1702－0000726　善 248/429　集部/別集類/清別集

綠榆庄唫草偶存二卷秘圖山館唫艸一卷雪窗百詠一卷　（清）陸以鑅撰　稿本　清方功熙題詩並跋　清王與檀跋　清王錦觀款　三冊

330000－1702－0000727　善 249/430　集部/總集類/尺牘之屬

孟餘信稿不分卷　（清）李輔燿等撰　稿本一冊

330000－1702－0000728　善 249/431　集部/總集類/尺牘之屬

陸元鼎同僚親友書札不分卷　（清）陸元鼎等撰　稿本　三冊

330000－1702－0000729　善 249/432　集部/小說類/短篇之屬

虞初新志二十卷　（清）張潮輯　清康熙刻本十八冊

330000－1702－0000730　善 249/433　經部/
小學類/文字之屬/說文

說文部首歌一卷　（清）馮桂芬撰　清李文田
抄本　吳士鑑跋　一冊

330000－1702－0000731　善 249/434　子部/
叢編

六子書　（明）顧春編　明嘉靖十二年（1533）
吳郡顧氏世德堂刻本　六冊　存一種

330000－1702－0000732　善 249/435　集部/
別集類/清別集

息園詩鈔一卷　（清）姚陶撰　稿本　清宗稷
辰觀款並題詩　一冊

330000－1702－0000733　善 249/436　類叢
部/類書類

新增說文韻府羣玉二十卷　（元）陰時夫輯
（元）陰中夫注　元刻本　王京畫題記　潘景
鄭、許竹樓、陳覺民跋　譚建丞、朱孔陽、沈定
庵、鄒夢禪、周湜、劉雪樵題記並跋　一冊
存一卷（三）

330000－1702－0000734　善 249/437　史部/
目錄類/版本之屬/書影

宋元明清精刻善本書影集錦三卷　楊文獻編
　宋元明清刻本　顧廷龍、劉啟遒、徐行恭、
張慕槎、何思誠、陳從周、王京畫、沈定庵、譚
建丞、周湜、沈邁士、錢學敬、吳壽谷題詩　朱
孔陽、陳覺民、潘景鄭、劉雪樵、彭友善、許竹
樓題詩並跋　吳諫齋、瞿鳳起、陳訓慈、鄒夢
禪、錢君匋跋　三冊

330000－1702－0000735　善 250/438　集部/
別集類/宋別集

范石湖詩集二十卷　（宋）范成大撰　清康熙
二十七年（1688）黃昌衢黎照樓刻本　十二冊

330000－1702－0000736　善 250/439　經部/
書類/傳說之屬

欽定書經傳說彙纂二十一卷首二卷書序一卷
　（清）王頊齡等纂　清雍正八年（1730）內府
刻本　十二冊

330000－1702－0000737　善 250/440　集部/

別集類/唐五代別集

杜工部詩說十二卷　（唐）杜甫撰　（清）黃生
說　清康熙三十五年（1696）一木堂刻本
六冊

330000－1702－0000738　善 250/441　集部/
總集類/選集之屬/通代

詠物詩選八卷　（清）俞琰輯　清雍正三年
（1725）寧儉堂刻本　芷敬題記　二冊

330000－1702－0000739　善 250/442　集部/
別集類/明別集

張尚書集四卷附錄一卷　（明）張煌言撰　清
抄本　清徐錫垚跋　馮貞羣題款　二冊

330000－1702－0000740　善 250/443　子部/
儒家類/儒學之屬/蒙學

小學發明六卷　（清）施璜纂註　清康熙三十
七年（1698）紫陽書院刻本　四冊

330000－1702－0000741　善 250/444　集部/
別集類/宋別集

蒙齋集二十卷　（宋）袁甫撰　清乾隆四十一
年（1776）武英殿木活字印本　五冊

330000－1702－0000742　善 250/445　集部/
別集類/明別集

**青邱高季迪先生詩集十八卷遺詩一卷扣舷集
一卷鳧藻集五卷附錄一卷**　（明）高啓撰
（清）金檀輯注　**年譜一卷**　（清）金檀編　清
雍正六年至七年（1728－1729）桐鄉金檀文瑞
樓刻本　二十四冊

330000－1702－0000743　善 251/446　集部/
別集類/清別集

綠蘿山莊文集二十四卷　（清）胡浚撰　清乾
隆八年（1743）刻本　二十四冊

330000－1702－0000744　善 251/447　集部/
別集類/清別集

敬業堂詩集參正二卷　（清）吳昂駒　（清）朱
洪輯　稿本　清方成珪跋　一冊　存一卷
（一）

330000－1702－0000745　善 251/448　集部/
別集類/清別集

敬業堂詩集五十卷　（清）查慎行撰　清康熙五十八年（1719）刻雍正增刻本　十冊

330000－1702－0000746　善251/449　集部/別集類/清別集

敬業堂詩三卷　（清）查慎行撰　清抄本　諸宗元題記　三冊

330000－1702－0000747　善251/450　類叢部/叢書類/彙編之屬

尚白齋鐫陳眉公寶顏堂祕笈（眉公雜著）十七種　（明）陳繼儒撰並編　明萬曆沈氏尚白齋刻本　四冊　存一種

330000－1702－0000748　善251/451　史部/地理類/方志之屬/郡縣志

[天啟]海鹽縣圖經十六卷　（明）樊維城修（明）胡震亨（明）姚士粦纂　明天啟四年（1624）刻清乾隆十二年（1747）補刻本（卷一至三配抄本）　二十冊

330000－1702－0000749　善252/452　史部/詔令奏議類/奏議之屬

歷代名臣奏議三百五十卷　（明）黃淮（明）楊士奇輯　明永樂內府刻本（卷五十九配抄本）　二十五冊　存六十卷（五十二至五十九、六十一至七十、一百二十六至一百二十八、一百六十七至一百六十八、一百七十一至一百七十五、一百八十至一百八十三、二百至二百五、三百十九至三百三十四、三百三十七至三百三十八、三百四十一至三百四十四）

330000－1702－0000750　善252/453　集部/別集類/清別集

帶經堂集九十二卷　（清）王士禛撰　（清）程哲編　清康熙四十九年至五十年（1710－1711）程哲七略書堂刻本　二十冊

330000－1702－0000751　善252/454　集部/別集類/清別集

柯亭餘習十二卷　（清）汪文柏撰　清康熙四十四年（1705）汪氏古香樓刻本　六冊

330000－1702－0000752　善252/455　集部/別集類/宋別集

東坡先生全集七十五卷　（宋）蘇軾撰　明末項煜刻本　十六冊

330000－1702－0000753　善253/456　子部/醫家類/綜合之屬/通論

赤水玄珠三十卷醫案五卷醫旨緒餘二卷　（明）孫一奎撰　明萬曆二十四年（1596）孫泰來、孫朋來刻本　二冊　存二卷（醫旨緒餘一至二）

330000－1702－0000754　善253/457　集部/別集類/清別集

葦間詩集五卷　（清）姜宸英撰　清康熙五十二年（1713）唐執玉刻二南堂印本　六冊

330000－1702－0000755　善253/458　經部/叢編

十三經注疏三百三十五卷　（明）□□輯　明嘉靖李元陽福建刻本　六冊　存一種

330000－1702－0000756　善253/459　集部/別集類/元別集

玉井樵唱三卷　（元）尹廷高撰　清雍正抄本　二冊

330000－1702－0000757　善253/460　史部/紀傳類/正史之屬

漢書評林一百卷　（明）凌稚隆輯　明萬曆九年（1581）吳興凌稚隆刻本　八冊　存十六卷（十七至二十六、四十一至四十五、一百）

330000－1702－0000758　善253/461　集部/別集類/清別集

旅逸續橐四卷定廬集四卷　（清）錢儀吉撰　清抄本　諸宗元跋　呂景端校　五冊　存七卷（續稿一至四、定廬集二至四）

330000－1702－0000759　善253/462　集部/總集類/選集之屬/斷代

御定全唐詩錄一百卷詩人年表一卷　（清）徐倬等輯　清康熙四十五年（1706）揚州詩局刻本　十六冊　缺一卷（詩人年表）

330000－1702－0000760　善253/463　類叢部/叢書類/彙編之屬

廣百川學海　（明）馮可賓編　明刻本　六冊

存四十五種

330000－1702－0000761　善253/464　集部/別集類/唐五代別集

白香山詩長慶集二十卷後集十七卷別集一卷補遺二卷 （唐）白居易撰　（清）汪立名編訂　**白香山年譜一卷** （清）汪立名撰　**白香山年譜舊本一卷** （宋）陳振孫撰　清康熙四十一年至四十二年(1702－1703)汪立名一隅草堂刻本　十冊

330000－1702－0000762　善253/465　集部/別集類/清別集

敬業堂詩集四十八卷 （清）查慎行撰　清康熙五十八年(1719)刻本　八冊

330000－1702－0000763　善253/466　集部/總集類/彙編之屬

盛唐四名家集二十四卷 （明）凌濛初輯　明吳興凌濛初刻朱墨套印本　二冊　存四卷（王摩詰詩集一至四）

330000－1702－0000764　善254/467　史部/紀傳類/正史之屬

史記評林一百三十卷 （明）凌稚隆輯　明刻本　三十二冊

330000－1702－0000765　善254/468　史部/金石類/錢幣之屬/圖像

泉貨珍奇錄十四卷 （清）高煥文輯　稿本　二冊

330000－1702－0000766　善254/469　集部/楚辭類

楚辭集註八卷 （宋）朱熹撰　（明）沈雲翔輯評　清聽雨齋刻朱墨套印本　五冊

330000－1702－0000767　善254/470　史部/雜史類/斷代之屬

吾學編六十九卷 （明）鄭曉撰　明隆慶元年(1567)鄭履淳刻本　六冊　存五卷（六十至六十四）

330000－1702－0000768　善254/471　史部/地理類/方志之屬/郡縣志

[道光]昌化縣志二十卷首一卷 （清）于尚齡修　（清）王兆杏纂　清末至民國初年常熟周氏鴿峰草堂抄本　十二冊

330000－1702－0000769　善254/472　集部/總集類/題詠之屬

楓江漁父圖題詞一卷 （清）徐釚輯　清康熙刻本　一冊

330000－1702－0000770　善254/473　集部/別集類/元別集

松雪齋集十卷外集一卷 （元）趙孟頫撰　清清德堂刻本　二冊

330000－1702－0000771　善254/474　集部/別集類/唐五代別集

杜工部詩集二十卷文集二卷集外詩一卷補注一卷 （唐）杜甫撰　（清）朱鶴齡輯注　**杜工部年譜一卷** （清）朱鶴齡撰　清康熙金陵葉永茹萬卷樓刻本　二十四冊

330000－1702－0000772　善255/475　集部/總集類/選集之屬/通代

漁洋山人古詩選三十二卷 （清）王士禛輯　清秋華堂抄本　八冊

330000－1702－0000773　善255/476　子部/醫家類/醫經之屬/内經

醫經大旨四卷 （明）賀岳撰　明嘉靖三十五年(1556)郭枉刻本　二冊　存一卷（一）

330000－1702－0000774　善255/477　集部/別集類/清別集

松皐文集十四卷 （清）毛際可撰　清康熙刻本　八冊

330000－1702－0000775　善255/478　集部/總集類/選集之屬/斷代

投壺詩存二卷 （清）朱文藻輯　清抄本　一冊

330000－1702－0000776　善255/479　集部/別集類/清別集

述學內篇三卷外篇一卷補遺一卷別錄一卷 （清）汪中撰　（清）汪喜孫編　清道光汪喜孫刻本　二冊

330000－1702－0000777　善255/480　子部/小說家類/雜事之屬

西青散記四卷　（清）史震林撰　清乾隆二年（1737）三餘堂刻本　四冊

330000－1702－0000778　善255/481　子部/叢編

諸子彙函　（明）歸有光編　明天啓刻本　十六冊

330000－1702－0000779　善255/482　子部/小說家類/雜事之屬

蘇黃門龍川畧志十卷　（宋）蘇轍撰　清抄本　二冊

330000－1702－0000780　善255/483　集部/別集類/明別集

袁中郎全集四十卷　（明）袁宏道撰　（明）鍾惺定　明崇禎二年（1629）武林佩蘭居刻本　十一冊　存三十六卷（五至四十）

330000－1702－0000781　善255/484　史部/紀傳類/別史之屬

名山藏一百九卷　（明）何喬遠撰　明崇禎福建沈猶龍等刻本　二十冊　存五十二卷（典謨記一至二十四,分藩記三十六至四十,刑法記一,河漕記一,漕運記一,兵制記一,馬政記一,茶馬記一,鹽法記一,臣林記六十四至六十七、七十至七十五、七十八至七十九,臣林雜記九十一至九十四）

330000－1702－0000782　善255/485　集部/別集類/宋別集

范文正公集二十卷別集四卷政府奏議二卷尺牘三卷　（宋）范仲淹撰　**年譜一卷**　（宋）樓鑰撰　**年譜補遺一卷言行拾遺事錄四卷鄱陽遺事錄一卷遺跡一卷義莊規矩一卷褒賢集五卷補編五卷**　清康熙歲寒堂刻本　十冊

330000－1702－0000783　善256/486　集部/總集類/選集之屬/斷代

列朝詩集乾集二卷甲集前編十一卷甲集二十二卷乙集八卷丙集十六卷丁集十六卷閏集六卷　（清）錢謙益輯　清順治九年（1652）毛氏汲古閣刻本　三十六冊

330000－1702－0000784　善256/487　經部/四書類/總義之屬/傳說

四書朱子異同條辨四十卷　（清）李沛霖（清）李禎訂　清康熙近譬堂刻本　四十冊

330000－1702－0000785　善256/488　集部/別集類/清別集

御製詩初集四十四卷目錄四卷　（清）高宗弘曆撰　清乾隆十四年（1749）內府刻本　二十四冊

330000－1702－0000786　善257/489　子部/雜著類/雜考之屬

丹鉛總錄二十七卷　（明）楊慎撰　明嘉靖三十三年（1554）梁佐刻本　二冊　存十一卷（八至十二、二十二至二十七）

330000－1702－0000787　善257/490　集部/別集類/宋別集

翠微南征錄十一卷　（宋）華岳撰　清抄本　清吳錫麟批校　二冊　存五卷（一至二、六至八）

330000－1702－0000788　善257/491　經部/詩類/傳說之屬

詩集傳二十卷詩序辨說一卷詩傳綱領一卷詩圖一卷　（宋）朱熹集傳　（元）許謙音釋（元）羅復纂輯　明正統十二年（1447）司禮監刻本　二冊　存八卷（九至十六）

330000－1702－0000789　善257/492　經部/詩類/傳說之屬

詩經集傳八卷　（宋）朱熹撰　明嘉靖吉澄刻本　二冊　存五卷（一至二、六至八）

330000－1702－0000790　善257/493　經部/易類/傳說之屬

易經旁訓辨體合訂三卷　（清）徐立綱輯　清乾隆五十四年（1789）循陔堂刻五經旁訓本　佚名批校　三冊

330000－1702－0000792　善257/495　子部/道家類

三子合刊　（明）閔齊伋輯　明閔齊伋刻朱墨套印本　四冊　存一種

330000－1702－0000793　善257/496　子部/
雜著類/雜說之屬

餘冬序錄六十五卷　（明）何孟春撰　明嘉靖
七年（1528）彬州家塾刻本　一冊　存三卷
（十八至二十）

330000－1702－0000794　善257/497　集部/
總集類/選集之屬/斷代

唐詩豔逸品四卷　（明）楊肇祉編　明天啓元
年（1621）烏程閔一栻刻朱墨套印本　一冊
存一卷（一）

330000－1702－0000795　善257/498　子部/
藝術類/書畫之屬/總論

繪事微言二卷　（南朝齊）謝赫撰　清抄本
二冊

330000－1702－0000796　善257/499　集部/
別集類/漢魏六朝別集

陶靖節集六卷　（晉）陶潛撰　清康熙三十三
年（1694）胡介祉谷園刻本　清潘曾沂跋
一冊

330000－1702－0000797　善257/500　集部/
別集類/清別集

遊富春江詩一卷　（清）陳豪撰　稿本　一冊

330000－1702－0000798　善257/501　史部/
紀傳類/正史之屬

東觀漢記二十四卷　（漢）劉珍等撰　清掃葉
山房刻本（卷七至十二補配抄本）　六冊

330000－1702－0000799　善257/502　子部/
儒家類/儒學之屬/經濟

新書十卷　（漢）賈誼撰　明末刻本　一冊

330000－1702－0000800　善257/503　經部/
群經總義類/傳說之屬

五經翼二十卷　（清）孫承澤撰　清康熙二年
（1663）家塾刻本　四冊

330000－1702－0000801　善257/504　集部/
總集類/選集之屬/通代

詩詞雜俎十二種　（明）毛晉輯　明天啓至崇
禎海虞毛氏汲古閣刻本　二冊　存二種

330000－1702－0000802　善257/505　子部/
道家類

道德經解二卷　（明）沈一貫撰　明萬曆十五
年（1587）蔡貴易刻本　二冊

330000－1702－0000803　善257/506　集部/
別集類/清別集

無悔齋集十五卷附錄一卷　（清）周京撰
（清）厲鶚選　清乾隆十七年（1752）刻本
四冊

330000－1702－0000804　善257/507　集部/
總集類/彙編之屬

唐百家詩一百七十一卷　（明）朱警編　**唐詩
品一卷**　（明）徐獻忠撰　明嘉靖十九年
（1540）刻本　一冊　存一種

330000－1702－0000805　善257/508　集部/
總集類/選集之屬/通代

集錄真西山文章正宗三十卷　（宋）真德秀輯
明刻本　十二冊　存十八卷（一至十八）

330000－1702－0000806　善258/509　子部/
術數類/占卜之屬

易冒十卷　（清）程良玉撰　清康熙三年
（1664）蟾溪草堂刻本　八冊

330000－1702－0000807　善258/510　經部/
易類

周易函書四種　（清）胡煦撰　清乾隆至嘉慶
胡季堂刻本　戴傳賢跋　十六冊　存二種

330000－1702－0000808　善258/511　集部/
總集類/彙編之屬

宋兩名相集五種　（明）康丕揚編　明萬曆三
十六年（1608）康丕揚刻三十七年（1609）重修
本　十冊　存一種

330000－1702－0000809　善258/512　集部/
別集類/清別集

四憶堂詩集六卷遺稿一卷　（清）侯方域撰
清順治刻本　清準叔氏批　湯則襄跋　四冊

330000－1702－0000811　善258/514　經部/
叢編

陸堂經學叢書四十三卷　（清）陸奎勳撰　清

康熙五十三年至五十四年（1714－1715）陸氏小瀛山閣刻本　八冊　存十三卷（陸堂詩學一至十二、讀詩總論）

330000－1702－0000812　善258/515　集部/詩文評類/詩評之屬

漁隱叢話前集六十卷後集四十卷　（宋）胡仔撰　清乾隆五年至六年（1740－1741）楊佑啓耘經樓刻本　岑春蕒題記　十二冊

330000－1702－0000813　善258/516　集部/別集類/元別集

清閟閣全集十二卷　（元）倪瓚撰　清康熙五十二年（1713）曹培廉城書室刻本　四冊

330000－1702－0000814　善258/517　子部/醫家類/診法之屬/歷代脈學

脈貫九卷　（清）王賢撰　清康熙五十年（1711）桐溪王賢盛德堂刻本　四冊

330000－1702－0000815　善518/518　經部/四書類/論語之屬/傳說

論語戴氏注二十卷　（清）戴望撰　清同治十年（1871）刻本　朱師轍批校　一冊

330000－1702－0000816　善258/519　類叢部/叢書類/自著之屬

禮山園全集二十二種　（清）李來章撰　清康熙刻乾隆彙印本　二十冊　存十七種

330000－1702－0000817　善259/520　集部/別集類/清別集

雙柳軒詩集一卷文集一卷　（清）袁枚撰　清乾隆刻本　諸宗元題記　一冊

330000－1702－0000818　善259/521　子部/醫家類/醫經之屬/内經

黃帝素問靈樞經十二卷　（宋）史崧音釋　明趙府居敬堂刻本　三冊　存七卷（三至六、十至十二）

330000－1702－0000819　善259/522　史部/金石類/金之屬/圖像

泊如齋重修宣和博古圖錄三十卷　（宋）王黼等撰　明萬曆十六年（1588）泊如齋刻本　十五冊　存二十四卷（一至四、七至二十三、二十六至二十八）

330000－1702－0000820　善259/523　集部/別集類/明別集

絡緯吟十二卷　（明）徐媛撰　明萬曆四十一年（1613）吳郡范允臨刻本　二冊　存四卷（一至二、七至八）

330000－1702－0000821　善259/524　類叢部/類書類/通類之屬

記纂淵海一百卷　（宋）潘自牧輯　（明）陳文燧等補　明萬曆七年（1579）王嘉賓等刻本　十一冊　存二十八卷（一至二、三十七至三十九、五十至五十七、六十七至六十九、八十六至八十九、九十三至一百）

330000－1702－0000822　善259/525　類叢部/類書類/通類之屬

詞林海錯十六卷　（明）夏樹芳輯　明萬曆刻本　六冊　存九卷（一、三至十）

330000－1702－0000823　善259/526　集部/戲劇類/傳奇之屬

鏡香園毛聲山評第七才子書十二卷　（元）高明撰　（清）毛綸　（清）毛宗崗評　**首一卷**（清）從周增訂　清金陵張元振刻聚錦堂印本　七冊　存十二卷（一、三至十二，首）

330000－1702－0000824　善259/527　子部/天文曆算類/天文之屬

杭州各節氣晨昏朦影限表一卷　（清）湯仰暉撰　稿本　二冊

330000－1702－0000825　善259/528　經部/群經總義類/文字音義之屬

蛾軒經說一卷　（清）儲乃墉撰　稿本　清楊葆光跋　一冊

330000－1702－0000826　善259/529　史部/地理類/山川之屬/山志

名山勝槩記四十八卷圖一卷附錄一卷　（明）何鏜輯　（明）慎蒙續輯　（清）張縉彥等補輯　明崇禎刻本　三冊　存三卷（九至十一）

330000－1702－0000828　善259/531　集部/總集類/選集之屬/通代

名世文宗二十卷外集四卷 （明）胡時化輯 （明）郭子章參輯 明萬曆五年(1577)馮叔吉願聞堂刻本 一冊 存二卷(十九至二十)

330000－1702－0000829 善 259/532 集部/總集類/選集之屬/斷代

宋文鑑一百五十卷目錄三卷 （宋）呂祖謙輯 明嘉靖八年(1529)晉藩養德書院刻本 一冊 存七卷(七十三至七十九)

330000－1702－0000830 善 259/533 集部/總集類/選集之屬/斷代

李于鱗唐詩廣選七卷 （明）李攀龍輯 （明）凌瑞森 （明）凌南榮輯評 明萬曆三年(1575)凌氏盟鷗館刻朱墨套印本 一冊 存二卷(五至六)

330000－1702－0000831 善 259/534 集部/總集類/選集之屬/通代

詩倫二卷 （清）汪薇輯 清康熙寒木堂刻本 二冊

330000－1702－0000832 善 259/535 類叢部/叢書類/彙編之屬

秘冊彙函二十八種一百四十三卷 （明）沈士龍 （明）胡震亨編 明萬曆刻本 一冊 存一種

330000－1702－0000833 善 259/536 子部/小說家類/雜事之屬

世說新語補二十卷 （南朝宋）劉義慶撰 （南朝梁）劉孝標注 （明）何良俊增補 （明）王世貞刪定 （明）王世懋批釋 （明）張文柱校注 明萬曆十三年(1585)張文柱刻本 一冊 存三卷(一至三)

330000－1702－0000834 善 259/537 子部/醫家類/診法之屬/脈經脈訣

王氏脉經十卷 （晉）王叔和撰 （宋）林億等類次 明趙府居敬堂刻本 一冊 存三卷(一至三)

330000－1702－0000835 善 259/538 史部/地理類/方志之屬/郡縣志

[乾隆]花溪志補遺一卷 （清）許良謨纂 清

抄本 清張光第跋 一冊

330000－1702－0000836 善 259/539 史部/傳記類/別傳之屬/事狀

先人老屋記一卷 （清）丁立誠輯 稿本 二冊

330000－1702－0000837 善 259/540 子部/醫家類/本草之屬/歷代綜合本草

重修政和經史證類備用本草三十卷 （宋）唐慎微撰 （宋）寇宗奭衍義 明嘉靖三十一年(1552)周珖、李遷刻本 一冊 存四卷(二十三至二十六)

330000－1702－0000838 善 260/541 子部/宗教類/道教之屬/雜著

道源四卷 （清）劉真遠編 清順治十三年(1656)刻本 四冊

330000－1702－0000839 善 260/542 集部/戲劇類/傳奇之屬

南柯記二卷 （明）湯顯祖撰 （明）臧懋循改訂 明萬曆刻本 二冊

330000－1702－0000840 善 260/543 集部/總集類/選集之屬/通代

瀛奎律髓四十九卷 （元）方回輯 **重刻紀言一卷** （清）吳寶芝撰 清康熙五十年至五十一年(1711－1712)吳寶芝黃葉邨莊刻本 佚名過錄清紀昀批 二十四冊

330000－1702－0000841 善 260/544 集部/總集類/題詠之屬

姚椿姚楗兩先生遺墨詩稿 （清）姚椿 （清）姚楗撰 稿本 一冊

330000－1702－0000842 善 260/545 史部/傳記類/總傳之屬/家乘

[安徽歙縣]葉氏宗譜十卷 （明）葉天爵纂修 明刻本 一冊

330000－1702－0000843 善 260/546 史部/編年類/通代之屬

歷代通鑑纂要九十二卷 （明）李東陽等撰 明正德二年(1507)內府刻本 三冊 存四卷(十一、三十五至三十六、六十九)

330000－1702－0000844　善260/547　史部/編年類/通代之屬

少微通鑑節要五十卷外紀四卷　（宋）江贄撰
　資治通鑑節要續編三十卷　（明）張光啓撰
　明正德九年（1514）司禮監刻本　四冊　存十一卷（二至五、九至十一、三十九至四十二）

330000－1702－0000845　善260/548　史部/傳記類/總傳之屬/家乘

[安徽徽州]三田李氏宗譜十二卷　（明）□□纂修　明嘉靖刻本　一冊　存一卷（十二）

330000－1702－0000846　善260/549　史部/傳記類/總傳之屬/家乘

[安徽休寧]瑭溪金氏族譜十八卷首一卷　（明）金瑤　（明）金應宿纂修　明刻本　三冊　存五卷（五、十二至十五）

330000－1702－0000847　善260/550　史部/政書類/邦計之屬/地政

富陽縣魚鱗冊不分卷　明填寫本　三冊

330000－1702－0000848　善261/551　子部/雜著類/雜纂之屬

倘湖樵書初編六卷二編六卷　（清）來集之撰　清乾隆五十三年（1788）來廷楫等倘湖小築刻本　三冊　存三卷（初編一至三）

330000－1702－0000849　善261/552　集部/別集類/清別集

查浦詩鈔十二卷　（清）查嗣瑮撰　清康熙六十一年（1722）刻乾隆印本　二冊

330000－1702－0000850　善261/553　集部/戲劇類/傳奇之屬

粲花齋新樂府四種八卷　（明）吳炳撰　明末刻金陵兩衡堂印本　二冊　存二卷（綠牡丹傳奇一至二）

330000－1702－0000851　善261/554－1　子部/宗教類/佛教之屬/大藏

徑山藏　明萬曆十七年（1589）至清嘉慶五臺、嘉興、徑山等地刻本　四冊　存二種

330000－1702－0000852　善261/555　史部/傳記類/總傳之屬/郡邑

紫硤文獻錄二卷　（清）曹宗載撰　清小清儀閣抄本　許振東題記　清張光第跋　一冊

330000－1702－0000853　善261/556　集部/總集類/選集之屬/斷代

唐詩品彙九十卷拾遺十卷詩人爵里詳節一卷　（明）高棅輯　明刻本　八冊　存三十七卷（唐詩品彙四至三十七、五十六至五十八）

330000－1702－0000854　善261/557　集部/總集類/尺牘之屬

尺牘清裁六十卷補遺一卷　（明）王世貞輯　明隆慶五年（1571）吳郡王世貞刻本　四冊　存三十卷（一至三十）

330000－1702－0000855　善261/558　集部/別集類/唐五代別集

杜詩詳註二十五卷首一卷附編二卷　（唐）杜甫撰　（清）仇兆鰲輯注　清康熙刻本　清李以峙批跋　十六冊

330000－1702－0000856　善261/559　集部/總集類/選集之屬/通代

西山先生真文忠公文章正宗二十四卷　（宋）真德秀輯　明嘉靖四十三年（1564）李豸、李磐刻本　五冊　存十卷（三至十二）

330000－1702－0000857　善261/560　子部/雜著類/雜說之屬

淮南鴻烈解二十一卷　（漢）劉安撰　（漢）高誘注　明末刻本　四冊

330000－1702－0000858　善261/561　集部/別集類/清別集

還讀齋詩存六卷　（清）查爾穀撰　稿本　清楊大墉、清伯葵、清嶍生、清方瀾、清查有榮、清蕭應槐、清沈樹、清翁汝濟、清蕭應槐、□紹曾跋　清寗潚題詩　清孫元培、清朱恭壽、徐鏞觀款　三冊

330000－1702－0000859　善261/562　集部/別集類/明別集

王文恪公集三十六卷名公筆記一卷　（明）王鏊撰　**鵑音一卷白社詩草一卷**　（明）王禹聲撰　明萬曆震澤王氏三槐堂刻本　十六冊

330000－1702－0000860　善262/563　集部/別集類/宋別集

臨川先生文集一百卷目錄二卷　（宋）王安石撰　明宗文堂刻本　三十二冊

330000－1702－0000861　善262/564　子部/天文曆算類/天文之屬

天文大成管窺輯要八十卷　（清）黃鼎撰　清順治十年(1653)刻本　四十冊

330000－1702－0000862　善262/565　集部/別集類/清別集

輞囊叢彙不分卷　（清）葛詠裳撰　稿本　十三冊

330000－1702－0000863　善262/566　類叢部/類書類/通類之屬

群書集事淵海一百六十卷　明抄本　十五冊　存二十六卷(三十至三十三、四十八至五十一、五十四至五十五、六十二至六十三、一百一至一百二、一百五至一百六、一百三十八至一百三十九、一百四十二至一百四十三、一百五十一至一百五十二、一百五十五至一百五十六、一百五十九至一百六十)

330000－1702－0000864　善263/567　史部/史抄類

新鍥名家纂定註解兩漢評林三卷　（明）吳默輯　明詹聖澤刻本　一冊

330000－1702－0000867　善263/570　集部/別集類/宋別集

東坡集十六卷　（宋）蘇軾撰　（明）李贄評輯　明刻本　三冊　存十三卷(四至十六)

330000－1702－0000868　善263/571　集部/總集類/選集之屬/斷代

皇明經濟文錄四十一卷　（明）萬表輯　明嘉靖三十三年(1554)杭郡曲入繩、游居敬刻本　六冊　存五卷(一、七、十二、十四、三十三)

330000－1702－0000870　善263/573　史部/編年類/通代之屬

新刊憲臺攷正少微通鑑全編二十卷外紀二卷總論一卷新刊憲臺攷正宋元通鑑全編二十一卷　（宋）江贄撰　明萬曆徐元太等刻本　一冊　存二卷(新刊憲臺攷正宋元通鑑全編一至二)

330000－1702－0000872　善263/575　集部/別集類/清別集

張友柏信稿一卷　（清）張友柏撰　稿本　三冊

330000－1702－0000874　善263/577　集部/別集類/清別集

陳璃詩稿一卷　（清）陳璃撰　稿本　阮紹昌、孫曉泉跋　一冊

330000－1702－0000875　善263/578　集部/別集類/清別集

藝風老人遺札二卷　繆荃孫撰　吳士鑑編　稿本　二冊

330000－1702－0000876　善263/579　集部/詞類/總集之屬

古香岑草堂詩餘四集十七卷　（明）□□輯　明末刻本　二冊　存六卷(正集一至六)

330000－1702－0000877　善263/580　子部/宗教類/佛教之屬/大藏

徑山藏　明萬曆十七年(1589)至清嘉慶五臺、嘉興、徑山等地刻本　一冊　存一種

330000－1702－0000879　善263/582　集部/別集類/清別集

沈景修信札一卷　（清）沈景修撰　稿本　一冊

330000－1702－0000880　善264/584　集部/別集類/清別集

梁文忠公書札不分卷　（清）梁鼎芬撰　稿本　三冊

330000－1702－0000881　善264/585　子部/天文曆算類/曆法之屬

大清同治十年歲次辛未時憲書一卷　清同治刻朱墨套印本　一冊

330000－1702－0000882　善264/586　子部/術數類/雜術之屬

大清光緒九年壬辰北通書一卷　清光緒九年
(1883)刻本　一冊

330000－1702－0000883　善264/587　集部/
別集類/明別集

滄溟先生集三十卷附錄一卷　(明)李攀龍撰
　明萬曆三十四年(1606)睢陽陳陞刻本　十
四冊　存二十七卷(一至二十、二十五至三
十,附錄)

330000－1702－0000884　善264/588　集部/
總集類/選集之屬/斷代

文信國青原琴玉帶研圖附題詞一卷　(清)鄭
光策等撰　稿本　一冊

330000－1702－0000885　善264/589　集部/
別集類/清別集

吳慶坻唱和詩集一卷　吳慶坻等撰　稿本
一冊

330000－1702－0000886　善264/590　集部/
別集類/清別集

周季貺致傅節子尺牘真跡一卷　(清)周星詒
撰　稿本　陳橋驛觀款　一冊

330000－1702－0000887　子部/
藝術類/書畫之屬/畫譜

童叔平人物真跡一卷　(清)童叔平繪　稿本
　一冊

330000－1702－0000888　善265/592　史部/
傳記類/總傳之屬/家乘

[安徽]新安黃氏會通譜十六卷首一卷文獻錄
二卷外集三卷　(明)黃祿等纂修　明弘治十
四年(1501)刻本　一冊　存一卷(首)

330000－1702－0000889　善265/593　史部/
傳記類/總傳之屬/家乘

[安徽]新安休寧汪溪金氏族譜五卷附錄一卷
譜號一卷　(明)金弁等纂修　明嘉靖刻本
一冊　存五卷(三至五、附錄、譜號)

330000－1702－0000890　善267/604　經部/
小學類/訓詁之屬/群雅

五雅全書　(明)郎奎金輯　明天啓六年
(1626)武林郎氏堂策檻刻本　四冊　存一種

330000－1702－0000891　善267/605　經部/
群經總義類/傳說之屬

六經圖二十四卷　(清)鄭之僑編　清乾隆九
年(1744)潮陽鄭之僑述堂刻本　十二冊

330000－1702－0000892　善267/606　經部/
小學類

澤存堂五種　(清)張士俊輯　清康熙吳郡張
士俊澤存堂刻本　五冊　存一種

330000－1702－0000893　善267/607　經部/
叢編

御纂七經二百八十卷首十一卷序三卷　(清)
李光地等撰　清康熙至乾隆內府刻本　十五
冊　存一種

330000－1702－0000894　善267/608　經部/
春秋總義類/傳說之屬

春秋經傳類求十二卷　(清)孫從添　(清)過
臨汾撰　(清)吳禧祖校定　清乾隆二十四年
(1759)吳禧祖刻本　十冊　存十一卷(一至
六、八至十二)

330000－1702－0000895　善267/609　經部/
春秋左傳類/傳說之屬

春秋左傳杜注三十卷首一卷　(清)姚培謙撰
　清乾隆十一年(1746)吳郡陸氏小鬱林刻本
十冊

330000－1702－0000896　善268/610　史部/
傳記類/總傳之屬/通代

錢牧齋先生列朝詩集小傳十卷　(清)錢謙益
撰　(清)錢陸燦輯　清康熙三十七年(1698)
黃錫緞誦芬堂刻本　四冊

330000－1702－0000897　善268/611　史部/
編年類/斷代之屬

兩漢紀六十卷　(宋)王銍輯　清康熙三十五
年(1696)襄平蔣氏樂三堂刻本　十冊

330000－1702－0000898　善268/612　史部/
載記類

十六國春秋一百卷　(北魏)崔鴻撰　清乾隆
四十六年(1781)汪日桂刻本　二十冊

330000－1702－0000899　善268/613　史部/

時令類

月令輯要二十四卷圖說一卷 （清）吳廷楨等輯 清康熙五十五年(1716)武英殿刻本 十二冊

330000－1702－0000900 善268/614 史部/紀事本末類/通代之屬

繹史一百六十卷世系圖一卷年表一卷 （清）馬驌撰 清康熙九年(1670)刻本 四十冊

330000－1702－0000901 善269/615 史部/傳記類/總傳之屬/家乘

[安徽]休寧金氏族譜二十六卷首一卷 （清）金門詔纂修 清乾隆十三年(1748)刻本 四冊

330000－1702－0000902 善269/616 史部/地理類/方志之屬/郡縣志

[乾隆]杭州府志一百十卷首六卷 （清）鄭澐修 （清）邵晉涵等纂 清乾隆四十九年(1784)刻本 四十冊 存一百十五卷(一至八十、八十二至一百十,首一至六)

330000－1702－0000903 善269/617 史部/地理類/山川之屬/水志

西湖志四十八卷 （清）李衛 （清）程元章修 （清）傅王露撰 清雍正十三年(1735)刻本 二十冊

330000－1702－0000904 善270/618 史部/地理類/專志之屬/寺觀

增修雲林寺志八卷 （清）厲鶚撰 清乾隆九年(1744)刻本 二冊

330000－1702－0000905 善270/619 史部/地理類/方志之屬/郡縣志

[乾隆]臨清直隸州志十一卷首一卷 （清）張度 （清）鄧希曾修 （清）朱鍾纂 清乾隆五十年(1785)刻本 十一冊

330000－1702－0000906 善270/620 史部/地理類/水利之屬

敕修兩浙海塘通志二十卷首一卷 （清）方觀承 （清）永貴修 （清）查祥 （清）杭世駿纂 清乾隆十六年(1751)刻本 八冊

330000－1702－0000907 善270/621 史部/地理類/總志之屬/斷代

廣輿記二十四卷 （明）陸應陽輯 （清）蔡方炳增輯 清康熙二十五年(1686)吳郡寶翰樓刻本 十二冊

330000－1702－0000908 善270/622 史部/地理類/專志之屬/古跡

顏魯公石柱記箋釋五卷 （唐）顏真卿撰 （清）朱彝尊補 （清）鄭元慶箋釋 清康熙四十一年(1702)鄭元慶魚計亭刻本 一冊

330000－1702－0000909 善270/623 史部/地理類/方志之屬/郡縣志

[雍正]寧波府志三十六卷首一卷 （清）曹秉仁等修 （清）萬經等纂 清雍正十一年(1733)刻乾隆印本 十六冊

330000－1702－0000910 善270/624 史部/編年類/通代之屬

資治通鑑綱目五十九卷 （宋）朱熹撰 （明）陳仁錫評 **資治通鑑綱目續編一卷** （明）陳桱撰 （明）陳仁錫評 **資治通鑑綱目前編二十五卷** （明）南軒撰 （明）陳仁錫評 **續資治通鑑綱目二十七卷** （明）商輅等撰 （明）陳仁錫評 清康熙四十年(1701)王公行刻本 八十一冊 存五十九卷(資治通鑑綱目一至五十九)

330000－1702－0000911 善271/625 史部/編年類/通代之屬

資治通鑑綱目五十九卷 （宋）朱熹撰 （明）陳仁錫評 **資治通鑑綱目續編一卷** （明）陳桱撰 （明）陳仁錫評 **資治通鑑綱目前編二十五卷** （明）南軒撰 （明）陳仁錫評 **續資治通鑑綱目二十七卷** （明）商輅等撰 （明）陳仁錫評 清康熙四十年(1701)王公行刻本 九冊 存二十五卷(前編一至二十五)

330000－1702－0000912 善271/626 史部/地理類/山川之屬/水志

水道提綱二十八卷 （清）齊召南撰 清乾隆四十一年(1776)刻本 八冊

330000－1702－0000913 善271/627 史部/

史抄類

新鍥鄭孩如先生精選先秦兩漢旁訓便讀六卷
（明）鄭維嶽撰　明楊九經刻本　二冊

330000－1702－0000914　善271/628　史部/政書類/通制之屬

皇明經世實用編二十八卷首一卷　（明）馮應京輯　明萬曆三十一年（1603）刻本　一冊　存四卷（一至三、首）

330000－1702－0000915　善271/629　史部/金石類/總志之屬

金石契不分卷　（清）張燕昌撰　清乾隆三十六年（1771）海鹽張燕昌刻四十三年（1778）重定本　二冊

330000－1702－0000916　善271/630　史部/紀傳類/別史之屬

季漢書六十卷正論一卷答問一卷　（明）謝陛撰　（明）臧懋循訂　明末鍾人傑刻本　清祁理孫題記並圈點　四冊　存二十二卷（本紀一至三、外傳十八至三十、載記一至三、雜傳，正論，答問）

330000－1702－0000917　善271/631　類叢部/叢書類/自著之屬

鹿洲全集七種　（清）藍鼎元撰　清康熙至雍正刻彙印本　一冊　存一種

330000－1702－0000918　善271/632　子部/術數類/數學之屬

皇極經世書八卷首一卷　（明）黃畿撰　清乾隆刻本　求崧題記　八冊

330000－1702－0000919　善271/633　子部/雜著類/雜考之屬

羣書拾補初編三十七種　（清）盧文弨撰　清乾隆五十五年（1790）盧氏抱經堂刻本　八冊

330000－1702－0000920　善271/634　子部/醫家類/方書之屬/單方驗方

同壽錄四卷　（清）曹□撰　（清）項天瑞輯　清乾隆二十七年（1762）志仁堂刻本　八冊

330000－1702－0000921　普5/125　經部/春秋左傳類/傳說之屬

春秋經傳集解三十卷　（晉）杜預撰　明刻本　一冊　存二卷（七至八）

330000－1702－0000923　普5/126　經部/四書類/總義之屬/傳說

四書章句集註二十八卷　（宋）朱熹撰　明刻本　一冊　存一卷（孟子十二）

330000－1702－0000926　普39/630　史部/地理類/方志之屬/郡縣志

［同治］鄞縣志七十五卷　（清）戴枚修（清）張恕等纂　清光緒三年（1877）刻四年（1878）增刻本　三十四冊

330000－1702－0000927　普39/631　史部/地理類/方志之屬/郡縣志

［同治］鄞縣志七十五卷　（清）戴枚修（清）張恕等纂　清光緒三年（1877）刻四年（1878）增刻本（卷一配抄本）　朱夑、胡陳□、何智□題記　三十四冊

330000－1702－0000929　普33/538－539　類叢部/叢書類/彙編之屬

知不足齋叢書一百九十六種　（清）鮑廷博編（清）鮑士恭續編　清乾隆三十七年至道光三年（1772－1823）長塘鮑氏刻彙印本　李次九題記　二冊　存一種

330000－1702－0000930　普2/37　類叢部/叢書類/彙編之屬

微波榭叢書十一種　（清）孔繼涵編　清孔氏刻彙印本　一冊　存一種

330000－1702－0000931　普33/540　類叢部/叢書類/彙編之屬

嘯園叢書五十七種　（清）葛元煦編　清光緒二年至七年（1876－1881）仁和葛氏刻本　一冊　存一種

330000－1702－0000932　普33/541　類叢部/叢書類/彙編之屬

嘯園叢書五十七種　（清）葛元煦編　清光緒二年至七年（1876－1881）仁和葛氏刻本　一冊　存一種

330000－1702－0000934　普33/543　史部/

[同治]荆門直隸州志十二卷首一卷　（清）恩榮修　（清）張圻纂　清同治七年（1868）明倫堂刻本　十六冊

330000－1702－0000936　普5/127　經部/易類/傳說之屬

周易本義經二卷傳十卷易圖一卷五贊一卷筮儀一卷　（宋）朱熹撰　清康熙至雍正內府刻本　二冊

330000－1702－0000943　普33/550　史部/地理類/方志之屬/郡縣志

[乾隆]平陽縣志二十卷首一卷　（清）徐恕修　（清）張南英　（清）孫謙纂　清乾隆二十五年（1760）刻民國七年（1918）修補本　八冊

330000－1702－0000944　普33/553　史部/地理類/方志之屬/郡縣志

海鹽澉水志八卷　（宋）常棠撰　續澉水誌九卷　（明）董穀纂修　清道光九年（1829）、十八年（1838）馬泰榮抄本　清馬泰榮題記　清蕭應椀、張謙觀款　一冊

330000－1702－0000949　普34/557　史部/地理類/方志之屬/郡縣志

[乾隆]溫州府志三十卷首一卷　（清）李琬修　（清）齊召南　（清）汪沆纂　清乾隆二十七年（1762）刻同治四年（1865）修版宣統三年（1911）印本　二十四冊

330000－1702－0000950　普33/554　史部/地理類/方志之屬/郡縣志

[雍正]淮安府安東縣志十七卷　（清）余光祖修　（清）孫超宗纂　清抄本　五冊　缺三卷（六至八）

330000－1702－0000951　普34/556　史部/地理類/方志之屬/郡縣志

[乾隆]溫州府志三十卷首一卷　（清）李琬修　（清）齊召南　（清）汪沆纂　清乾隆二十七年（1762）刻同治四年（1865）修版印本　三十六冊

330000－1702－0000952　普5/131　經部/四

書類/總義之屬/傳說

四書章句集註二十八卷　（宋）朱熹撰　清康熙內府刻本　三冊　存十二卷（孟子一至十二）

330000－1702－0000953　普34/558　史部/地理類/山川之屬/山志

南嶽志八卷　（清）高自位編　（清）曠敏本纂　清乾隆十八年（1753）開雲樓刻本　六冊

330000－1702－0000956　普34/561　史部/地理類

京口三山志　（清）□□輯　清同治至光緒刻本　二冊　存一種

330000－1702－0000957　普34/562　史部/地理類

京口三山志　（清）□□輯　清同治至光緒刻本　二冊　存一種

330000－1702－0000958　普34/563　史部/地理類

京口三山志　（清）□□輯　清同治至光緒刻本　二冊　存一種

330000－1702－0000959　普34/564　史部/地理類

京口三山志　（清）□□輯　清同治至光緒刻本　四冊　存一種

330000－1702－0000963　普35/568　史部/地理類/方志之屬/郡縣志

光緒分水縣志十卷首一卷末一卷　（清）陳常鏵　（清）馮圻修　（清）臧承宣等纂　清光緒三十二年（1906）刻民國三十年（1941）印本六冊

330000－1702－0000964　普35/569　史部/地理類/方志之屬/郡縣志

光緒分水縣志十卷首一卷末一卷　（清）陳常鏵　（清）馮圻修　（清）臧承宣等纂　清光緒三十二年（1906）刻本　六冊

330000－1702－0000968　普5/134　經部/小學類/訓詁之屬/爾雅

爾雅音圖三卷　（晉）郭璞注　（清）姚之麟摹

圖　清嘉慶六年（1801）南城曾燠藝學軒刻光
緒三年（1877）歙縣宋琪印本　三冊

330000－1702－0000969　普5/133　經部/小
學類/訓詁之屬/爾雅

爾雅音圖三卷　（晉）郭璞注　（清）姚之麟摹
圖　清嘉慶六年（1801）南城曾燠藝學軒影宋
刻本　三冊

330000－1702－0000970　普35/572　史部/
地理類

京口三山志　（清）□□輯　清同治至光緒刻
本　八冊　存一種

330000－1702－0000971　普35/573　史部/
地理類

京口三山志　（清）□□輯　清同治至光緒刻
本　八冊　存一種

330000－1702－0000972　普35/574　史部/
地理類

京口三山志　（清）□□輯　清同治至光緒刻
本　八冊　存一種

330000－1702－0000973　普35/575　史部/
地理類

京口三山志　（清）□□輯　清同治至光緒刻
本　十二冊　存一種

330000－1702－0000974　普35/576　史部/
地理類/山川之屬/山志

焦山志十二卷宸翰一卷　（清）盧見曾撰　清
乾隆盧氏雅雨堂刻本　四冊

330000－1702－0000975　普35/577　史部/
地理類/山川之屬/山志

爛柯山志十三卷補錄一卷　（清）鄭永禧輯
清光緒三十三年（1907）不其山館刻本　四冊

330000－1702－0000976　普35/578　史部/
地理類/山川之屬/山志

爛柯山志十三卷補錄一卷　（清）鄭永禧輯
清光緒三十三年（1907）不其山館刻本　四冊

330000－1702－0000978　普35/580　史部/
地理類/方志之屬/郡縣志

光緒蘭谿縣志八卷首一卷附補遺一卷　（清）
秦簧　（清）邵秉經修　（清）唐壬森纂　清光
緒十三年至十五年（1887－1889）刻本　十冊

330000－1702－0000981　普35/583　史部/
地理類/總志之屬/斷代

三省入藏程站紀一卷　范壽金撰　清光緒三
十三年（1907）石印本　一冊

330000－1702－0000987　普35/589　史部/
地理類/方志之屬/通志

浙志便覽七卷　（清）李應珏撰　清光緒十七
年（1891）杭城吏隱齋刻本　四冊

330000－1702－0000988　普35/590　史部/
地理類/方志之屬/通志

浙志便覽七卷　（清）李應珏撰　清光緒十七
年（1891）杭城吏隱齋刻本　四冊

330000－1702－0000989　普35/591　史部/
地理類/方志之屬/郡縣志

[咸豐]清河縣志二十四卷首一卷　（清）吳棠
修　（清）魯一同纂　清咸豐四年（1854）刻同
治元年（1862）補刻本　三冊　存十卷（三至
十二）

330000－1702－0000990　普35/592　史部/
地理類/雜志之屬

桂海虞衡志一卷　（宋）范成大撰　清抄本
一冊

330000－1702－0000991　普6/138　子部/小
說家類/雜事之屬

嘯亭續錄三卷　（清）昭槤撰　清抄本　三冊

330000－1702－0000992　普35/594　史部/
地理類/雜志之屬

廣東圖二十三卷　清同治五年（1866）刻本
二冊　缺七卷（三、六、九、十二、十五、十八、
二十一）

330000－1702－0000993　普35/595　史部/
地理類/方志之屬/郡縣志

[乾隆]狄道州志十六卷　（清）呼延華國修
（清）吳鎮纂　清乾隆二十八年（1763）刻本
三冊　存六卷（四至七、十二至十三）

330000－1702－0000995　普35/597　史部/
地理類/方志之屬/郡縣志

[嘉慶]黎里志十六卷首一卷　（清）徐達源纂
清嘉慶十年（1805）吳江徐氏孚遠堂刻本
四冊

330000－1702－0000996　普35/598　史部/
地理類/方志之屬/郡縣志

[光緒]黎里續志十六卷首一卷　（清）蔡丙圻
纂　清光緒二十五年（1899）禊湖書院刻本
六冊

330000－1702－0000997　普6/139　子部/藝
術類/書畫之屬/法帖

鳴野山房彙刻帖目四卷　（清）沈復粲輯　清
抄本　八冊

330000－1702－0000998　普35/599　史部/
地理類/方志之屬/郡縣志

[光緒]黃巖縣志四十卷首一卷　（清）陳寶善
（清）孫憙修　（清）王棻纂　（清）陳鍾英
（清）鄭錫滜續修　王詠霓續纂　**黃巖志校
議二卷**　（清）王棻撰　清光緒三年（1877）刻
六年（1880）校補刻本　十六冊　缺二卷（黃
巖志校議一至二）

330000－1702－0000999　普35/600　史部/
地理類/方志之屬/郡縣志

[康熙]黃巖縣志八卷　（清）劉寬修　（清）
平遇　（清）潘最纂　清康熙三十八年（1699）
刻本　八冊

330000－1702－0001000　普271/5404　類叢
部/類書類/專類之屬

重編留青新集二十四卷　（清）馮善長輯　清
光緒三十四年（1908）上海廣益書局鉛印本
十六冊

330000－1702－0001001　普6/141　史部/史
評類/史論之屬

史通註二十卷　（明）陳繼儒撰　明末刻本
二冊　存六卷（一至六）

330000－1702－0001003　普271/5405　子
部/叢編

續二十五子彙函　（清）上海鴻文書局編　清
光緒二十四年（1898）上海鴻文書局石印本
八冊

330000－1702－0001006　普36/604　史部/
地理類/方志之屬/郡縣志

[嘉慶]瑞安縣志十卷首一卷　（清）張德標修
（清）王殿金　（清）黃徵乂纂　清嘉慶十三
年至十四年（1808－1809）刻本　八冊

330000－1702－0001007　普271/5409　經
部/叢編

皇清經解一千四百八卷首一卷　（清）阮元輯
清道光九年（1829）廣東學海堂刻咸豐十一
年（1861）補刻本　二冊　存八卷（一千一百
七十至一千一百七十七）

330000－1702－0001008　普7/151　史部/傳
記類/總傳之屬/家乘

**[浙江蕭山]蕭山趙氏慶源類譜五卷首一卷末
一卷**　（清）趙緟纂修　清雍正十一年（1733）
會宗堂刻本　二冊　缺二卷（四至五）

330000－1702－0001013　普36/609　史部/
地理類/山川之屬/山志

武夷山志二十四卷首一卷　（清）董天工撰
清道光二十七年（1847）籍溪羅氏五夫尺木軒
刻同治十一年（1872）丁承禧印本　八冊

330000－1702－0001014　普36/610　史部/
地理類/山川之屬/山志

武夷山志二十四卷首一卷　（清）董天工撰
清道光二十六年至二十七年（1846－1847）籍
溪羅氏五夫尺木軒刻本　八冊

330000－1702－0001015　普36/611　史部/
地理類/山川之屬/山志

武夷山志二十四卷首一卷　（清）董天工撰
清道光二十六年至二十七年（1846－1847）籍
溪羅氏五夫尺木軒刻本　七冊　缺三卷（三
至五）

330000－1702－0001016　普36/612　史部/
政書類/邦計之屬/鹽法

欽定重修兩浙鹽法志三十卷首一卷　（清）馮

培 (清)潘庭筠纂修 清同治十三年(1874)
楊昌濬刻本 六冊 存九卷(七至十五)

330000－1702－0001018 普36/614 史部/
地理類/方志之屬/郡縣志

東流縣志摘鈔二卷 清抄本 二冊

330000－1702－0001023 普38/619 史部/
地理類/方志之屬/郡縣志

[光緒]諸暨縣志六十一卷 陳遹聲修 (清)
蔣鴻藻纂 清宣統二年(1910)刻本 十八冊

330000－1702－0001024 普38/621 史部/
地理類/方志之屬/郡縣志

[光緒]諸暨縣志六十一卷 陳遹聲修 (清)
蔣鴻藻纂 清宣統二年(1910)刻本 十八冊

330000－1702－0001025 普38/622 史部/
地理類/方志之屬/郡縣志

[光緒]諸暨縣志六十一卷 陳遹聲修 (清)
蔣鴻藻纂 清宣統二年(1910)刻本 十八冊

330000－1702－0001026 普289/5889 經
部/書類/傳說之屬

書集傳六卷 (宋)蔡沈撰 清康熙稻香齋刻
本 四冊

330000－1702－0001027 普38/623 史部/
地理類/方志之屬/郡縣志

[光緒]諸暨縣志六十一卷 陳遹聲修 (清)
蔣鴻藻纂 清宣統二年(1910)刻本 十八冊

330000－1702－0001028 普38/624 史部/
地理類/專志之屬/寺觀

白馬神廟小志一卷 (清)釋達受撰 清光緒
張氏小清儀閣抄本 一冊

330000－1702－0001029 普38/625 史部/
地理類/方志之屬/郡縣志

[乾隆]乍浦志六卷首一卷末一卷續纂二卷
(清)宋景關纂 清乾隆二十二年(1757)刻五
十七年(1792)增刻本 二冊

330000－1702－0001030 普38/626 史部/
地理類/方志之屬/郡縣志

[光緒]普安直隸廳志二十二卷 (清)曹昌祺

等修 (清)覃夢榕等纂 清光緒十五年
(1889)刻本 八冊

330000－1702－0001031 普38/627 史部/
地理類/外紀之屬

使琉球記六卷 (清)李鼎元撰 清嘉慶師竹
齋刻本 六冊

330000－1702－0001032 普38/628 集部/
別集類/清別集

黃山賦一卷 (清)釋海岳撰 清康熙四十一
年(1702)刻本 一冊

330000－1702－0001033 普38/629 史部/
地理類/山川之屬/山志

寶華山志十五卷首一卷 (清)釋德基輯
(清)劉名芳纂 清同治釋印宗刻本 四冊

330000－1702－0001034 普289/5886 史
部/傳記類/別傳之屬

天后聖母聖蹟圖志全集二卷 (清)上洋壽思
堂輯 清道光十二年(1832)上洋壽思堂刻本
二冊

330000－1702－0001035 普40/633/5478
史部/地理類/雜志之屬

王梅溪先生會稽三賦四卷 (宋)王十朋撰
(明)南逢吉註 (清)周炳曾增註 清康熙刻
本 一冊

330000－1702－0001036 普270/5380 集
部/總集類/選集之屬/斷代

元詩百一鈔八卷補遺一卷 (清)張景星等輯
清乾隆二十九年(1764)然藜閣刻本 四冊

330000－1702－0001037 普7/154 史部/傳
記類/總傳之屬/郡邑

梅里殉難錄一卷 (清)余林撰 清光緒刻本
一冊

330000－1702－0001038 普7/155 史部/雜
史類/斷代之屬

李秀成供一卷 (清)李秀成撰 清末刻本
一冊

330000－1702－0001039 善248/419 子部/

雜著類/雜纂之屬

初潭集三十卷 （明）李贄撰　明刻本（卷三十配抄本）　十冊

330000－1702－0001040　普40/634/5479
史部/地理類/雜志之屬

廣會稽風俗賦一卷 （清）陶元藻撰　清乾隆刻本　一冊

330000－1702－0001041　普40/650/5586
史部/地理類/山川之屬/山志

四明山志九卷 （清）黃宗羲撰　清康熙四十二年（1703）黃仲簡刻本　一冊　存二卷（一至二）

330000－1702－0001042　普41/655/5639
史部/地理類/總志之屬/通代

歷代輿地沿革險要圖一卷 楊守敬　饒敦秩撰　清光緒三十二年（1906）刻朱墨套印本　一冊

330000－1702－0001043　普7/158　集部/別集類/清別集

金陵舉義文存一卷 （清）張繼庚撰　（清）張承豫輯　清光緒五年（1879）刻本　一冊

330000－1702－0001044　普7/159　史部/傳記類/總傳之屬/列女

查氏一門烈女編一卷 （清）查禮編次　清嘉慶二年（1797）查淳京口刻本　一冊

330000－1702－0001045　普7/160　史部/政書類/邦計之屬/荒政

新疆各縣官荒民荒彙鈔一卷 清末胡端綱等抄本　一冊

330000－1702－0001046　普41/656/5640
史部/地理類/總志之屬/通代

歷代輿地沿革險要圖說一卷 楊守敬　饒敦秩撰　王尚德繪　清光緒二十四年（1898）上海文賢閣石印本　一冊

330000－1702－0001049　普7/161　史部/雜史類/斷代之屬

晉畧割據表一卷 （清）周濟撰　清末至民國繆荃孫藝風堂抄本　一冊

330000－1702－0001050　普7/162　史部/地理類/遊記之屬/紀行

冬集紀程一卷（清乾隆四十八年十二月十八日至四十九年二月十五日）附詩一卷 （清）周廣業撰　清道光二十年（1840）種松書塾刻本　一冊

330000－1702－0001051　普7/166　史部/傳記類/別傳之屬/年譜

浮生記一卷 （清）朱潼撰　稿本　一冊

330000－1702－0001053　普40/641/5549
史部/地理類/方志之屬/郡縣志

[乾隆]鄞縣志三十卷首一卷 （清）錢維喬修　（清）錢大昕等纂　清道光二十六年（1846）刻本　十六冊

330000－1702－0001066　普11/187　類叢部/叢書類/郡邑之屬

武林掌故叢編一百九十種 （清）丁丙編　清光緒三年至二十六年（1877－1900）錢塘丁氏嘉惠堂刻本（[乾道]臨安志卷四至十五、南宋館閣錄卷一原缺）　八冊　存一種

330000－1702－0001067　普7/167　集部/別集類/清別集

獨秀峯題壁一卷剿太平天國奏疏雜鈔一卷 （清）曾國藩撰　清抄本　一冊

330000－1702－0001068　普7/170　史部/傳記類/總傳之屬/家乘

[江蘇蘇州]五修包山葛氏世譜十卷 （清）葛炳周等纂修　清道光二十七年（1847）刻本　十冊

330000－1702－0001071　普41/657/5641
史部/地理類/總志之屬/通代

歷代輿地沿革險要圖說一卷 楊守敬　饒敦秩撰　王尚德繪　清光緒二十四年（1898）石印本　一冊

330000－1702－0001075　普11/185/1669
類叢部/叢書類/郡邑之屬

武林掌故叢編一百九十種 （清）丁丙編　清光緒三年至二十六年（1877－1900）錢塘丁氏

嘉惠堂刻本（[乾道]臨安志卷四至十五、南宋館閣錄卷一原缺）　十六冊　存一種

330000－1702－0001076　普10/180　史部/地理類/山川之屬/水志

西湖志四十八卷　（清）李衛　（清）程元章修　（清）傅王露撰　清光緒四年(1878)浙江書局刻本　二十冊

330000－1702－0001077　普10/181　史部/地理類/山川之屬/水志

西湖志四十八卷　（清）李衛　（清）程元章修　（清）傅王露撰　清光緒四年(1878)浙江書局刻本　二十冊

330000－1702－0001078　普10/182　史部/地理類/山川之屬/水志

西湖志四十八卷　（清）李衛　（清）程元章修　（清）傅王露撰　清光緒四年(1878)浙江書局刻本　二十冊

330000－1702－0001079　普10/183　史部/地理類/山川之屬/水志

西湖志四十八卷　（清）李衛　（清）程元章修　（清）傅王露撰　清乾隆刻本　二十一冊　存二十一卷（二、四、六至七、九、十三至十五、二十四至二十六、三十、三十七至四十二、四十四、四十六至四十七）

330000－1702－0001080　普11/184　史部/地理類/山川之屬/水志

西湖志四十八卷　（清）李衛　（清）程元章修　（清）傅王露撰　清光緒四年(1878)浙江書局刻本　十六冊　存三十九卷（三至十一、十四至二十六、三十至四十二、四十五至四十八）

330000－1702－0001081　普2/41　經部/易類/傳說之屬

周易本義四卷附圖說一卷新增圖說一卷卦歌一卷筮儀一卷　（宋）朱熹撰　清光緒三年(1877)永康胡氏退補齋刻本　二冊

330000－1702－0001083　普71/1246　類叢部/叢書類/彙編之屬

津逮祕書十五集一百四十種　（明）毛晉編　明崇禎虞山毛氏汲古閣刻本　二冊　存一種

330000－1702－0001085　普174/3852　類叢部/叢書類/彙編之屬

滂喜齋叢書五十種　（清）潘祖蔭編　清同治至光緒吳縣潘氏京師刻本　一冊　存一種

330000－1702－0001090　普12/212/1832　史部/地理類/山川之屬/山志

重修南海普陀山志二十卷首一卷　（清）許琰撰　清乾隆五年(1740)刻本　三冊　存六卷（十五至二十）

330000－1702－0001091　普11/195/1759　史部/地理類/方志之屬/郡縣志

[同治]景寧縣志十四卷首一卷末一卷　（清）周杰修　（清）嚴用光　（清）葉篤貞纂　清同治十一年至十二年(1872-1873)刻本　八冊

330000－1702－0001092　普12/213　史部/地理類/方志之屬/郡縣志

[光緒]上虞縣志四十八卷首一卷末一卷　（清）唐煦春修　（清）朱士黻纂　清光緒十七年(1891)刻本　二十冊

330000－1702－0001093　普11/196/1727　史部/地理類/方志之屬/郡縣志

[同治]景寧縣志十四卷首一卷末一卷　（清）周杰修　（清）嚴用光　（清）葉篤貞纂　清同治十一年至十二年(1872-1873)刻本　八冊

330000－1702－0001094　普11/197/1735　史部/地理類/方志之屬/郡縣志

[同治]景寧縣志十四卷首一卷末一卷　（清）周杰修　（清）嚴用光　（清）葉篤貞纂　清同治十一年至十二年(1872-1873)刻民國二十二年(1933)印本　八冊

330000－1702－0001095　普11/198/1743　史部/地理類/方志之屬/郡縣志

[同治]景寧縣志十四卷首一卷末一卷　（清）周杰修　（清）嚴用光　（清）葉篤貞纂　清同治十一年至十二年(1872-1873)刻民國二十二年(1933)印本　八冊

330000 - 1702 - 0001096　普 12/215　史部/
地理類/方志之屬/郡縣志

[光緒]上虞縣志四十八卷首一卷末一卷
（清）唐煦春修　（清）朱士黻纂　清光緒十七
年(1891)刻本　二十冊

330000 - 1702 - 0001097　普 11/199/1751
史部/地理類/方志之屬/郡縣志

[同治]景寧縣志十四卷首一卷末一卷　（清）
周杰修　（清）嚴用光　（清）葉篤貞纂　清同
治十一年至十二年(1872 - 1873)刻本　八冊

330000 - 1702 - 0001098　普 49/764　史部/
傳記類/別傳之屬/事狀

關聖帝君聖蹟圖誌全集五卷　（清）盧湛輯
清光緒三十年至三十四年(1904 - 1908)紹城
許模記刻本　五冊

330000 - 1702 - 0001099　普 11/200/1759
史部/地理類/方志之屬/郡縣志

[同治]景寧縣志十四卷首一卷末一卷　（清）
周杰修　（清）嚴用光　（清）葉篤貞纂　清同
治十一年至十二年(1872 - 1873)刻本　八冊

330000 - 1702 - 0001100　普 12/201/1762
史部/地理類/山川之屬/山志

廬山小志二十四卷首一卷　（清）蔡瀛纂　清
道光四年(1824)蔡瀛嬭嬛別館刻本　三冊
存十二卷（十三至二十四）

330000 - 1702 - 0001101　普 12/202/1778
史部/地理類/山川之屬/山志

廬山志十五卷首一卷　（清）毛德琦撰　清康
熙五十九年(1720)順德堂刻乾隆至宣統遞修
本　十六冊

330000 - 1702 - 0001104　善 201/12　子部/
宗教類/佛教之屬/經

**大佛頂如來密因修證了義諸菩薩萬行首楞嚴
經十卷**　題(唐)釋般刺密帝　(唐)釋彌伽釋
迦譯　明淩毓枬刻朱墨套印本　十冊

330000 - 1702 - 0001105　普 11/186　類叢
部/叢書類/郡邑之屬

武林掌故叢編一百九十種　（清）丁丙編　清

光緒三年至二十六年(1877 - 1900)錢塘丁氏
嘉惠堂刻本（［乾道］臨安志卷四至十五、南宋
館閣錄卷一原缺）　十二冊　存一種

330000 - 1702 - 0001108　普 12/214　史部/
地理類/方志之屬/郡縣志

[光緒]上虞縣志四十八卷首一卷末一卷
（清）唐煦春修　（清）朱士黻纂　清光緒十七
年(1891)刻本　二十冊

330000 - 1702 - 0001109　普 13/216　史部/
地理類/方志之屬/郡縣志

[光緒]上虞縣志四十八卷首一卷末一卷
（清）唐煦春修　（清）朱士黻纂　清光緒十七
年(1891)刻本　二十冊

330000 - 1702 - 0001110　普 13/217　史部/
地理類/方志之屬/郡縣志

[光緒]上虞縣志四十八卷首一卷末一卷
（清）唐煦春修　（清）朱士黻纂　清光緒十七
年(1891)刻本　二十冊

330000 - 1702 - 0001111　普 13/218/1952
史部/地理類/方志之屬/郡縣志

[光緒]上虞縣志四十八卷首一卷末一卷
（清）唐煦春修　（清）朱士黻纂　清光緒十七
年(1891)刻本　二十冊

330000 - 1702 - 0001112　普 13/219　史部/
地理類/方志之屬/郡縣志

[光緒]上虞縣志四十八卷首一卷末一卷
（清）唐煦春修　（清）朱士黻纂　清光緒十七
年(1891)刻本　十九冊　存四十七卷（三至
四十八、末）

330000 - 1702 - 0001113　普 12/220/1992
史部/地理類/方志之屬/郡縣志

[光緒]上虞縣志四十八卷首一卷末一卷
（清）唐煦春修　（清）朱士黻纂　清光緒十七
年(1891)刻本　二十冊

330000 - 1702 - 0001114　普 13/221/2012
史部/地理類/方志之屬/郡縣志

[光緒]上虞縣志四十八卷首一卷末一卷
（清）唐煦春修　（清）朱士黻纂　清光緒十七

年(1891)刻本　二十冊

330000－1702－0001115　普 14/222/2032
史部/地理類/方志之屬/郡縣志
[光緒]上虞縣志四十八卷首一卷末一卷
(清)唐煦春修　(清)朱士黻纂　清光緒十七
年(1891)刻本　二十冊

330000－1702－0001116　普 14/223/2052
史部/地理類/方志之屬/郡縣志
[光緒]上虞縣志四十八卷首一卷末一卷
(清)唐煦春修　(清)朱士黻纂　清光緒十七
年(1891)刻本　二十冊

330000－1702－0001117　普 14/224/2072
史部/地理類/方志之屬/郡縣志
[光緒]上虞縣志四十八卷首一卷末一卷
(清)唐煦春修　(清)朱士黻纂　清光緒十七
年(1891)刻本　二十冊

330000－1702－0001118　普 14/225/2092
史部/地理類/方志之屬/郡縣志
[光緒]上虞縣志四十八卷首一卷末一卷
(清)唐煦春修　(清)朱士黻纂　清光緒十七
年(1891)刻本　二十冊

330000－1702－0001119　普 14/226　史部/
地理類/方志之屬/郡縣志
[光緒]上虞縣志校續五十卷首一卷末一卷
(清)儲家藻修　(清)徐致靖纂　清光緒二十
四年至二十五年(1898－1899)刻本　二十冊

330000－1702－0001120　普 14/227/2132
史部/地理類/方志之屬/郡縣志
[光緒]上虞縣志校續五十卷首一卷末一卷
(清)儲家藻修　(清)徐致靖纂　清光緒二十
四年至二十五年(1898－1899)刻本　二十冊

330000－1702－0001121　普 14/228/2152
史部/地理類/方志之屬/郡縣志
[光緒]上虞縣志校續五十卷首一卷末一卷
(清)儲家藻修　(清)徐致靖纂　清光緒二十
四年至二十五年(1898－1899)刻本　二十冊

330000－1702－0001122　普 15/229　史部/
地理類/方志之屬/郡縣志

[光緒]上虞縣志校續五十卷首一卷末一卷
(清)儲家藻修　(清)徐致靖纂　清光緒二十
四年至二十五年(1898－1899)刻本　二十冊

330000－1702－0001123　普 15/230　史部/
地理類/山川之屬/水志
莫愁湖志六卷首一卷　(清)馬士圖撰　清光
緒八年(1882)、十七年(1891)刻本　二冊

330000－1702－0001124　普 15/231　史部/
地理類/山川之屬/水志
莫愁湖志六卷首一卷　(清)馬士圖撰　清光
緒八年(1882)、十七年(1891)刻本　二冊

330000－1702－0001125　普 15/232　史部/
地理類/山川之屬/水志
莫愁湖志六卷首一卷　(清)馬士圖撰　清光
緒八年(1882)、十七年(1891)刻本　二冊

330000－1702－0001126　普 15/233　史部/
地理類/山川之屬/水志
莫愁湖志六卷首一卷　(清)馬士圖撰　清光
緒八年(1882)、十七年(1891)刻本　二冊

330000－1702－0001127　普 15/234/2182
史部/地理類/山川之屬/水志
莫愁湖志六卷首一卷　(清)馬士圖撰　清光
緒八年(1882)、十七年(1891)刻本　二冊

330000－1702－0001128　普 15/235/2184
史部/地理類/山川之屬/水志
莫愁湖志六卷首一卷　(清)馬士圖撰　清光
緒八年(1882)、十七年(1891)刻本　二冊

330000－1702－0001129　普 15/236　史部/
地理類/山川之屬/水志
莫愁湖志六卷首一卷　(清)馬士圖撰　清光
緒八年(1882)刻本　二冊

330000－1702－0001130　普 15/237/2188
史部/地理類/山川之屬/水志
莫愁湖志六卷首一卷　(清)馬士圖撰　清光
緒八年(1882)、十七年(1891)刻本　二冊

330000－1702－0001131　普 15/238　史部/
地理類/水利之屬

上虞塘工紀畧二卷續一卷三續一卷　（清）連仲愚撰　清光緒四年（1878）古虞連氏敬睦堂刻本　一冊

330000－1702－0001142　普 16/249　史部/地理類/山川之屬/水志

續海塘新志四卷　清刻本　四冊

330000－1702－0001143　普 16/250/2318　史部/地理類/山川之屬/水志

續海塘新志四卷　清抄本　四冊

330000－1702－0001144　普 16/251/2320　史部/地理類

西湖集覽　（清）丁丙輯　清光緒九年（1883）錢塘丁氏嘉惠堂刻本　二冊　存一種

330000－1702－0001145　普 16/252/2327　史部/地理類/山川之屬/水志

西湖志纂十五卷首一卷末一卷　（清）沈德潛　（清）傅王露輯　（清）梁詩正纂　清乾隆二十年（1755）賜經堂刻二十七年（1762）增刻本　七冊　缺一卷（末）

330000－1702－0001146　普 16/253/2336　史部/地理類/山川之屬/水志

西湖志纂十五卷首一卷末一卷　（清）沈德潛　（清）傅王露輯　（清）梁詩正纂　清乾隆二十年（1755）賜經堂刻二十七年（1762）增刻本　九冊　缺二卷（十四、首）

330000－1702－0001147　普 16/254　類叢部/叢書類/郡邑之屬

武林掌故叢編一百九十種　（清）丁丙編　清光緒三年至二十六年（1877－1900）錢塘丁氏嘉惠堂刻本（[乾道]臨安志卷四至十五、南宋館閣錄卷一原缺）　二冊　存一種

330000－1702－0001148　普 16/256/2340　史部/地理類/遊記之屬/紀行

湖游小識一卷　（清）潘履祥撰　清光緒三十二年（1906）刻本　一冊

330000－1702－0001149　普 16/255/2339　集部/總集類/題詠之屬

湖山從遊圖記一卷　（清）沈鈞福輯　清宣統元年（1909）鉛印本　一冊

330000－1702－0001150　普 16/257/2348　史部/地理類/山川之屬/水志

西湖志纂十五卷首一卷末一卷　（清）沈德潛　（清）傅王露輯　（清）梁詩正纂　清乾隆二十年（1755）賜經堂刻二十七年（1762）增刻本　八冊

330000－1702－0001152　普 16/261/2383　史部/地理類/方志之屬/郡縣志

[同治]上江兩縣志二十九卷首一卷　（清）莫祥芝　（清）甘紹盤修　（清）汪士鐸等纂　清同治十三年（1874）刻本　二十三冊　存二十八卷（二至二十九）

330000－1702－0001154　普 41/654　史部/地理類/雜志之屬

紹興風俗志十二卷補遺二卷　（清）金明全撰稿本　十冊

330000－1702－0001155　普 16/263/2397　史部/地理類/方志之屬/郡縣志

[嘉慶]商城縣志十四卷首一卷末一卷　（清）武開吉修　（清）周之驥纂　清嘉慶八年（1803）刻本　六冊　存四卷（十一至十四）

330000－1702－0001156　普 16/264/2423　史部/地理類/方志之屬/郡縣志

[光緒]青田縣志十八卷首一卷　（清）雷銑修　（清）王棻纂　清光緒元年至二年（1875－1876）刻本　十二冊

330000－1702－0001157　普 16/265/2423　史部/地理類/方志之屬/郡縣志

[光緒]青田縣志十八卷首一卷　（清）雷銑修　（清）王棻纂　清光緒元年至二年（1875－1876）刻本　十四冊

330000－1702－0001158　普 16/266　史部/地理類/方志之屬/郡縣志

[光緒]菱湖鎮志四十四卷首一卷　（清）孫志熊纂　清光緒十九年（1893）刻本　五冊　存三十九卷（一至三十八、首）

330000－1702－0001159　普 16/267/2432

史部/地理類/山川之屬/合志

京口山水志十八卷首一卷末一卷 （清）楊棨
撰　清道光二十七年（1847）刻本　四冊

330000－1702－0001160　普16/268/2440
史部/地理類/方志之屬/郡縣志

[光緒]玉環廳志十四卷首一卷 （清）杜冠英
（清）胥壽榮修　（清）呂鴻燾纂　清光緒六
年（1880）刻本　八冊

330000－1702－0001161　普16/269/2448
史部/地理類/方志之屬/郡縣志

[康熙]寧化縣志七卷 （清）祝文郁修
（清）李世熊纂　清同治八年（1869）湘南蔣澤
沄刻本　八冊

330000－1702－0001162　普17/270/2456
史部/地理類/方志之屬/郡縣志

[同治]通城縣志二十四卷首一卷補遺一卷
（清）鄭葵修　（清）杜煦明　（清）胡洪鼎纂
　清同治六年（1867）木活字印本　八冊　缺
二卷（十二、十八）

330000－1702－0001163　普17/271　史部/
地理類/水利之屬

海塘新志六卷續志四卷 （清）琅玕撰　清乾
隆刻道光續刻本　四冊　缺四卷（續一至四）

330000－1702－0001165　普17/275/2477
史部/地理類/雜志之屬

湖墅小志四卷 （清）高鵬年撰　清光緒二十
二年（1896）石印本　二冊

330000－1702－0001166　普17/274/2491
史部/地理類/雜志之屬

湖墅小志四卷 （清）高鵬年撰　清光緒二十
二年（1896）石印本　一冊　存二卷（一至二）

330000－1702－0001167　普17/276/2479
史部/地理類/雜志之屬

湖墅小志四卷 （清）高鵬年撰　清光緒二十
二年（1896）石印本　二冊

330000－1702－0001168　普17/277/2481
史部/地理類/雜志之屬

湖墅小志四卷 （清）高鵬年撰　清光緒二十

二年（1896）石印本　一冊

330000－1702－0001169　普17/278/2483
史部/地理類/雜志之屬

湖墅小志四卷 （清）高鵬年撰　清光緒二十
二年（1896）石印本　二冊

330000－1702－0001170　普17/279/2485
史部/地理類/雜志之屬

湖墅小志四卷 （清）高鵬年撰　清光緒二十
二年（1896）石印本　二冊

330000－1702－0001171　普17/280/2487
史部/地理類/雜志之屬

湖墅小志四卷 （清）高鵬年撰　清光緒二十
二年（1896）石印本　二冊

330000－1702－0001172　普17/282/2491
史部/地理類/雜志之屬

湖墅小志四卷 （清）高鵬年撰　清光緒二十
二年（1896）石印本　一冊　存二卷（三至四）

330000－1702－0001173　普17/283　子部/
藝術類/遊藝之屬/聯語

西湖楹聯四卷　清光緒二十二年（1896）暨陽
周慶祺知正軒刻本　四冊

330000－1702－0001175　普17/281/2489
史部/地理類/雜志之屬

湖墅小志四卷 （清）高鵬年撰　清光緒二十
二年（1896）石印本　二冊

330000－1702－0001176　普17/286　史部/
傳記類/日記之屬

江西守城日記一卷守城雜記一卷 （清）湖上
雪翁編　清抄本　一冊

330000－1702－0001177　普17/287/2515
史部/詔令奏議類/奏議之屬

白羊廠案各奏稿不分卷　清抄本　一冊

330000－1702－0001178　普17/289/2519
史部/地理類/遊記之屬/紀勝

廬山紀遊不分卷 （清）查慎行撰　清抄本
一冊

330000－1702－0001179　普17/290/2520

集部/別集類/清別集

玉城紀圍詩鈔一卷　（清）張師亮撰　清咸豐十一年（1861）南香館刻本　一冊

330000 – 1702 – 0001181　普 17/292/2522
史部/地理類/雜志之屬

鸚鵡湖櫂歌一卷　（清）陸增撰　清道光十六年（1836）刻本　一冊

330000 – 1702 – 0001183　普 17/294/2534
史部/傳記類/別傳之屬/事狀

忠武誌十卷　（清）張鵬翮輯　（清）周畹蘭增　清嘉慶十九年（1814）麻城周畹蘭刻本　八冊

330000 – 1702 – 0001184　普 17/297/2545
史部/地理類/雜志之屬

南詔備考四卷　（明）楊慎編　清末抄本　四冊

330000 – 1702 – 0001185　普 17/299/2549
史部/地理類/方志之屬/郡縣志

［光緒］懷仁縣鄉土志三卷　（清）景霖編　稿本　三冊

330000 – 1702 – 0001187　普 17/301/2555
史部/地理類/雜志之屬

杭城名勝雜錄二卷　清壽巖氏抄本　二冊

330000 – 1702 – 0001188　普 17/302/2563
史部/地理類/山川之屬/水志

湖山便覽十二卷圖說一卷　（清）翟灝等撰　清乾隆三十年（1765）刻本　八冊

330000 – 1702 – 0001189　普 18/303　史部/地理類/方志之屬/郡縣志

［光緒］餘姚縣志二十七卷首一卷末一卷　（清）周炳麟修　（清）邵友濂　（清）孫德祖纂　清光緒二十五年（1899）刻民國二十四年（1935）印本　十六冊

330000 – 1702 – 0001190　普 18/304　史部/地理類/方志之屬/郡縣志

［光緒］餘姚縣志二十七卷首一卷末一卷　（清）周炳麟修　（清）邵友濂　（清）孫德祖纂　清光緒二十五年（1899）刻民國二十四年（1935）印本　十六冊

330000 – 1702 – 0001191　普 18/305　史部/地理類/方志之屬/郡縣志

［光緒］餘姚縣志二十七卷首一卷末一卷　（清）周炳麟修　（清）邵友濂　（清）孫德祖纂　清光緒二十五年（1899）刻本　十六冊

330000 – 1702 – 0001192　普 18/306　史部/地理類/方志之屬/郡縣志

［光緒］餘姚縣志二十七卷首一卷末一卷　（清）周炳麟修　（清）邵友濂　（清）孫德祖纂　清光緒二十五年（1899）刻本　十六冊

330000 – 1702 – 0001193　普 18/307/2643
史部/地理類/方志之屬/郡縣志

［光緒］餘姚縣志二十七卷首一卷末一卷　（清）周炳麟修　（清）邵友濂　（清）孫德祖纂　清光緒二十五年（1899）刻本　十六冊

330000 – 1702 – 0001194　普 18/308/2659
史部/地理類/方志之屬/郡縣志

［光緒］餘姚縣志二十七卷首一卷末一卷　（清）周炳麟修　（清）邵友濂　（清）孫德祖纂　清光緒二十五年（1899）刻本　十六冊

330000 – 1702 – 0001195　普 18/309/2675
史部/地理類/方志之屬/郡縣志

［光緒］餘姚縣志二十七卷首一卷末一卷　（清）周炳麟修　（清）邵友濂　（清）孫德祖纂　清光緒二十五年（1899）刻本　十六冊

330000 – 1702 – 0001197　普 18/310/2691
史部/地理類/方志之屬/郡縣志

［光緒］餘姚縣志二十七卷首一卷末一卷　（清）周炳麟修　（清）邵友濂　（清）孫德祖纂　清光緒二十五年（1899）刻本　十六冊

330000 – 1702 – 0001206　普 19/320/2721
史部/地理類/山川之屬/山志

西天目祖山志八卷首一卷末一卷補遺一卷　（明）釋廣賓撰　（清）釋際界增訂　清光緒二年（1876）刻本　三冊　存七卷（一至六、首）

330000 – 1702 – 0001207　普 19/321/2725
史部/地理類/山川之屬/山志

西天目祖山志八卷首一卷末一卷補遺一卷
(明)釋廣賓撰　(清)釋際界增訂　清嘉慶九
年(1804)刻本　四冊

330000－1702－0001208　普 19/322/2749
史部/地理類/方志之屬/郡縣志
[嘉慶]餘杭縣志四十卷　(清)張吉安修
(清)朱文藻纂　(清)崔應榴　(清)董作棟
續纂　清光緒六年(1880)王崧辰木活字印本
　十二冊

330000－1702－0001209　普 19/323/2749
史部/地理類/方志之屬/郡縣志
[嘉慶]餘杭縣志四十卷　(清)張吉安修
(清)朱文藻纂　(清)崔應榴　(清)董作棟
續纂　清光緒六年(1880)王崧辰木活字印本
　十二冊

330000－1702－0001218　普 19/332/2801
史部/地理類/方志之屬/郡縣志
[嘉慶]山陰縣志三十卷首一卷　(清)徐元梅
修　(清)朱文翰等纂　清嘉慶八年(1803)刻
本　八冊

330000－1702－0001219　普 19/333/2801
史部/地理類/方志之屬/郡縣志
[嘉慶]山陰縣志三十卷首一卷　(清)徐元梅
修　(清)朱文翰等纂　清嘉慶八年(1803)刻
本　八冊

330000－1702－0001220　普 19/334/2801
史部/地理類/方志之屬/郡縣志
[嘉慶]山陰縣志三十卷首一卷　(清)徐元梅
修　(清)朱文翰等纂　清嘉慶八年(1803)刻
本　八冊

330000－1702－0001225　普 20/339/2876
史部/地理類/方志之屬/郡縣志
[光緒]鎮海縣志四十卷　(清)于萬川修
(清)俞樾等纂　清光緒五年(1879)鯤池書院
刻本　十六冊

330000－1702－0001226　普 20/340/2876
史部/地理類/方志之屬/郡縣志
[光緒]鎮海縣志四十卷　(清)于萬川修

(清)俞樾等纂　清光緒五年(1879)鯤池書院
刻本　十六冊

330000－1702－0001229　普 20/343/2926
史部/地理類/方志之屬/郡縣志
[同治]雲和縣志十六卷首一卷　(清)伍承吉
修　(清)涂冠續修　(清)王士鈖纂　清咸豐
七年至同治三年(1857－1864)刻本　六冊

330000－1702－0001230　普 20/344/2930
史部/地理類/方志之屬/郡縣志
[正德]新市鎮志八卷　(明)陳霆纂　[嘉
慶]新市鎮續志八卷補遺一卷　(清)沈赤然
纂　清抄本　四冊

330000－1702－0001233　普 20/347/2938
史部/地理類/專志之屬/寺觀
雪竇寺誌十卷　(清)釋行正輯　(清)釋行恂
增輯　清康熙刻本　四冊

330000－1702－0001234　普 20/349　史部/
地理類/專志之屬/寺觀
續修雲林寺誌八卷　(清)沈鑅彪撰　清道光
刻本　四冊

330000－1702－0001235　普 20/350/2952
史部/地理類/山川之屬/水志
洞庭湖志十四卷　(清)綦世基撰　(清)夏大
觀補輯　(清)萬年淳再訂　清道光五年
(1825)刻本　八冊　缺二卷(九、十一)

330000－1702－0001236　普 52/817/6788
類叢部/叢書類/彙編之屬
高安朱文端公校輯藏書(朱文端公藏書)十三
種　(清)朱軾撰輯　清康熙至乾隆刻彙印本
　十四冊　存一種

330000－1702－0001237　普 41/658/5642
史部/地理類/總志之屬/通代
歷代輿地沿革險要圖說一卷　楊守敬　饒敦
秩撰　王尚德繪　清光緒二十四年(1898)上
海文賢閣石印本　一冊

330000－1702－0001238　普 52/822/6815
史部/地理類/總志之屬/通代
讀史方輿紀要一百三十卷　(清)顧祖禹撰

清光緒二十七年(1901)石印本　十冊　存四十三卷(三、五至十五、二十二至二十五、三十至三十三、四十六至五十一、七十五至七十八、一百至一百十二)

330000－1702－0001240　普 52/824/6829
史部/地理類/總志之屬/通代

天下郡國利病書一百二十卷　(清)顧炎武撰　清光緒二十五年(1899)上海二林齋石印本　十三冊　存五十三卷(一至五、十五至十八、三十三至四十三、四十八至五十二、五十九至六十四、七十五至七十八、八十四至八十七、九十三至九十六、一百二至一百六、一百十六至一百二十)

330000－1702－0001241　普 52/825/6830
新學/史志/別國史

中國文明小史一卷　(日本)田口卯吉撰　(清)劉陶譯　清光緒二十八年(1902)上海廣智書局鉛印本　一冊

330000－1702－0001243　普 41/659/5643
史部/地理類/總志之屬/通代

歷代輿地沿革險要圖註一卷　楊守敬　饒敦秩撰　清光緒二十二年(1896)石印本　一冊

330000－1702－0001244　普 41/660/5644
史部/地理類/總志之屬/通代

歷代輿地沿革險要圖一卷　楊守敬　饒敦秩撰　清光緒五年(1879)東湖饒氏刻朱墨套印本　一冊

330000－1702－0001245　普 41/661/5645
史部/地理類/總志之屬/通代

歷代輿地沿革險要圖一卷　楊守敬　饒敦秩撰　清光緒五年(1879)東湖饒氏刻朱墨套印本　一冊

330000－1702－0001246　普 41/662/5647
史部/地理類/雜志之屬

廣東輿地全圖不分卷　(清)張人駿等撰　清光緒二十三年(1897)廣州石經堂石印本　二冊

330000－1702－0001247　普 41/663/5748

史部/地理類/方志之屬/通志

[光緒]江西通志一百八十卷首五卷　(清)劉坤一等修　(清)劉繹等纂　清光緒六年至七年(1880–1881)刻本　一百一冊　存一百五十八卷(一至四十九、七十五至一百四十五、一百四十八至一百八十,首一至五)

330000－1702－0001249　普 42/665/5750
新學/地學/地志學

中國歷代疆域沿革考不分卷　(日本)重野安繹　(日本)河田羆撰　(清)滌盦居士譯　清光緒二十八年(1902)上海商務印書館鉛印本　一冊

330000－1702－0001250　普 42/666/5753
新學/游記

東南海島圖經十卷　(清)世增譯　張美翊述　清光緒二十六年(1900)上海石印本(卷七至十原缺)　三冊

330000－1702－0001251　普 42/667/5754
史部/地理類/山川之屬/水志

運河圖一卷浙杭至通州水路程站便覽一卷　清末抄本　一冊

330000－1702－0001253　普 52/827/6836
史部/紀傳類/別史之屬

貳臣傳十二卷逆臣傳四卷　(清)國史館撰　清都城琉璃廠半松居士刻本　五冊　存十卷(貳臣傳一至二、五至十二)

330000－1702－0001254　普 42/669/5756
新學/報章

湘學報類編不分卷　(清)湘督學使署編　清光緒二十四年(1898)刻本　一冊

330000－1702－0001255　普 52/828/6837
史部/政書類/邦計之屬/貿易

中日通商行船條約續約一卷　清光緒刻本　一冊

330000－1702－0001257　普 52/830/6839
史部/地理類/遊記之屬/紀行

使滇紀程一卷使滇吟草一卷　(清)楊懌曾撰　清刻本　一冊

330000－1702－0001259　普 52/831/6840
史部/地理類/遊記之屬/紀行

晉遊日記三卷西征錄一卷　（清）李燧撰　清
道光十三年(1833)河南府署刻本　一冊　存
一卷(西征錄)

330000－1702－0001260　普 42/672/5759
史部/地理類/總志之屬/通代

歷代地理沿革圖一卷　（清）六嚴繪　（清）馬
徵麟增輯　清同治十年(1871)金陵刻本　清
潘霨題記　一冊

330000－1702－0001261　普 42/673/5760
史部/地理類/總志之屬/通代

地理講義一卷　馬晉義撰　清光緒三十年
(1904)通州翰墨林編譯印書局鉛印本　一冊

330000－1702－0001262　普 42/674/5761
史部/地理類/方志之屬/郡縣志

[乾隆]新疆外藩紀略二卷　（清）七十一撰
清刻本　一冊　存一卷(一)

330000－1702－0001264　普 52/832/6841
史部/傳記類/總傳之屬/通代

於越先賢像傳贊二卷　（清）王齡撰　（清）任
熊繪　清光緒刻本　一冊　存一卷(二)

330000－1702－0001266　普 42/676/5764
史部/地理類/輿圖之屬/軍事

五溪苗疆行軍屯戍圖一卷　清彩繪本　一冊

330000－1702－0001267　普 52/834/6844
史部/雜史類/斷代之屬

靖逆記六卷　（清）盛大士撰　清嘉慶二十五
年(1820)刻本　二冊

330000－1702－0001268　普 42/677/5782
史部/地理類/雜志之屬

蘇省輿地圖說不分卷　（清）丁日昌修　（清）
褚成績等纂　清同治刻本　十八冊

330000－1702－0001269　普 42/679/5799
史部/地理類/山川之屬/水志

長江圖說十二卷首一卷　（清）馬徵麟等撰
清同治九年(1870)金陵提署刻本(卷一至二
原缺)　十二冊

330000－1702－0001271　普 42/680/5802
史部/地理類/雜志之屬

光緒湖北輿圖四卷　（清）湖北營務處撰　清
光緒二十七年(1901)湖北善後局石印本
四冊

330000－1702－0001275　普 43/684/5864
史部/地理類/雜志之屬

浙江全省輿圖並水陸道里記不分卷　（清）宗
源瀚等纂　清光緒二十年(1894)石印本　二
十冊

330000－1702－0001276　普 43/685/5884
史部/地理類/雜志之屬

浙江全省輿圖並水陸道里記不分卷　（清）宗
源瀚等纂　清光緒二十年(1894)石印本　二
十冊

330000－1702－0001277　普 43/686/5904
史部/地理類/雜志之屬

浙江全省輿圖並水陸道里記不分卷　（清）宗
源瀚等纂　清光緒二十年(1894)石印本　二
十冊

330000－1702－0001278　普 44/687/5915
史部/地理類/雜志之屬

浙江全省輿圖並水陸道里記不分卷　（清）宗
源瀚等纂　清光緒二十年(1894)石印本　十
一冊　存水陸道里記

330000－1702－0001281　普 44/690/5929
史部/地理類/雜志之屬

杭州府鄉土歷史歌二卷　葉兆鯤編　清宣統
元年(1909)上海彪蒙書室石印本　一冊

330000－1702－0001282　普 44/691/5930
史部/地理類/雜志之屬

杭州府鄉土歷史歌教授法二卷　葉兆鯤編
清光緒三十四年(1908)上海彪蒙書室石印本
一冊

330000－1702－0001283　普 44/692/5931
史部/地理類/雜志之屬

杭州鄉土地理教授法二卷　何孟廬編　清光
緒三十四年(1908)上海彪蒙書室石印本

一冊

330000－1702－0001284　普 44/693/5932
史部/地理類/雜志之屬

杭州鄉土地理二卷　清宣統元年（1909）仁和
學堂石印本　一冊　存一卷（上編）

330000－1702－0001285　普 44/694/5933
史部/地理類/雜志之屬

杭州鄉土地理教授法二卷　葉兆鯤編　清光
緒三十四年（1908）上海彪蒙書室石印本
一冊

330000－1702－0001286　普 44/695/5934
史部/地理類/雜志之屬

杭州府鄉土歷史歌教授法二卷　葉兆鯤編
清光緒三十四年（1908）上海彪蒙書室石印本
一冊

330000－1702－0001287　普 44/696/5935
史部/地理類/雜志之屬

杭州鄉土地理教科書二卷　（清）彪蒙編譯所
編　清宣統元年（1909）上海彪蒙書室石印本
一冊

330000－1702－0001288　普 44/697/5936
史部/地理類/方志之屬/郡縣志

[光緒]初學便讀衢州鄉土卮言二卷　（清）鄭
永禧纂　清光緒三十二年（1906）刻本　一冊

330000－1702－0001289　普 44/698/5937
史部/地理類/山川之屬/水志

南湖考一卷　（明）陳幼學撰　**節錄餘杭縣南**
湖事略一卷南湖誌考一卷　（清）陳善撰　清
光緒五年（1879）浙江官書局刻本　一冊

330000－1702－0001290　普 44/699/5938
史部/地理類/山川之屬/水志

南湖考一卷　（明）陳幼學撰　**節錄餘杭縣南**
湖事略一卷南湖誌考一卷　（清）陳善撰　清
光緒五年（1879）浙江官書局刻本　一冊

330000－1702－0001291　普 44/700/5941
史部/地理類/水利之屬

浙西水利備考不分卷　（清）王鳳生撰　清光
緒四年（1878）浙江書局刻本　三冊

330000－1702－0001292　普 44/701/5942
史部/地理類/雜志之屬

浙江沿海圖說一卷附海島表一卷　（清）朱正
元撰　清光緒二十五年（1899）上海鉛印本
一冊

330000－1702－0001293　普 44/702/5946
史部/地理類/山川之屬/水志

水道提綱二十八卷　（清）齊召南撰　清乾隆
四十一年（1776）刻本　四冊

330000－1702－0001294　普 44/703/5950
史部/地理類/山川之屬/水志

揚州水道記四卷　（清）劉文淇撰　清道光二
十五年（1845）江西撫署刻同治十一年（1872）
淮南書局補刻本　四冊

330000－1702－0001298　普 44/704/5951
史部/地理類/輿圖之屬/郡縣

浙江測繪輿圖章程一卷附圖解一卷　（清）宗
源瀚等撰　清光緒十六年（1890）刻本　一冊

330000－1702－0001299　普 44/705/5952
史部/地理類/輿圖之屬/郡縣

浙江測繪輿圖章程一卷附圖解一卷　（清）宗
源瀚等撰　清光緒十六年（1890）刻本　一冊

330000－1702－0001300　普 44/706/5954
史部/地理類/總志之屬/斷代

大清中外一統輿圖（皇朝中外壹統輿圖）三十
一卷首一卷　（清）鄒世詒等編　（清）李廷簫
增訂　清末刻本　二冊　存四卷（南三至四、
北一至二）

330000－1702－0001301　普 44/707/5956
史部/地理類/輿圖之屬/郡縣

浙江駐防及七十八廳州縣投票區圖不分卷
（清）黃超繪　清末石印本　二冊

330000－1702－0001312　普 52/843/6898
史部/紀事本末類/通代之屬

歷朝紀事本末七種　（清）陳如升　（清）朱記
榮輯　清光緒二十一年（1895）上海積山書局
石印本　二冊　存一種

330000－1702－0001313　普 52/845/6901

史部/紀事本末類/通代之屬

歷朝紀事本末七種 （清）陳如升 （清）朱記榮輯 清光緒二十一年（1895）上海積山書局石印本 二冊 存一種

330000－1702－0001314 普 52/844/6899
史部/紀事本末類/通代之屬

歷朝紀事本末七種 （清）陳如升 （清）朱記榮輯 清光緒二十一年（1895）上海積山書局石印本 一冊 存一種

330000－1702－0001315 普 46/719/6211
史部/編年類/通代之屬

資治通鑑綱目五十九卷 （宋）朱熹撰 （明）陳仁錫評 **資治通鑑綱目續編一卷** （明）陳桱撰 （明）陳仁錫評 **資治通鑑綱目前編二十五卷** （明）南軒撰 （明）陳仁錫評 **續資治通鑑綱目二十七卷** （明）商輅等撰 （明）陳仁錫評 清嘉慶八年（1803）敬書堂刻本 八十二冊 存五十九卷（資治通鑑綱目一至五十九）

330000－1702－0001316 普 52/846/6909
史部/紀事本末類/通代之屬

歷朝紀事本末七種 （清）陳如升 （清）朱記榮輯 清光緒二十一年（1895）上海積山書局石印本 八冊 存一種

330000－1702－0001318 普 47/721/6301
史部/編年類/通代之屬

資治通鑑綱目五十九卷 （宋）朱熹撰 （明）陳仁錫評 **資治通鑑綱目續編一卷** （明）陳桱撰 （明）陳仁錫評 **資治通鑑綱目前編二十五卷** （明）南軒撰 （明）陳仁錫評 **續資治通鑑綱目二十七卷** （明）商輅等撰 （明）陳仁錫評 清嘉慶八年（1803）敬書堂刻本 八冊 存七卷（資治通鑑綱目續編，續資治通鑑綱目一至五、十六）

330000－1702－0001320 普 47/723/6317
史部/編年類/通代之屬

資治通鑑綱目五十九卷 （宋）朱熹撰 （明）陳仁錫評 **資治通鑑綱目續編一卷** （明）陳桱撰 （明）陳仁錫評 **資治通鑑綱目前編二十五卷** （明）南軒撰 （明）陳仁錫評 **續資治通鑑綱目二十七卷** （明）商輅等撰 （明）陳仁錫評 清嘉慶八年（1803）敬書堂刻本 七冊 存二十卷（資治通鑑綱目前編一至六、十二至二十五）

330000－1702－0001322 普 47/724/6323
史部/編年類/通代之屬

資治通鑑二百九十四卷 （宋）司馬光撰 （元）胡三省音注 清刻本 六冊 存十八卷（一百六十六至一百六十八、一百九十六至一百九十八、二百二至二百四、二百十一至二百十三、二百五十九至二百六十一、二百八十九至二百九十一）

330000－1702－0001323 普 47/725/6328
史部/編年類/通代之屬

資治通鑑二百九十四卷 （宋）司馬光撰 明嘉靖二十三年至二十四年（1544－1545）孔天胤刻本 五冊 存十三卷（一百七至一百十七、一百九十三至一百九十四）

330000－1702－0001325 普 48/726 史部/編年類/通代之屬

資治通鑑綱目五十九卷 （宋）朱熹撰 （明）陳仁錫評 明末刻本 盧迺慎批點 七十四冊 存五十七卷（一至四十、四十三至五十九）

330000－1702－0001326 普 53/854/6966
新學/史志/戰記

中東戰紀本末八卷首一卷末一卷續編四卷首一卷末一卷三編四卷 （美國）林樂知撰並譯 蔡爾康輯 **文學興國策二卷** （美國）林樂知譯 清光緒二十二年（1896）、二十三年（1897）、二十六年（1900）上海廣學會鉛印本 十五冊 缺二卷（文學興國策上、下）

330000－1702－0001327 普 48/727/6426
史部/紀傳類/正史之屬

史記一百三十卷 （漢）司馬遷撰 （南朝宋）裴駰集解 （唐）司馬貞索隱 （唐）張守節正義 清同治九年（1870）楚北崇文書局刻本 二十四冊

330000 – 1702 – 0001328　普 49/728/6427
史部/編年類/通代之屬

新鐫通鑑集要十卷　（明）諸燮輯　（明）董其
昌補訂　（明）宋鳳翔增參　明刻本　一冊
存二卷（九至十）

330000 – 1702 – 0001329　普 49/730/6429
史部/編年類/通代之屬

新編纂註資治通鑑外紀增義補遺一卷　（宋）
史炤音釋　（明）王逢輯義　（明）劉弘毅補註
（明）馮智舒拾遺　（明）周德恭增斷　**新刊**
少微家塾增校附音通鑑釋義大全二十卷
（宋）史炤音釋　（明）王逢輯義　（明）劉剡
增校　（明）馮智舒拾遺　**資治通鑑總要論一**
卷　（明）陳孟稠集釋　（明）胡雷訂正　明劉
氏永德堂刻本　一冊　存四卷（新編纂註資
治通鑑外紀增義補遺、新刊少微家塾增校附
音通鑑釋義大全一至二、資治通鑑總要論）

330000 – 1702 – 0001330　普 49/732/6431
史部/雜史類

明季稗史彙編十六種　（清）留雲居士輯　清
都城琉璃廠刻本　一冊　存三種

330000 – 1702 – 0001331　普 49/731/6430
史部/雜史類

明季稗史彙編十六種　（清）留雲居士輯　清
都城琉璃廠刻本　一冊　存一種

330000 – 1702 – 0001332　普 49/733/6470
史部/傳記類/日記之屬

曾文正公手書日記不分卷（清道光二十一年
正月初一日至同治十一年二月初三日）
（清）曾國藩撰　清宣統元年（1909）上海中國
圖書公司石印本　三十九冊

330000 – 1702 – 0001333　普 49/734/6480
史部/傳記類/日記之屬

曾文正公手書日記不分卷（清道光二十一年
正月初一日至同治十一年二月初三日）
（清）曾國藩撰　清宣統元年（1909）上海中國
圖書公司石印本　十冊

330000 – 1702 – 0001335　普 53/857/6976
史部/紀事本末類/斷代之屬

聖武記十四卷　（清）魏源撰　清道光二十二
年（1842）刻本　八冊

330000 – 1702 – 0001339　普 53/864/7008
集部/總集類/選集之屬/斷代

普天忠憤全集十四卷首一卷　（清）孔廣德編
清光緒二十四年（1898）經濟書莊石印本
十冊

330000 – 1702 – 0001340　普 53/865/7016
史部/雜史類/斷代之屬

中西紀事二十四卷　（清）夏燮撰　清光緒十
三年（1887）鉛印本　八冊

330000 – 1702 – 0001341　普 49/735/6506
類叢部/叢書類/彙編之屬

趙氏藏書十六種　（清）趙承恩編　清同治至
光緒金谿趙氏紅杏山房補刻印本　二十六冊
存一種

330000 – 1702 – 0001342　普 49/736/6512
史部/政書類/邦計之屬/荒政

籌濟編三十二卷首一卷　（清）楊景仁撰　清
光緒四年（1878）楊氏詒硯齋刻本　六冊

330000 – 1702 – 0001343　普 53/866/7020
史部/地理類/遊記之屬/紀勝

徐霞客遊記十卷　（明）徐弘祖撰　**外編一卷**
補編一卷　（清）葉廷甲輯　清光緒三十四年
（1908）集成圖書公司鉛印本　四冊

330000 – 1702 – 0001344　普 49/737/6514
類叢部/叢書類/自著之屬

庸庵全集七種　（清）薛福成撰　清光緒十年
至二十四年（1884 – 1898）無錫薛氏刻本　二
冊　存一種

330000 – 1702 – 0001345　普 49/738/6516
史部/傳記類/總傳之屬/家乘

[浙江紹興]會稽秦氏宗譜不分卷　（清）秦基
纂修　清宣統三年（1911）石印本　二冊

330000 – 1702 – 0001346　普 53/867/7026
史部/雜史類/斷代之屬

明季北略二十四卷　（清）計六奇撰　清光緒
十三年（1887）上海圖書集成印書局鉛印本

六冊

330000－1702－0001347　普 53/868/7034
史部/史評類/史論之屬
史通通釋二十卷　（清）浦起龍撰　清光緒十
九年(1893)上海文瑞樓石印本　八冊

330000－1702－0001348　普 49/739/6518
子部/工藝類/日用器物之屬/陶瓷
景德鎮陶錄十卷　（清）藍浦撰　（清）鄭廷桂
補輯　清光緒十七年(1891)京都書業堂刻本
二冊　存五卷(一至五)

330000－1702－0001351　普 49/741/6523
子部/藝術類/書畫之屬/書法書品
分隸偶存二卷　（清）萬經撰　清道光十二年
(1832)刻本　四冊

330000－1702－0001352　普 49/742/6524
史部/傳記類/總傳之屬/姓名
百家姓考略一卷　（清）王相箋注　清刻本
一冊

330000－1702－0001355　普 49/743/6526
史部/雜史類/斷代之屬
金陵兵事彙畧四卷　（清）李圭撰　清光緒十
三年(1887)甬上寓齋刻本　二冊

330000－1702－0001357　普 53/876/7152
史部/編年類/斷代之屬
東華續錄（咸豐朝）一百卷　王先謙編　清光
緒十九年(1893)會稽籀三倉室石印本　二十
四冊

330000－1702－0001358　普 49/745　史部/
政書類/公牘檔冊之屬
長興縣臨民錄一卷　（清）龐立忠撰　清同治
龐立忠刻本　一冊

330000－1702－0001360　普 49/746/6536
史部/編年類/斷代之屬
欽定明鑑二十四卷首一卷　（清）胡敬等輯
清嘉慶二十三年(1818)刻本　八冊

330000－1702－0001363　普 49/747/6537
子部/藝術類/書畫之屬/法帖

歷代帝王法帖釋文十卷　（宋）劉次莊撰　清
抄本　一冊

330000－1702－0001364　普 49/748/6538
史部/史表類/通代之屬
歷代帝王年表十六卷　（清）齊召南撰　（清）
阮福續　（清）王棻重訂　稿本　一冊　存五
卷(一至五)

330000－1702－0001366　普 49/753/6548
史部/傳記類/總傳之屬/斷代
東林列傳二十四卷末二卷　（清）陳鼎撰　清
康熙五十年(1711)刻本　二冊　存八卷(一
至三、十八至二十二)

330000－1702－0001367　普 53/880/7172
史部/目錄類/總錄之屬/彙刻
彙刻書目初編十卷補編一卷　（清）顧修輯
清同治九年(1870)羣玉齋木活字印本　十冊

330000－1702－0001368　普 49/750/6540
史部/地理類/雜志之屬
瀛壖雜志六卷　（清）王韜撰　清光緒元年
(1875)刻本　一冊　存三卷(一至三)

330000－1702－0001369　普 49/751/6544
史部/史評類/史論之屬
東萊先生音註唐鑑二十四卷　（宋）范祖禹撰
（宋）呂祖謙注　清光緒十八年(1892)浙江
書局刻本　四冊

330000－1702－0001370　普 53/881　類叢
部/叢書類/彙編之屬
古今說海一百三十五種　（明）陸楫等編　清
刻本　一冊　存二種

330000－1702－0001371　普 49/754/6554
史部/政書類/儀制之屬/典禮
南巡盛典一百二十卷　（清）高晉等纂修　清
乾隆三十六年(1771)武英殿刻本　六冊　存
十五卷(一百六至一百二十)

330000－1702－0001372　普 49/755/6556
史部/地理類/外紀之屬
四夷考四卷　（明）葉向高撰　清抄本　二冊

330000 – 1702 – 0001375　　普 49/758/6559
史部/職官類/官箴之屬

山屋百官箴六卷　　(宋)許月卿撰　　清乾隆四
十二年(1777)山屋書院刻本　　一冊

330000 – 1702 – 0001376　　普 49/760/6570
史部/編年類/通代之屬

元經薛氏傳十卷　　(隋)王通撰　　(唐)薛收傳
(宋)阮逸注　　清嘉慶元年(1796)掃葉山房
刻本　　四冊

330000 – 1702 – 0001377　　普 49/761/6571
史部/政書類/軍政之屬/邊政

西北邊界圖地名譯漢考證二卷　　(清)許景澄
撰　　清光緒二十二年(1896)刻本　　一冊

330000 – 1702 – 0001378　　普 49/762　　類叢
部/叢書類/彙編之屬

奇晉齋叢書十六種　　(清)陸烜編　　清乾隆三
十四年(1769)平湖陸烜奇晉齋刻本　　一冊
存一種

330000 – 1702 – 0001379　　普 49/763　　史部/
傳記類/別傳之屬/事狀

關聖帝君聖蹟圖誌全集五卷　　(清)盧湛輯
清光緒三十年至三十四年(1904 – 1908)紹城
許模記刻本　　五冊

330000 – 1702 – 0001382　　普 49/765　　類叢
部/叢書類/自著之屬

潛研堂全書十六種　　(清)錢大昕撰　　清乾隆
至嘉慶刻道光二十年(1840)錢師光重修印本
二冊　　存一種

330000 – 1702 – 0001383　　普 55/891/7293
史部/紀傳類/正史之屬

二十四史附考證　　清光緒十八年(1892)武林
竹簡齋石印本　　四冊　　存一種

330000 – 1702 – 0001384　　普 49/766　　史部/
傳記類/總傳之屬/家乘

[安徽祁門]王源謝氏孟宗譜十卷　　(明)謝顧
纂修　　明萬曆三十年(1602)刻本　　一冊　　存
二卷(九至十)

330000 – 1702 – 0001385　　普 59/973　　史部/

地理類/雜志之屬

浙江楚湘忠義祠兩湖會館合編二卷　　(清)趙
瀚編輯　　清光緒二年(1876)浙江書局鉛印本
一冊

330000 – 1702 – 0001386　　普 55/908　　史部/
地理類/專志之屬/祠墓

西湖林公祠墓誌一卷　　(清)程鍾瑞輯　　清同
治八年(1869)刻本　　一冊

330000 – 1702 – 0001387　　普 254/5042/35752
子部/醫家類/方書之屬/單方驗方

丹溪心法附餘二十四卷首一卷　　(明)方廣輯
清光緒二十五年(1899)古越徐氏石印本　　三冊

330000 – 1702 – 0001388　　普 50/774　　史部/
史評類/史論之屬

**新鐫重訂補註歷朝捷錄史鑑提衡四卷首一卷
靖難紀畧一卷**　　(明)屠隆編纂　　(明)歐大任
參訂　　(明)李廷機重訂　　明萬曆熊沖宇刻本
二冊　　存三卷(三至四、靖難紀畧)

330000 – 1702 – 0001389　　普 254/5045/35757
集部/別集類/宋別集

林和靖先生詩集四卷　　(宋)林逋撰　　**省心錄
一卷**　　(宋)李邦獻撰　　清光緒二十一年
(1895)婺原俞氏清蔭堂刻本　　二冊

330000 – 1702 – 0001390　　普 50/775　　史部/
傳記類/別傳之屬/事狀

**太子太保尚書銜甘肅新疆巡撫一等男諡襄勤
劉公錦堂事實一卷**　　(清)王禮培撰　　清光緒
二十二年(1896)刻本　　一冊

330000 – 1702 – 0001391　　普 50/776　　子部/
藝術類/書畫之屬/書法書品

絳帖平六卷　　(宋)姜夔撰　　清抄本　　二冊

330000 – 1702 – 0001392　　普 55/892/7295
史部/政書類/邦計之屬/通紀

問心集六卷　　(清)李斯佺著　　清刻本　　二冊

330000 – 1702 – 0001393　　普 50/777　　史部/
金石類/總志之屬/文字

金石古文十四卷　　(明)楊慎輯　　清抄本
一冊

330000 – 1702 – 0001394　普 255/5047/35759
子部/宗教類/佛教之屬/經咒

大佛頂首楞嚴神咒一卷　清光緒六年（1880）
浙省瑪瑙經房刻本　一冊

330000 – 1702 – 0001395　普 55/899/7325
史部/政書類/邦計之屬/賦稅

浙江通省州縣額徵地丁核定徵數一卷　清末
疆恕齋刻本　一冊

330000 – 1702 – 0001396　普 50/778　史部/
雜史類/通代之屬

華陽國志十二卷　（晉）常璩撰　清初刻本
清孫志祖批校　一冊　存三卷（八至十）

330000 – 1702 – 0001397　普 50/779　史部/
史抄類

國語鈔評八卷　（明）穆文熙輯　明萬曆十二
年（1584）傅光宅、曾鳳儀刻本　一冊　存四
卷（一至四）

330000 – 1702 – 0001398　普 255/5048　子
部/宗教類/佛教之屬/經咒

消災延壽藥師寶懺一卷　清刻本　一冊

330000 – 1702 – 0001399　普 55/900/7365
史部/政書類

三通　清咸豐九年（1859）崇仁謝氏刻本　四
十冊　存一種

330000 – 1702 – 0001400　普 255/5049　子
部/宗教類/佛教之屬/經咒

消災延壽藥師寶懺一卷　清刻本　一冊

330000 – 1702 – 0001401　普 255/5050　子
部/宗教類/佛教之屬/經咒

消災延壽藥師寶懺一卷　清刻本　一冊

330000 – 1702 – 0001402　普 55/901　史部/
政書類/儀制之屬/典禮

南巡盛典一百二十卷　（清）高晉等纂修　清
光緒八年（1882）上海點石齋石印本　八冊

330000 – 1702 – 0001403　普 255/5051　子
部/宗教類/佛教之屬/經咒

消災延壽藥師寶懺一卷　清刻本　一冊

330000 – 1702 – 0001404　普 55/902/7375
史部/史評類/史論之屬

歷代史論二卷　（明）顧充撰　清光緒八年
（1882）儒林堂刻本　二冊

330000 – 1702 – 0001405　普 255/5053　子
部/宗教類/佛教之屬/經咒

大悲懺儀合節一卷　清同治十二年（1873）杭
城潮鳴寺刻本　三冊

330000 – 1702 – 0001406　普 55/903　史部/
傳記類/科舉錄之屬/諸貢錄

光緒三十三年丁未科直省舉貢考職齒錄一卷
清光緒刻本　四冊

330000 – 1702 – 0001407　普 55/904/7380
史部/政書類

東京府十一縣聯合共進會章程一卷　（日本）
東京府十一縣聯合共進會編　清光緒三十一
年（1905）浙江官書局刻本　一冊

330000 – 1702 – 0001408　普 55/905　史部/
地理類/雜志之屬

杭俗遺風一卷　（清）范祖述撰　清同治六年
（1867）刻本　一冊

330000 – 1702 – 0001409　普 255/5054　子
部/宗教類/佛教之屬/經

地藏菩薩本願經一卷　題（唐）釋實叉難陀譯
清同治五年（1866）昭慶寺慧空經房刻本
三冊

330000 – 1702 – 0001410　普 55/907　史部/
地理類/專志之屬/祠墓

西湖林公祠墓誌一卷　（清）程鍾瑞輯　清同
治八年（1869）刻本　一冊

330000 – 1702 – 0001411　普 291/5920　子
部/藝術類/遊藝之屬/聯語

聖教集對一卷　（清）张炳堃撰　清同治元年
（1862）湖北崇文書局刻本　一冊

330000 – 1702 – 0001412　普 50/781　類叢
部/叢書類/彙編之屬

百川學海一百種　（宋）左圭編　明刻本　一
冊　存一種

330000－1702－0001414　普 55/909　類叢部/叢書類/郡邑之屬

武林掌故叢編一百九十種　（清）丁丙編　清光緒三年至二十六年(1877－1900)錢塘丁氏嘉惠堂刻本　一冊　存一種

330000－1702－0001415　普 55/910　類叢部/叢書類/郡邑之屬

武林掌故叢編一百九十種　（清）丁丙編　清光緒三年至二十六年(1877－1900)錢塘丁氏嘉惠堂刻本([乾道]臨安志卷四至十五、南宋館閣錄卷一原缺)　一冊　存一種

330000－1702－0001416　普 146/3601　史部/傳記類/總傳之屬

杭州府中學堂同學錄一卷附錄一卷　章瑞廷等輯　清宣統元年(1909)杭州府中學堂鉛印本　一冊

330000－1702－0001417　普 55/912　史部/政書類/儀制之屬/雜禮

四明同義集章程一卷　（清）□□編　清刻本　一冊

330000－1702－0001418　普 55/913　史部/傳記類/總傳之屬/家乘

[湖南長沙]湖南善化黃氏支系考不分卷　（清）黃仁濟纂修　清光緒二十三年至宣統三年(1897－1911)刻本　二冊

330000－1702－0001419　普 255/5056　子部/宗教類/佛教之屬/諸宗

靈峰蕅益大師選定淨土十要十卷　（清）釋智旭輯　（清）釋成時評點節略　清同治六年(1867)刻本　三冊

330000－1702－0001420　普 255/5057　子部/宗教類/佛教之屬/諸宗

靈峰蕅益大師選定淨土十要十卷　（清）釋智旭輯　（清）釋成時評點節略　清同治六年(1867)刻本　四冊

330000－1702－0001421　普 50/782　史部/詔令奏議類/奏議之屬

皇明疏鈔七十卷　（明）孫旬輯　明萬曆十二年(1584)刻本　一冊　存二卷(六十七至六十八)

330000－1702－0001422　普 50/783　史部/傳記類/總傳之屬/斷代

嘉靖以來首輔傳八卷　（明）王世貞撰　明萬曆四十五年(1617)茅元儀刻本　二冊　存四卷(一至四)

330000－1702－0001423　普 50/784　史部/史評類/史論之屬

東萊先生音註唐鑑二十四卷　（宋）范祖禹撰　（宋）呂祖謙註　明刻本　三冊　存十二卷(五至七、十六至二十四)

330000－1702－0001424　普 56/920　史部/地理類/總志之屬/斷代

皇朝直省府廳州縣歌括三卷　（清）蔣升撰　清光緒二十九年(1903)上海慈母堂印書局鉛印本　一冊

330000－1702－0001425　普 291/5941　子部/藝術類/書畫之屬/法帖

張勇烈公神道碑一卷　（清）張裕釗書　清宣統二年(1910)湖北官書處石印本　一冊

330000－1702－0001426　普 255/5061/35784　子部/宗教類/佛教之屬/經疏

大乘金剛經論一卷　清同治刻本　一冊

330000－1702－0001427　普 56/921　史部/地理類/總志之屬/斷代

皇朝直省府廳州縣歌括三卷　（清）蔣升撰　清光緒二十九年(1903)上海慈母堂印書局鉛印本　一冊

330000－1702－0001429　普 50/787　史部/雜史類

皇明史概一百二十一卷　（明）朱國楨輯　明崇禎刻本　五冊　存十四卷(一至二、六至十七)

330000－1702－0001430　普 56/922　史部/地理類/總志之屬/斷代

皇朝直省府廳州縣歌括三卷　（清）蔣升撰　清光緒二十九年(1903)上海慈母堂印書局鉛

印本　一冊

330000－1702－0001432　普50/788　史部/
編年類/斷代之屬

皇明通紀集要六十卷　（明）陳建撰　明崇禎
刻本　三冊　存十四卷（二十五至三十、三十
六至四十三）

330000－1702－0001433　普56/923　史部/
地理類/總志之屬/斷代

皇朝直省府廳州縣歌括一卷　（清）蔣升撰
清光緒二十四年（1898）上海慈母堂印書局鉛
印本　一冊

330000－1702－0001435　普50/790　類叢
部/叢書類/彙編之屬

後知不足齋叢書四十七種　（清）鮑廷爵編
清同治至光緒常熟鮑氏刻本　五冊　存一種

330000－1702－0001437　普101/2288　類叢
部/叢書類/自著之屬

趣園初集五種　（清）陳鍾祥撰　清咸豐十年
（1860）刻本　一冊　存二種

330000－1702－0001438　普101/2289－2292
集部/戲劇類/傳奇之屬

笠翁傳奇十種　（清）李漁撰　清大文堂刻本
四冊　存四種

330000－1702－0001439　普139/3243　集
部/總集類/郡邑之屬

續甬上耆舊詩□□卷　（清）全祖望輯　清三
味齋抄本　一冊

330000－1702－0001440　普139/3244　集
部/別集類/清別集

餐花室詩稿一卷詞稿一卷　（清）嚴錫康撰
稿本　清吳大廷題記　二冊

330000－1702－0001442　普139/3247　子
部/術數類/陰陽五行之屬

推背圖一卷　題（唐）袁天罡撰　（唐）李淳風
注　清抄本　一冊

330000－1702－0001443　普139/3248　集
部/別集類/清別集

蟪吟屋遺稿五卷　（清）胡寰撰　（清）周起予
編　清宣統三年（1911）抄本　二冊

330000－1702－0001444　普55/914　史部/
傳記類/別傳之屬/事狀

辛酉記一卷　（清）張光烈撰　清光緒十六年
（1890）吳中刻本　一冊

330000－1702－0001445　普56/915　史部/
職官類/官箴之屬

實政錄七卷　（明）呂坤撰　清同治十一年
（1872）浙江書局刻本　六冊

330000－1702－0001446　普56/916　史部/
傳記類/總傳之屬/文苑

東軒吟社畫像一卷附記傳題跋一卷　（清）費
丹旭繪　（清）黃士珣記　（清）諸可寶傳
（清）汪曾唯輯　清光緒二年（1876）泉唐汪氏
振綺堂刻本　一冊　存一卷（畫像）

330000－1702－0001447　普56/917　類叢
部/叢書類/彙編之屬

振綺堂叢刊八種　（清）□□輯　清嘉慶至光
緒汪氏振綺堂刻本　二冊　存一種

330000－1702－0001448　普56/918　史部/
雜史類/斷代之屬

明季北略二十四卷　（清）計六奇撰　清都城
琉璃廠半松居士木活字印本　五冊　存十四
卷（一至九、十七至十八、二十、二十三至二十
四）

330000－1702－0001449　普56/919　史部/
地理類/總志之屬/斷代

皇朝直省府廳州縣歌括三卷　（清）蔣升撰
清光緒二十九年（1903）上海慈母堂印書局鉛
印本　一冊

330000－1702－0001450　普56/924　史部/
地理類/總志之屬/斷代

皇朝直省府廳州縣歌括三卷　（清）蔣升撰
清光緒二十九年（1903）上海慈母堂印書局鉛
印本　一冊

330000－1702－0001455　普56/926　史部/
傳記類/日記之屬

秦輶日記一卷(清咸豐八年) （清)潘祖蔭撰
清末刻本 一冊

330000－1702－0001456 普 139/3249 子
部/雜著類/雜編之屬

青餘筆記一卷 （清)傳華廙撰 稿本 一冊

330000－1702－0001457 普 56/928 史部/
傳記類/別傳之屬/事狀

鄂國金陀稡編二十八卷續編三十卷 （宋)岳
珂編 清光緒九年(1883)浙江書局刻本 十
二冊

330000－1702－0001458 普 100/2246 集
部/詞類/別集之屬

金梁夢月詞二卷懷夢詞一卷 （清)周之琦撰
清道光杭州愛日軒陸貞一刻本 一冊

330000－1702－0001459 普 139/3250 類叢
部/類書類/通類之屬

事類捷錄□□卷 （明)徐雲林輯 清宣統元
年(1909)徐錫祥抄本 一冊

330000－1702－0001460 普 57/933 史部/
政書類/通制之屬

欽定續通典一百五十卷 （清)嵇璜 （清)曹
仁虎纂修 清光緒元年(1875)廣東學海堂刻
本 三十六冊 存一百三十五卷(十六至一
百五十)

330000－1702－0001461 普 139/3251 子
部/宗教類/道教之屬/雜著

最上一乘南學正傳一卷 （清)朱純始述 清
光緒二年(1876)龍山復真子抄本 一冊

330000－1702－0001462 普 139/3255 集
部/詞類/總集之屬

毗陵詞派六家六卷 清末抄本 六冊

330000－1702－0001463 普 139/3259 子
部/雜著類/雜說之屬

且留一尺牘一卷 （清)佐廷學抄 清光緒三
十三年(1907)抄本 一冊

330000－1702－0001464 普 57/934 史部/
政書類/通制之屬

皇朝通典一百卷 （清)嵇璜 （清)曹仁虎等
纂修 清光緒元年(1875)廣東學海堂刻本
三十二冊

330000－1702－0001465 普 139/3257 集
部/別集類/清別集

味義根齋待刪草不分卷 （清)董正揚撰 清
抄本 一冊

330000－1702－0001466 普 139/3262 集
部/別集類/宋別集

歐陽文忠公文抄殘二卷 （宋)歐陽修撰 清
抄本 二冊

330000－1702－0001467 普 57/935 史部/
政書類/律令之屬/律例

大清律例增修統纂集成四十卷督捕則例附纂
二卷 （清)姚潤輯 （清)陶駿 （清)陶念
霖增輯 清光緒二十二年(1896)刻本 十二
冊 存二十二卷(一至二十二)

330000－1702－0001468 普 139/3269 子
部/宗教類/道教之屬

金丹集要六卷 （清)楊浩輯 清末鴻遠書屋
抄本 二冊

330000－1702－0001469 普 57/936 史部/
政書類

三通 清咸豐九年(1859)崇仁謝氏刻本 二
十冊 存一種

330000－1702－0001470 普 139/3271 集
部/總集類/選集之屬/斷代

詩觀初集一卷詩觀近體一卷 （清)鄧漢儀輯
清抄本 二冊

330000－1702－0001471 普 66/1197 史部/
傳記類/別傳之屬

天后聖母聖蹟圖志全集二卷 （清)上洋壽思
堂輯 清同治九年(1870)刻本 二冊

330000－1702－0001472 普 139/3274 子
部/宗教類/道教之屬/雜著

妙不可言一卷 清光緒九年(1883)吳江沈廷
楨抄本 一冊

330000－1702－0001473　普139/3276　集部/別集類/清別集

茹古齋詩鈔一卷　（清）張復撰　稿本　清趙塏林、清楊如浩題記　一冊

330000－1702－0001474　普139/3277　集部/曲類/寶卷之屬

吉祥如意太平寶卷一卷　清光緒二十七年（1901）抄本　一冊

330000－1702－0001475　普139/3278　集部/曲類/寶卷之屬

黃梅寶卷一卷　清光緒二十七年（1901）抄本　靈僊主人批　一冊

330000－1702－0001476　普139/3283　史部/政書類/掌故瑣記之屬

杞人草一卷　（清）王抱一撰　清光緒稿本　一冊

330000－1702－0001478　普57/944　史部/目錄類/總錄之屬/地方

杭州藝文志十卷　吳慶坻編　清光緒三十四年（1908）錢塘吳氏長沙刻本　六冊

330000－1702－0001479　普139/3293　子部/宗教類/道教之屬

祝由科秘旨救世靈書一卷　清抄本　一冊

330000－1702－0001480　普57/945　史部/目錄類/總錄之屬/地方

杭州藝文志十卷　吳慶坻編　清光緒三十四年（1908）錢塘吳氏長沙刻本　四冊

330000－1702－0001482　普57/946　史部/目錄類/總錄之屬/官修

杭州藏書樓書目一卷　邵章編　清光緒二十八年（1902）刻本　一冊

330000－1702－0001483　普255/5058

身世繩規四卷　（清）何思永編　清同治四年（1865）刻本　一冊　存二卷（一至二）

330000－1702－0001484　普57/947　史部/傳記類/總傳之屬/列女

杭女表微錄十六卷首一卷　（清）孫樹禮輯

清光緒三十二年（1906）刻本　八冊

330000－1702－0001485　普57/954　史部/傳記類/科舉錄之屬/歷科登科錄

國朝兩浙科名錄不分卷　（清）黃安綏輯　清咸豐七年（1857）京師刻本　二冊

330000－1702－0001486　普255/5062　子部/宗教類/佛教之屬/論疏

因明入正理論後記六卷　（清）吳樹虛撰　清道光十三年（1833）宜園刻本　一冊

330000－1702－0001487　普58/957　史部/政書類/軍政之屬/邊政

洋防輯要二十四卷　（清）嚴如熤撰　清道光十八年（1838）刻本　十二冊

330000－1702－0001488　普293/6181　集部/別集類/宋別集

方泉先生詩集三卷　（宋）周文璞撰　清宣統元年（1909）上海國光社石印本　一冊

330000－1702－0001489　普139/3297　集部/別集類/宋別集

潛齋先生文集四卷　（宋）何夢桂撰　清抄本　二冊

330000－1702－0001490　普59/958　史部/紀傳類/正史之屬

漢書一百卷　（漢）班固撰　（唐）顏師古注　清末韓江書局刻本　二冊　存九卷（九十二至一百）

330000－1702－0001491　普139/3316　集部/總集類/選集之屬/斷代

香咳集選存六卷　（清）許夔臣輯　清抄本　一冊

330000－1702－0001492　普293/6212　集部/總集類/尺牘之屬

明代名人尺牘七種　鄧實輯　清光緒三十三年至三十四年（1907－1908）上海國學保存會影印本　一冊　存一種

330000－1702－0001493　普59/959　史部/紀傳類/別史之屬

續漢志三十卷　（南朝梁）劉昭注補　清末韓江書局刻本　二冊

330000－1702－0001494　普 139/3319　集部/別集類/清別集

白香亭詩存一卷　（清）鄧輔綸撰　清末抄本　一冊

330000－1702－0001495　普 139/3320　子部/醫家類/醫案之屬

名醫類案十二卷　（明）江瓘輯　清抄本　一冊　存一卷（一）

330000－1702－0001497　普 139/3323　集部/別集類

夢雨菴剪綃集一卷　清抄本　一冊

330000－1702－0001499　普 139/3324　子部/術數類/陰陽五行之屬

董公選要覽一卷　（明）董潛撰　清抄本　一冊

330000－1702－0001500　普 255/5064　子部/宗教類/佛教之屬/諸宗

禮懺心法不分卷　清嘉慶五年（1800）刻本　一冊

330000－1702－0001501　普 255/5065　子部/宗教類/佛教之屬/諸宗

禮懺心法不分卷　清嘉慶五年（1800）刻本　一冊

330000－1702－0001502　普 139/3325　子部/宗教類/其他宗教之屬/基督教

不得已二卷　（清）楊光先撰　清同治十二年（1873）茅介子抄本　一冊

330000－1702－0001503　普 59/960　史部/紀傳類/正史之屬

後漢書九十卷　（南朝宋）范曄撰　（唐）李賢注　志三十卷　（晉）司馬彪撰　（南朝梁）劉昭注　清同治十二年（1873）嶺東使署刻本　九冊　存六十一卷（十一至十七、二十六至三十九、四十六至八十五）

330000－1702－0001504　普 139/3326　集

部/總集類/郡邑之屬

續會稽掇英集五卷　（宋）黃康弼編次　清抄本　二冊

330000－1702－0001506　普 294/6240　子部/藝術類/書畫之屬/法帖

雙清堂撫臨石刻二卷　（清）劉樹堂撰　清光緒二十年（1894）石印本　一冊　存一卷（前編）

330000－1702－0001507　普 139/3327　集部/總集類/郡邑之屬

會稽掇英總集二十卷　（宋）孔延之輯　校正會稽掇英總集札記一卷　（清）杜丙杰撰　清抄本　四冊

330000－1702－0001508　普 255/5066　子部/宗教類/佛教之屬/諸宗

沙彌尼戒本一卷沙彌尼律儀要畧一卷毘尼日用切要一卷　（清）釋讀體輯　清同治十三年至光緒二年（1874－1876）刻本　一冊

330000－1702－0001509　普 140/3330　集部/曲類/寶卷之屬

紅羅寶卷一卷　清光緒二十二年（1896）抄本　一冊

330000－1702－0001510　普 294/6241　集部/別集類/明別集

黃石齋手寫詩卷一卷　（明）黃道周撰並書　清光緒三十三年（1907）上海國粹學報館石印本　一冊

330000－1702－0001511　普 255/5068　子部/宗教類/佛教之屬

五大部直音二卷附諸般經懺直音一卷　清光緒元年（1875）杭城瑪瑙經房刻本　一冊　存一卷（五大部直音一）

330000－1702－0001512　普 140/3338　子部/醫家類/本草之屬/歷代綜合本草

增訂本草備要六卷　（清）汪昂撰　清抄本　一冊　存一卷（一）

330000－1702－0001513　普 59/963　史部/地理類/總志之屬/斷代

皇朝輿地畧一卷　（清）六承如輯　皇朝輿地韻編一卷　（清）李兆洛撰　皇朝內府輿地圖縮摹本一卷　（清）六嚴繪　清同治四年（1865）四知堂刻本　一冊

330000－1702－0001514　普 255/5069　子部/宗教類/佛教之屬/諸宗
禮懺心法不分卷　清嘉慶五年（1800）刻本　一冊

330000－1702－0001515　普 146/3583　史部/政書類/儀制之屬/專志/科舉校規
仁錢勸學所教育會宣講稿一卷　（清）葉兆鯤編　清宣統二年（1910）刻本　一冊

330000－1702－0001519　普 255/5070　子部/宗教類/佛教之屬/經疏
藥師瑠璃光如來本願功德經一卷　（唐）釋玄奘譯　清刻本　一冊

330000－1702－0001520　普 140/3344　子部/工藝類/日用器物之屬/錦繡
繡譜一卷　（清）陳丁佩撰　清末金湘抄本　一冊

330000－1702－0001522　普 262/5192　集部/別集類/清別集
兩當軒詩集十六卷　（清）黃景仁撰　清道光十七年（1837）海昌蔣光煦刻本　一冊　存八卷（九至十六）

330000－1702－0001523　普 59/965　史部/地理類/水利之屬
浙西水利備考不分卷　（清）王鳳生撰　清刻本　三冊

330000－1702－0001524　普 140/3345　集部/總集類/選集之屬/斷代
孫人鳳先生手鈔詩選一卷　（清）孫人鳳抄　清末抄本　王綺題記　一冊

330000－1702－0001525　普 255/5071　子部/宗教類/佛教之屬/經
佛說觀無量壽佛經一卷　（南朝宋）釋畺良耶舍譯　清刻本　一冊

330000－1702－0001526　普 140/3355　集部/詞類/別集之屬
玉玲瓏僊館詩餘偶存一卷　（清）陸以鐇撰　稿本　一冊

330000－1702－0001527　普 309/6496　子部/藝術類/音樂之屬/樂譜
五知齋琴譜八卷　（清）徐祺撰　（清）周魯封輯　清乾隆二年（1737）棲心琴社刻本　四冊

330000－1702－0001528　普 59/967　史部/傳記類/別傳之屬/年譜
朱子年譜四卷考異四卷　（清）王懋竑撰　朱子論學切要語二卷　（清）王懋竑輯　清刻本　四冊

330000－1702－0001529　普 59/968　史部/傳記類/別傳之屬/年譜
朱子年譜四卷考異四卷附錄朱子論學切要語二卷附校勘記三卷　（清）王懋竑撰並輯　（清）王炳校勘　清同治九年（1870）永康應氏刻本　六冊　缺三卷（校勘記一至三）

330000－1702－0001530　普 140/3361　子部/藝術類/書畫之屬/法帖
草訣偏旁辨疑一卷　（清）汪由敦撰　清末抄本　一冊

330000－1702－0001532　普 59/969　史部/傳記類/別傳之屬/年譜
朱子年譜四卷考異四卷　（清）王懋竑撰　朱子論學切要語二卷　（清）王懋竑輯　清乾隆十七年（1752）寶應王氏白田草堂刻清末浙江書局補刻本　四冊

330000－1702－0001533　普 309/6495　子部/藝術類/音樂之屬/樂譜
五知齋琴譜八卷　（清）徐祺撰　（清）周魯封輯　清乾隆二年（1737）棲心琴社刻本　六冊

330000－1702－0001535　普 59/970　史部/傳記類/別傳之屬/年譜
朱子年譜四卷考異四卷　（清）王懋竑撰　朱子論學切要語二卷　（清）王懋竑輯　清乾隆十七年（1752）寶應王氏白田草堂刻清末浙江

書局補刻本　四冊

330000 - 1702 - 0001536　普 255/5072　子部/宗教類/佛教之屬/總錄

雜華文表三卷　（清）釋智生撰　清康熙二十一年(1682)古杭昭慶寺貝葉齋刻本　一冊　存一卷(一)

330000 - 1702 - 0001537　普 300/6419　新學/礦務/礦學

求礦指南十卷附一卷　（英國）安德孫撰　（英國）傅蘭雅　（清）潘松譯　清光緒二十五年(1899)江南製造總局刻本　二冊

330000 - 1702 - 0001538　普 300/6422　集部/別集類/清別集

青萍軒文錄二卷附詩錄一卷　（清）薛福保撰　清光緒八年(1882)刻本　一冊　存二卷（文錄一至二）

330000 - 1702 - 0001539　普 300/6423　類叢部/叢書類/自著之屬

庸庵全集七種　（清）薛福成撰　清光緒十年至二十四年(1884 - 1898)無錫薛氏刻本　四冊　存一種

330000 - 1702 - 0001540　普 255/5073　子部/宗教類/佛教之屬/經

佛說梵網經二卷　題(後秦)釋鳩摩羅什譯　清同治七年(1868)昭慶寺慧空經房刻本　一冊

330000 - 1702 - 0001542　普 255/5078　子部/宗教類/佛教之屬/總錄

渝西大老山華嚴寺自崇隱和尚語錄一卷　（清）釋隆惠等編　清道光刻本　一冊

330000 - 1702 - 0001543　普 300/6426　類叢部/叢書類/彙編之屬

學津討原一百七十三種　（清）張海鵬編　清嘉慶十年(1805)虞山張氏照曠閣刻本　二冊　存一種

330000 - 1702 - 0001544　普 140/3371　集部/總集類/選集之屬/斷代

汪堯峯張匠門徐方虎三先生文鈔三卷　清抄本　二冊

330000 - 1702 - 0001545　普 59/971　史部/傳記類/總傳之屬/郡邑

浙江忠義錄十卷　（清）浙江采訪忠義總局編　清同治六年(1867)浙江采訪忠義總局刻本　四冊

330000 - 1702 - 0001546　普 300/6428　集部/總集類/課藝之屬

山海經類對賦十四卷　（清）涂景濤編　清光緒二十三年(1897)湘西章氏刻本　二冊

330000 - 1702 - 0001547　普 300/6430　子部/醫家類/診法之屬/脈經脈訣

脈經十卷　題(晉)王叔和撰　清道光二十九年(1849)刻本　六冊

330000 - 1702 - 0001548　普 300/6431　子部/醫家類/診法之屬/歷代脈學

三指禪三卷　（清）周學霆撰　清光緒湖南書局刻本　一冊

330000 - 1702 - 0001549　普 59/972　史部/地理類/雜志之屬

浙江楚湘忠義祠兩湖會館合編二卷　（清）趙瀚編輯　清光緒二年(1876)浙江書局刻本　一冊

330000 - 1702 - 0001550　普 140/3373　集部/別集類/清別集

西崦草堂試帖牕課一卷　清末抄本　一冊

330000 - 1702 - 0001552　普 311/6604　子部/醫家類/方書之屬/單方驗方

驗方新編二十四卷　（清）鮑相璈輯　清道光二十九年(1849)海山仙館刻本　十二冊　缺二卷（十七至十八）

330000 - 1702 - 0001553　普 140/3374　集部/別集類/清別集

任之文稿一卷　清末抄本　一冊

330000 - 1702 - 0001554　普 59/974　史部/紀事本末類/通代之屬

紀事本末五種　（清）□□輯　清同治十二年

至十三年(1873－1874)江西書局刻本　八十冊　存一種

330000－1702－0001556　普 140/3376　集部/總集類/課藝之屬

小題文鈔一卷　(清)樸亭主人訂　清末抄本　一冊

330000－1702－0001557　普 60/980　子部/雜著類/雜說之屬

浙江風俗改良淺說第一編一卷　浙江勸學所教育會編　清宣統二年(1910)浙江官報局兼印刷局鉛印本　一冊

330000－1702－0001558　普 60/982　史部/政書類/邦計之屬

商辦全浙鐵路有限公司第五屆收支帳略不分卷　(清)商辦全浙鐵路有限公司編　清宣統三年(1911)上海商務印書館鉛印本　一冊

330000－1702－0001559　普 311/6606　集部/戲劇類/雜劇之屬

桃谿雪二卷　(清)黃燮清撰　(清)李光溥評文　清光緒石印本　一冊

330000－1702－0001560　普 140/3378　集部/詩文評類/詩評之屬

詩話雜鈔一卷歷朝詩話補編一卷本朝詩話補編一卷　(清)石墟居士集錄　清末抄本　一冊

330000－1702－0001561　普 300/6432　集部/別集類/清別集

梅村詩集箋注十八卷　(清)吳偉業撰　(清)吳翌鳳箋注　清光緒二十二年(1896)新化三味堂刻本　十二冊

330000－1702－0001562　普 140/3382　集部/別集類/清別集

詩稿一卷　清末抄本　一冊

330000－1702－0001563　普 300/6433　類叢部/叢書類/家集之屬

項城袁氏家集七種　丁振鐸編　清宣統三年(1911)清芬閣鉛印本　二十冊　存三種

330000－1702－0001565　普 140/3384　子部/醫家類/綜合之屬/通論

醫方簡義六卷　(清)王清源撰　清光緒二十四年(1898)杭州同善堂刻朱印本　一冊　存一卷(四)

330000－1702－0001567　普 60/988　史部/地理類/雜志之屬

杭俗遺風一卷　(清)范祖述撰　清同治三年(1864)刻本　一冊

330000－1702－0001568　普 255/5079　子部/宗教類/佛教之屬/諸宗

念佛四大要訣一卷　(清)釋古崑撰　清光緒七年(1881)杭州昭慶慧空經房刻本　一冊

330000－1702－0001570　普 262/5182　集部/總集類/彙編之屬

唐四家詩集二十卷附二種　(清)胡鳳丹輯　清光緒十三年(1887)湖北官書處刻本　二冊　存二種

330000－1702－0001571　普 312/6611　集部/別集類/清別集

花宜館詩鈔二卷　(清)吳振棫撰　清道光二十五年(1845)刻本　一冊

330000－1702－0001574　普 140/3391　經部/群經總義類/傳說之屬

邃雅堂學古錄七卷　(清)姚文田撰　清抄本　一冊　存一卷(七)

330000－1702－0001575　普 311/6540　子部/醫家類/傷寒金匱之屬/傷寒論

傷寒總病論六卷傷寒論音訓一卷脩治藥法一卷　(宋)龐安時撰　清末抄本　二冊　存七卷(傷寒總病論二至六、傷寒論音訓、脩治藥法)

330000－1702－0001576　普 140/3396　子部/雜著類/雜說之屬

窗下俚言一卷　(清)錫祥撰　稿本　一冊

330000－1702－0001577　普 255/5080　子部/宗教類/佛教之屬/諸宗

密雲圓悟禪師天童直說十卷　(明)釋道忞

（明）釋通雲 （明）釋通門編 明末刻本 四冊 存八卷（一至八）

330000－1702－0001578 普88/1879 集部/別集類/清別集

東目館詩集二十卷 （清）胡壽芝撰 清道光二十二年（1842）臨安胡氏刻本 四冊

330000－1702－0001580 普140/3400 集部/總集類/課藝之屬

窗課一卷 （清）清漣錄 清末抄本 一冊

330000－1702－0001581 普255/5082 子部/宗教類/佛教之屬/諸宗

念佛鏡一卷 （唐）釋道鏡 （唐）釋善道輯 清同治十年（1871）刻光緒四年（1878）印本 一冊

330000－1702－0001582 普140/3402 集部/總集類/選集之屬/通代

唐宋八大家文摘鈔一卷 清末鴻遠書屋抄本 一冊

330000－1702－0001584 普255/5083/2 子部/宗教類/佛教之屬/經疏

藥師琉璃光如來本願功德經一卷 （唐）釋玄奘譯 清光緒二十八年（1902）刻本 一冊

330000－1702－0001585 普191/4794 子部/小說家類/異聞之屬

山海經廣注四卷 （清）吳志伊撰 清咸豐五年（1855）海青樓刻本 四冊

330000－1702－0001586 普255/5084 子部/宗教類/佛教之屬

大方廣圓覺修多羅了義經一卷 題（唐）釋佛陀多羅譯 清刻本 一冊

330000－1702－0001587 普140/3406 集部/曲類/散曲之屬

怡怡室讔雅醉癡集一卷 （清）卓峰 （清）嚼梅 （清）幼蘭撰 清末抄本 一冊

330000－1702－0001589 普191/4795 類叢部/叢書類/自著之屬

潛園總集十七種 （清）陸心源撰 清同治至

光緒刻本 四冊 存一種

330000－1702－0001590 普60/989 史部/傳記類/日記之屬

請纓日記十卷（清光緒八年七月九日至十一年十一月） （清）唐景崧撰 清光緒十九年（1893）臺灣布政使署刻本 四冊

330000－1702－0001591 普191/4796 集部/別集類/清別集

謫麐堂遺集四卷 （清）戴望撰 清宣統三年（1911）歸安陸氏刻本 芋僧題記 一冊

330000－1702－0001592 普140/3407 集部/小說類/長篇之屬

四大奇書第一種六十卷首一卷一百二十回 （明）羅本撰 （清）毛宗崗評 清刻本 一冊 存四卷（三十八至四十一）

330000－1702－0001593 普60/992 史部/地理類/專志之屬

浙江藏書樓志略一卷 （清）張亨嘉輯 清光緒三十三年（1907）杭州華豐書局鉛印本 一冊

330000－1702－0001594 普140/3409 集部/別集類/清別集

秋水閣詩集八卷 （清）許兆椿撰 稿本 一冊 存四卷（五至八）

330000－1702－0001595 普60/995 史部/政書類/律令之屬/律例

憲法綱要不分卷 清宣統木活字印本 一冊

330000－1702－0001596 普140/3411 子部/雜著類/雜考之屬

潛邱劄記六卷 （清）閻若璩撰 清抄本 一冊 存二卷（四至五）

330000－1702－0001598 普260/5130 類叢部/叢書類/彙編之屬

嘯園叢書五十七種 （清）葛元煦編 清光緒二年至七年（1876－1881）仁和葛氏刻本 六冊 存一種

330000－1702－0001599 普140/3413 類叢

部/叢書類/彙編之屬

南菁書院叢書四十一種 王先謙　繆荃孫編
清光緒十四年（1888）江陰南菁書院刻本
一冊　存二種

330000－1702－0001600　普60/999　史部/
地理類/專志之屬/寺觀

流香一覽一卷 （清）釋明開撰　清光緒刻本
一冊

330000－1702－0001601　普191/4800－4801
集部/別集類/清別集

海峰先生文十卷詩四卷 （清）劉大魁撰　清
同治十三年（1874）刻本　六冊

330000－1702－0001602　普140/3414　集
部/別集類/清別集

仙源棄餘草一卷 稿本　一冊

330000－1702－0001604　普60/1001　類叢
部/叢書類/自著之屬

陳澹然三種 （清）陳澹然撰　清光緒二十六
年至二十八年（1900－1902）長沙刻本　三冊
存一種

330000－1702－0001607　普260/5131　史
部/地理類/雜志之屬

天咫偶聞十卷 震鈞撰　清光緒三十三年
（1907）甘棠轉舍刻本　八冊

330000－1702－0001608　普191/4809　集
部/戲劇類/傳奇之屬

昆曲折子戲抄本一百二十二齣 清咸豐元年
至三年（1851－1853）抄本　二冊

330000－1702－0001610　普261/5145　類叢
部/叢書類/郡邑之屬

檇李遺書二十六種 （清）孫福清輯　清光緒
四年（1878）秀水孫氏望雲仙館刻本　周端濟
題記　一冊　存一種

330000－1702－0001611　普60/1003　史部/
傳記類/別傳之屬/墓誌

誥封宜人晉封恭人丁君妻陸恭人墓誌銘一卷
（清）俞樾撰　清光緒二十二年（1896）石印
本　一冊

330000－1702－0001612　普191/4808　史
部/地理類/山川之屬/山志

金蓋山志四卷首一卷 （清）李宗蓮輯　金蓋
志畧　（清）閔苕敷撰　清光緒二十二年
（1896）烏程潘錫春古書隱樓刻本　四冊

330000－1702－0001613　普144/3540　集
部/曲類/寶卷之屬

白蛇傳奇一卷 清抄本　一冊

330000－1702－0001614　普140/3416　史
部/傳記類/日記之屬

**日記不分卷（清光緒七年四月一日至十月初
八日）** 稿本　一冊

330000－1702－0001616　普60/1004　史部/
政書類

牧令書四種 （清）□□輯　清同治湖北崇文
書局刻本　十冊　存一種

330000－1702－0001617　普140/3429　集
部/小說類/長篇之屬

原本海公大紅袍傳六十卷六十回 題（明）李
春芳編　清刻本　一冊　存五卷（四十一至
四十五）

330000－1702－0001619　普140/3430　類叢
部/叢書類/彙編之屬

雜鈔叢書二十一種二十四卷 清末抄本
二冊

330000－1702－0001620　普60/1007　史部/
地理類/專志之屬/祠墓

兩浙防護陵寢祠墓錄不分卷 （清）阮元輯
清光緒十五年（1889）浙江書局刻本　二冊

330000－1702－0001621　普60/1008　史部/
雜史類

三楚新錄三卷 （宋）周羽翀編　清抄本
一冊

330000－1702－0001622　普140/3434　集
部/別集類/清別集

東城講舍月課試卷一卷 （清）陸麟書撰　稿
本　一冊

330000 – 1702 – 0001623　普 51/816　史部/紀傳類/正史之屬

二十四史附考證　清光緒十八年(1892)武林竹簡齋石印本　六冊　存一種

330000 – 1702 – 0001625　普 195/4949　史部/政書類

時務通考三十一卷　（清）王奇英等編　清光緒二十三年(1897)上海點石齋石印本　二十冊

330000 – 1702 – 0001626　普 140/3435　史部/傳記類/科舉錄之屬

試卷一卷　清抄本　一冊

330000 – 1702 – 0001627　普 140/3437　史部/政書類/邦計之屬/賦稅

西安縣賦役全書一卷　清刻本　一冊

330000 – 1702 – 0001628　普 261/5150　集部/別集類/清別集

陳檢討集二十卷　（清）陳維崧撰　（清）程師恭注　清康熙三十二年(1693)有美堂刻本四冊

330000 – 1702 – 0001629　普 140/3438　史部/地理類/山川之屬/山志

泰山志稿不分卷　稿本　一冊

330000 – 1702 – 0001630　普 140/3440　子部/宗教類/道教之屬/經文

一切道經音義妙門由起一卷　（唐）史崇等撰　清抄本　一冊

330000 – 1702 – 0001631　普 261/5152　集部/別集類/宋別集

劍南詩鈔六卷　（宋）陸游撰　（清）楊大鶴選　清康熙二十四年(1685)毗陵楊氏刻本八冊

330000 – 1702 – 0001632　普 60/1009　史部/傳記類/總傳之屬/斷代

重刊宋朝南渡十將傳十卷　（宋）章穎撰　清抄本　一冊　存一卷(一)

330000 – 1702 – 0001633　普 141/3447　史部/地理類/方志之屬/郡縣志

蘇州府志抄一卷　清末抄本　一冊

330000 – 1702 – 0001635　普 141/3448　史部/地理類/方志之屬/郡縣志

[道光]高要縣志二十二卷首一卷　（清）韓際飛等修　（清）何元等纂　清道光六年(1826)刻本　一冊　存二卷(十三至十四)

330000 – 1702 – 0001636　普 195/4950　子部/藝術類/書畫之屬/總論

清河書畫舫十二卷　（明）張丑輯　清乾隆二十八年(1763)仁和吳長元池北草堂刻本　十二冊

330000 – 1702 – 0001637　普 141/3449　史部/政書類/邦計之屬/賦稅

奉化縣賦役全書一卷　清刻本　一冊

330000 – 1702 – 0001638　普 195/4951　子部/雜著類/雜考之屬

義門讀書記五十八卷　（清）何焯撰　（清）蔣維鈞輯　清乾隆三十四年(1769)蔣維鈞刻光緒六年(1880)苕溪吳氏重修本　十二冊

330000 – 1702 – 0001640　普 195/4953　類叢部/叢書類/自著之屬

石遺室叢書十九種　陳衍撰　清光緒至民國刻本　四冊　存二種

330000 – 1702 – 0001641　普 141/3451　史部/政書類/邦計之屬/賦稅

瑞安縣賦役全書一卷　清刻本　一冊

330000 – 1702 – 0001642　普 261/5153　史部/金石類

金石例十卷　（元）潘昂霄撰　清光緒四年(1878)讀有用書齋刻朱墨套印本　二冊

330000 – 1702 – 0001643　普 195/4952　史部/政書類/通制之屬

吾學錄初編二十四卷　（清）吳榮光撰　清道光十二年(1832)南海吳氏筠清館刻本　八冊

330000 – 1702 – 0001644　普 141/3463　集部/小說類/長篇之屬

增像全圖西漢演義四卷一百回 　（明）甄偉撰
清光緒三十年（1904）上海章福記石印本
一冊　存一卷（一）

330000－1702－0001646　普 141/3464　集
部/總集類/郡邑之屬

越州名勝詩一卷越問一卷 　（宋）孫因撰　清
末抄本　一冊

330000－1702－0001648　普 141/3469　集
部/總集類/郡邑之屬

甫里詩社草七卷又一卷費閒軒詩一卷老梅山
房約課一卷倡和疊韻詩一卷甫里詩社草又二
卷 　（清）周秉鑑等撰　稿本　六冊

330000－1702－0001649　普 60/1014　史部/
雜史類/斷代之屬

湘軍記二十卷 　（清）王定安撰　清光緒十五
年(1889)江南書局刻本　十二冊

330000－1702－0001650　普 261/5154/38273
子部/雜著類/雜說之屬

墨子閒詁十五卷目錄一卷附錄一卷後語二卷
　（清）孫詒讓撰　清光緒二十一年（1895）蘇
州毛上珍木活字印本　七冊　缺二卷（後語
一至二）

330000－1702－0001652　普 261/5157　集
部/別集類/清別集

定盦文集補編四卷 　（清）龔自珍撰　（清）朱
之榛輯　（清）鄭文焯批　清光緒十二年
(1886)平湖朱氏刻本　二冊

330000－1702－0001653　普 261/5158　集
部/別集類/唐五代別集

白香山詩長慶集二十卷後集十七卷別集一卷
補遺二卷 　（唐）白居易撰　（清）汪立名編訂
　白香山年譜一卷 　（清）汪立名撰　白香山
年譜舊本一卷 　（宋）陳振孫撰　清康熙四十
一年至四十二年(1702－1703)汪立名一隅草
堂刻本　四冊　存十九卷（後集一至十七、補
遺一至二）

330000－1702－0001654　普 261/5159　集
部/別集類/清別集

曝書亭集詩註二十四卷 　（清）朱彝尊撰
（清）楊謙注　年譜一卷 　（清）楊謙撰　清楊
氏木山閣刻本（卷二十三至二十四原缺）　十
二冊

330000－1702－0001655　普 195/4959－1
子部/天文曆算類/算書之屬

行素軒算稿九種 　（清）華蘅芳撰　清光緒金
匱華氏行素軒刻本　十一冊　存六種

330000－1702－0001656　普 195/4960　集
部/別集類/清別集

兩當軒集二十卷補遺二卷附錄四卷 　（清）黃
景仁撰　兩當軒集攷異二卷 　（清）黃志述撰
　清光緒二年（1876）武進黃氏家塾刻本
六冊

330000－1702－0001657　普 195/4961　子
部/天文曆算類/算書之屬

算牖四卷 　（清）許桂林撰　清道光十年
(1830)刻本　一冊　存二卷（三至四）

330000－1702－0001658　普 141/3472　子
部/儒家類/儒學之屬/經濟

黃梨洲先生明夷待訪錄一卷 　（清）黃宗羲撰
　清抄本　一冊

330000－1702－0001660　普 141/3473　集
部/總集類/選集之屬/通代

惜陰軒歷朝文鈔不分卷 　清抄本　九冊

330000－1702－0001662　普 195/4964－1
史部/地理類/外紀之屬

歐游雜錄二卷 　（清）徐建寅撰　清光緒刻本
　二冊

330000－1702－0001663　普 141/3477　集
部/別集類/明別集

介菴集節抄一卷 　（明）黃淮撰　清光緒王日
愷抄本　清王棻題記　一冊

330000－1702－0001664　普 195/4964－2
新學/交涉/交涉

德國合盟紀事本末一卷 　（清）徐建寅譯述
清光緒刻本　一冊

330000 – 1702 – 0001665　普 195/4964 – 3
新學/政治法律/制度

德國議院章程一卷　（清）徐建寅譯　清光緒
十六年（1890）刻本　一冊

330000 – 1702 – 0001666　普 60/1015　史部/
雜史類/斷代之屬

談浙四卷　（清）許瑤光撰　清光緒十四年
（1888）刻本　二冊

330000 – 1702 – 0001667　普 141/3483　集
部/總集類/郡邑之屬

湖墅詩鈔八卷　（清）孫以榮編　清末抄本
一冊

330000 – 1702 – 0001668　普 60/1017　史部/
地理類/外紀之屬

五洲圖考不分卷　（清）龔柴　（清）許彬撰
清光緒二十八年（1902）上海徐家匯印書館鉛
印本　四冊

330000 – 1702 – 0001669　普 195/4968　史
部/目錄類/總錄之屬/彙刻

彙刻書目初編十卷補編一卷　（清）顧修輯
清嘉慶四年（1799）刻本　十冊

330000 – 1702 – 0001672　普 61/1048　史部/
金石類/金之屬/文字

鐘鼎款識一卷　（宋）王厚之輯　清嘉慶七年
（1802）揚州阮氏積古齋刻本　一冊

330000 – 1702 – 0001673　普 61/1049　史部/
金石類/總志之屬

金石圖說二卷　（清）牛運震集說　（清）褚峻
摹圖　劉世珩編補　清光緒十九年至二十二
年（1893 – 1896）貴池劉氏聚學軒刻本　四冊

330000 – 1702 – 0001674　普 62/1097　史部/
金石類/石之屬/通考

石墨考異二卷　（清）嚴蔚撰　清抄本　一冊

330000 – 1702 – 0001675　普 62/1099　史部/
金石類/石之屬/題跋

秦篆殘字跋一卷劉熊碑陰一卷　（清）葉志詵
摹　清嘉慶二十二年（1817）刻本　一冊

330000 – 1702 – 0001676　普 196/4974　集
部/別集類/清別集

初學集二十卷　（清）錢謙益撰　（清）錢曾箋
注　**牧翁先生[錢謙益]年譜一卷**　（清）葛萬
里編　清宣統三年（1911）上海國學扶輪社石
印本　十二冊

330000 – 1702 – 0001677　普 196/4975 – 2
子部/天文曆算類/算書之屬

行素軒算稿九種　（清）華蘅芳撰　清光緒十
九年（1893）武昌刻本　四冊　存一種

330000 – 1702 – 0001679　普 62/1116　史部/
詔令奏議類/詔令之屬

硃批諭旨不分卷　（清）鄂爾泰等輯　清光緒
十三年（1887）上海點石齋石印本　三十四冊

330000 – 1702 – 0001680　普 196/4977　史
部/地理類/遊記之屬/紀行

隨軺游紀初集四卷　（清）吳宗濂譯纂　清光
緒時務報館石印本　一冊

330000 – 1702 – 0001681　普 100/2271　集
部/別集類/清別集

張亨甫全集二十七卷文集六卷首一卷　（清）
張際亮撰　（清）李雲誥輯　清咸豐建寧孔慶
衢刻同治六年（1867）李雲誥補刻本　五冊
存十七卷（全集一至四、九至十四、十八至二
十三，首）

330000 – 1702 – 0001683　普 141/3485　集
部/別集類/清別集

海桐書屋詩鈔四卷　（清）岳夢淵撰　清抄本
一冊

330000 – 1702 – 0001684　普 63/1118　史部/
地理類/山川之屬/水志

御製西湖勝景圖詩一卷　（清）高宗弘曆撰
清浙商刻本　一冊

330000 – 1702 – 0001685　普 141/3489　集
部/別集類/清別集

敬業堂詩續集六卷　（清）查慎行撰　清抄本
清醴春氏題記　四冊

330000 – 1702 – 0001686　普 63/1119　史部/

地理類/專志之屬/祠墓

孔氏家廟暨祠署修建錄一卷 （清）孔昭度撰
清光緒九年(1883)刻本 一冊

330000－1702－0001687 普196/4979 子
部/藝術類/書畫之屬

**桐陰論畫三卷附錄一卷桐陰畫訣一卷續桐陰
論畫一卷二編二卷三編二卷** （清）秦祖永撰
清同治三年至光緒八年(1864－1882)刻朱
墨套印本 四冊

330000－1702－0001688 普141/3491 集
部/別集類/清別集

荊悴詩草一卷 （清）李洽編 稿本 一冊

330000－1702－0001689 普261/5161 子
部/藝術類/書畫之屬/總論

愛日吟廬書畫錄四卷 （清）葛金烺撰 清宣
統二年至民國二年(1910－1913)當湖葛氏滬
上刻朱印本 周端濟題記 二冊

330000－1702－0001690 普196/4986 子
部/藝術類/遊藝之屬/雜藝

益智圖二卷 （清）童葉庚撰 清宣統元年
(1909)蘇州振新書社刻本 二冊

330000－1702－0001691 普63/1121 史部/
時令類

古今類傳四卷 （清）董穀士 （清）董炳文輯
清康熙三十一年(1692)未學齋刻本 四冊

330000－1702－0001692 普196/4990 史
部/傳記類/總傳之屬/技藝

國朝畫徵錄三卷續錄二卷 （清）張庚撰 **明
人附錄一卷** （明）黎遂球 （明）袁樞撰 清
同治八年(1869)三元堂刻本 一冊

330000－1702－0001693 普141/3492 集
部/戲劇類/傳奇之屬

暗香樓樂府三種 （清）鄭由熙撰 清光緒十
六年(1890)暗香樓刻本 一冊 存一種

330000－1702－0001694 普63/1122 史部/
傳記類/總傳之屬

帝鑑圖說不分卷 （明）張居正等撰 清刻本
四冊

330000－1702－0001695 普141/3496 集
部/別集類/清別集

松竹梅山館吟草一卷 （清）鑑湖散人撰 稿
本 一冊

330000－1702－0001696 普63/1123 史部/
傳記類/別傳之屬/墓誌

有明兵部左侍郎蒼水張公墓誌銘一卷 （清）
黃宗羲撰 清抄本 一冊

330000－1702－0001697 普141/3501 集
部/總集類/選集之屬/通代

海陽張鳳綸菊舫評點騷賦文一卷 （清）張鳳
綸評點 清抄本 一冊

330000－1702－0001699 普63/1124 史部/
政書類/邦計之屬/賦稅

松郡均役成書四卷 （清）李復興等輯 清康
熙刻乾隆五十三年(1788)補刻本 六冊 存
三卷(一至三)

330000－1702－0001700 普196/4994 史
部/職官類

吳門從政錄一卷 陳光淞撰 清宣統三年
(1911)江寧印刷廠鉛印本 一冊

330000－1702－0001701 普141/3502 史
部/傳記類/別傳之屬/事狀

查伊璜東山外紀二卷 （清）劉振麟 （清）周
驤輯 清抄本 二冊

330000－1702－0001702 普63/1125 史部/
紀傳類/別史之屬

南天痕二十六卷附錄一卷 （清）凌雪撰 清
宣統二年(1910)復古社鉛印本 六冊

330000－1702－0001703 普141/3503 子
部/儒家類/儒學之屬/禮教/家訓

垂訓樸語一卷 （明）陳其德撰 清刻本
一冊

330000－1702－0001704 普141/3504 集
部/曲類/寶卷之屬

雙鳳寶卷一卷 清光緒抄本 一冊

330000－1702－0001705 普63/1129 史部/

雜史類/斷代之屬

明季南略十八卷 （清）計六奇撰　清光緒十三年（1887）上海圖書集成印書局鉛印本　四冊

330000－1702－0001706　普141/3508　集部/別集類/明別集

改亭續稿六卷 （明）方鳳撰　清抄本　一冊　存四卷（三至六）

330000－1702－0001707　普261/5162　子部/藝術類/書畫之屬/書法書品

廣藝舟雙楫六卷 康有爲撰　清光緒十九年（1893）南海康氏萬木草堂刻本　周端濟題記　二冊

330000－1702－0001709　普141/3511　集部/總集類/課藝之屬

徐家文選藏不分卷 清抄本　三冊

330000－1702－0001710　普100/2278　類叢部/叢書類/自著之屬

汪雙池先生叢書 （清）汪紱撰　清道光至光緒刻光緒二十三年（1897）長安趙舒翹等彙印本　四冊　存一種

330000－1702－0001711　普63/1131　史部/目錄類/通論之屬/掌故瑣記

藏書紀事詩七卷 葉昌熾撰　清宣統二年（1910）刻本　六冊

330000－1702－0001712　普142/3515　集部/總集類/尺牘之屬

致平步青札不分卷 （清）任康等著　稿本　一冊

330000－1702－0001713　普64/1135　子部/雜著類/雜纂之屬

古格言十二卷 （清）梁章鉅輯　清道光四年（1824）刻本　二冊

330000－1702－0001714　普64/1136　經部/小學類/文字之屬/字書

篆灉偏旁點畫辨一卷漢隸源流統署歌一卷 （明）應在止撰　（清）陳紀校書　（清）鄭漢音釋　清刻本　一冊

330000－1702－0001715　普64/1137　子部/農家農學類/總論之屬

重訂增補陶朱公致富全書四卷 題（明）陳繼儒輯　（清）石巖逸叟增補　清光緒杭城聚文堂刻本　四冊

330000－1702－0001716　普261/5163　集部/詞類/類編之屬

宋七家詞選七卷 （清）戈載編　清光緒十一年（1885）曼陀羅華閣刻本　三冊　存六卷（一至六）

330000－1702－0001717　普64/1138　子部/小說家類/雜事之屬

鵝湖客話四卷 （清）謝蘭生撰　清道光十六年（1836）刻本　四冊

330000－1702－0001718　普64/1139　子部/儒家類/儒學之屬/性理

求艾錄十卷 （清）楊以貞撰　清末杭州任有容齋刻本　一冊　存六卷（五至十）

330000－1702－0001719　普64/1140　子部/雜著類/雜說之屬

夢溪筆談二十六卷 （宋）沈括撰　明末刻本　二冊　存十二卷（七至十二、二十一至二十六）

330000－1702－0001721　普196/5003　類叢部/叢書類/彙編之屬

風雨樓叢書二十三種 鄧實編　清宣統順德鄧氏鉛印本　三冊　存一種

330000－1702－0001722　普142/3516　經部/叢編

經書講義雜編三種 （明）張雲鸞編　明崇禎刻本　一冊　缺二卷（小學五至六）

330000－1702－0001723　普261/5164/1　經部/叢編

皇清經解一千四百八卷 （清）阮元輯　清道光九年（1829）廣東學海堂刻咸豐十一年（1861）補刻本　二十冊　存九種

330000－1702－0001724　普142/3517　類叢部/類書類/通類之屬

天中記六十卷　（明）陳耀文輯　明刻本　一冊　存二卷（一至二）

330000－1702－0001725　普261/5165　經部/易類/傳說之屬

易義闡四卷朱子易學啟蒙一卷附錄一卷（清）韓松撰　清乾隆五十四年（1789）刻本　二冊　存二卷（一至二）

330000－1702－0001726　普142/3519　集部/別集類/清別集

內自訟齋文集十卷　（清）周凱撰　稿本　一冊　存二卷（七至八）

330000－1702－0001727　普64/1141　子部/農家農學類/園藝之屬/花卉

蘭言述畧四卷首一卷　（清）袁世俊撰　清光緒二年（1876）六俊世家刻本　二冊

330000－1702－0001728　普64/1143　子部/道家類

老子翼八卷首一卷　（明）焦竑撰　清光緒二十一年（1895）金陵刻經處刻本　四冊

330000－1702－0001729　普142/3521　集部/別集類/清別集

聽蕉書屋窓藁一卷　稿本　一冊

330000－1702－0001731　普261/5166　集部/別集類/清別集

朱文定公集十卷　（清）朱士彥撰　清刻本　周端濟跋　二冊

330000－1702－0001732　普261/5167　經部/儀禮類/傳說之屬

儀禮章句十七卷　（清）吳廷華撰　清乾隆二十二年（1757）刻本　四冊

330000－1702－0001734　普261/5169　史部/雜史類/通代之屬

戰國策去毒二卷　（清）陸隴其評定　清同治九年（1870）六安涂氏求我齋刻本　二冊

330000－1702－0001735　普143/3531　集部/總集類/尺牘之屬

昭代名人尺牘小傳二十四卷　（清）吳修輯

清道光六年（1826）刻本　鄧尉山僧題記　一冊

330000－1702－0001736　普262/5172　集部/別集類/宋別集

誠齋詩集十六卷　（宋）楊萬里撰　清嘉慶七年（1802）吳江徐達源刻本　六冊

330000－1702－0001738　普64/1147　類叢部/叢書類/自著之屬

郭氏叢刻十三種　（清）郭柏蒼撰　清光緒刻本　三冊　存一種

330000－1702－0001739　普64/1150　子部/雜著類/雜纂之屬

樂善錄十卷首一卷　（清）丁丙撰　清光緒二十七年（1901）錢塘丁氏刻本　十冊

330000－1702－0001740　普313/6643　子部/醫家類/方書之屬/歷代方書

千金翼方三十卷　（唐）孫思邈撰　清光緒四年（1878）上海刻本　六冊

330000－1702－0001741　普262/5173　集部/別集類/宋別集

蘇文忠公詩集五十卷目錄二卷　（宋）蘇軾撰　（清）紀昀評點　清道光十四年（1834）兩廣節署刻朱墨套印本　七冊　存四十三卷（一至四十一、目錄一至二）

330000－1702－0001742　普64/1151　子部/儒家類/儒學之屬/性理

儒門法語輯要一卷　（清）彭定求撰　（清）湯金釗輯　清光緒十六年（1890）浙江書局刻本　一冊

330000－1702－0001743　普64/1153　子部/藝術類/書畫之屬/畫錄

自怡悅齋書畫錄三十卷　（清）張大鏞撰　清道光十二年（1832）虞山張氏刻本　十二冊

330000－1702－0001745　普65/1160　子部/藝術類/書畫之屬/畫譜

蘭蕙同心錄不分卷　（清）許鼐龢繪　清光緒十七年（1891）石印本　二冊

330000－1702－0001746　普 65/1164　史部/金石類/錢幣之屬/圖像

選青小箋十卷　（清）許元憘編釋　清道光二十四年（1844）許元憘翦雨樓刻本　一冊　存四卷（一至四）

330000－1702－0001747　普 262/5177　集部/別集類/宋別集

龍川文集三十卷　（宋）陳亮撰　**附錄二卷辨譌考異二卷**　（清）胡鳳丹撰　清光緒元年（1875）湖北崇文書局刻本　八冊　存三十卷（一至三十）

330000－1702－0001748　普 144/3536　類叢部/叢書類/郡邑之屬

武林掌故叢編一百九十種　（清）丁丙編　清光緒三年至二十六年（1877－1900）錢塘丁氏嘉惠堂刻本（[乾道]臨安志卷四至十五、南宋館閣錄卷一原缺）　一冊　存一種

330000－1702－0001749　普 262/5178　集部/總集類/選集之屬/斷代

唐詩三百首註疏六卷　（清）孫洙編　（清）章燮注　清光緒十七年（1891）上海掃葉山房刻本　三冊

330000－1702－0001752　普 144/3541　集部/曲類/寶卷之屬

浙江杭州府錢塘縣雷峰寶卷二卷　清光緒十三年（1887）杭州景文齋刻本　二冊

330000－1702－0001753　普 144/3542　集部/總集類/郡邑之屬

國朝天台詩存十四卷補遺一卷　金文田輯　清光緒三十四年（1908）木活字印本　四冊

330000－1702－0001754　普 144/3543　類叢部/叢書類/彙編之屬

寶墨齋叢書十一種　（清）余廷誥編　清光緒二十三年至二十四年（1897－1898）豐城余氏寶墨齋刻本　五冊　存一種

330000－1702－0001756　普 144/3545　集部/詞類/類編之屬

詞學叢書六種　（清）秦恩復編　清嘉慶至道

光秦氏享帚精舍刻本　一冊　存一種

330000－1702－0001758　普 262/5179　集部/別集類/清別集

木雞書屋文鈔四卷文二集六卷三集八卷四集六卷五集六卷　（清）黃金臺撰　清道光五年至咸豐元年（1825－1851）刻同治十年（1871）黃晉岭心窗樓補刻本　二冊　存六卷（五集一至六）

330000－1702－0001759　普 144/3553　子部/藝術類/遊藝之屬/聯語

莫愁湖楹聯便覽一卷　（清）釋壽安編　清光緒五年（1879）刻本　一冊

330000－1702－0001760　普 144/3554　類叢部/叢書類/自著之屬

曾文正公全集十六種　（清）曾國藩撰　清同治至光緒傳忠書局刻本　二十六冊　存一種

330000－1702－0001761　普 144/3555　集部/曲類/彈詞之屬

天雨花三十回　（清）陶貞懷撰　清道光二十一年（1841）有遺音齋刻本　二十九冊　缺一回（二）

330000－1702－0001762　普 65/1187　子部/雜著類/雜說之屬

瀛舟筆談十二卷首一卷　（清）阮亨撰　清嘉慶二十五年（1820）刻本　七冊　存十卷（一至八、十二，首）

330000－1702－0001763　普 262/5180　集部/別集類/清別集

有正味齋集十六卷　（清）吳錫麒撰　清刻本　四冊

330000－1702－0001764　普 144/3560　集部/小說類/長篇之屬

東周列國志二十七卷首一卷一百八回　（清）蔡昇評點　清光緒十四年（1888）上海點石齋石印本　八冊

330000－1702－0001766　普 262/5181　集部/總集類/選集之屬/斷代

湖海文傳七十五卷　（清）王昶輯　清道光十

七年(1837)經訓堂刻同治五年(1866)印本
二冊　存八卷(一至三、九至十三)

330000 - 1702 - 0001768　普 145/3572　集
部/小說類/長篇之屬

新刻彭公案六卷一百回　(清)貪夢道人撰
清光緒三十三年(1907)章福記石印本　六冊

330000 - 1702 - 0001770　普 145/3573　集
部/小說類/短篇之屬

聊齋志異新評十六卷　(清)蒲松齡撰　(清)
王士禎評　(清)呂湛恩注　(清)但明倫批
清同治十一年(1872)粵東三元堂刻本　十
六冊

330000 - 1702 - 0001773　普 262/5184　集
部/別集類/清別集

金薤山房詩稿四卷　(清)韓維鏞撰　清同治
十一年(1872)漢鎮積秀堂刻本　一冊　存二
卷(東笙吟草一至二)

330000 - 1702 - 0001774　普 262/5187　子
部/醫家類/喉科口齒之屬/通論

喉證指南四卷首一卷　(清)奇湘漁父輯　清
光緒十三年(1887)刻本　一冊

330000 - 1702 - 0001775　普 262/5190　子
部/藝術類/書畫之屬/書法書品

墨池編二十卷　(宋)朱長文撰　**印典八卷**
(清)朱象賢輯　清雍正十一年(1733)吳郡朱
氏刻本　四冊　存十四卷(七至二十)

330000 - 1702 - 0001776　普 145/3577　集
部/小說類/長篇之屬

新刊續彭公案四卷八十回　(清)貪夢道人撰
清光緒三十三年(1907)章福記石印本
四冊

330000 - 1702 - 0001777　普 262/5191　子
部/醫家類/婦科之屬/產科

大生要旨五卷　(清)唐千頃撰　清道光九年
(1829)碧雲堂刻本　四冊

330000 - 1702 - 0001778　普 145/3578/1　集
部/小說類/長篇之屬

新刊再續彭公案四卷八十回　(清)貪夢道人

撰　清光緒三十三年(1907)章福記石印本
二冊　存二卷(一、三)

330000 - 1702 - 0001779　普 145/3579　集
部/小說類/長篇之屬

新刻增刪二度梅奇說六卷　(清)惜陰堂主人
撰　(清)繡虎堂主人評　清光緒十四年
(1888)大文堂刻本　六冊

330000 - 1702 - 0001780　普 65/1193　子部/
宗教類/道教之屬/戒律

太上感應篇圖說五卷　(清)陶箴輯　清康熙
五十一年(1712)德新堂刻本　六冊　存三卷
(一、三至四)

330000 - 1702 - 0001781　普 66/1199　子部/
藝術類/遊藝之屬/棋弈

子仙百局不分卷　(清)陳子仙等撰　(清)趙
晉卿編　清光緒十六年(1890)刻本　一冊

330000 - 1702 - 0001784　普 262/5193　集
部/別集類/唐五代別集

**白香山詩長慶集二十卷後集十七卷別集一卷
補遺二卷**　(唐)白居易撰　(清)汪立名編訂
白香山年譜一卷　(清)汪立名撰　**白香山
年譜舊本一卷**　(宋)陳振孫撰　清康熙四十
一年至四十二年(1702 - 1703)汪立名一隅草
堂刻本(長慶集卷十一至十五配明刻本)　二
冊　存十卷(長慶集十一至二十)

330000 - 1702 - 0001785　普 196/5004　經
部/小學類/音韻之屬/等韻

射聲小譜一卷　(清)程定謨輯　清道光十九
年(1839)詒陶閣刻光緒四年(1878)補刻本
一冊

330000 - 1702 - 0001786　普 263/5196　集
部/詞類/類編之屬

蒙香室叢書四種　馮煦編　清光緒刻本　二
冊　存一種

330000 - 1702 - 0001787　普 263/5198　集
部/別集類/清別集

林蕙堂文集十二卷　(清)吳綺撰　清康熙四
年(1665)博古堂刻本　周端濟跋　四冊

杭州圖書館古籍普查登記目錄

086

330000－1702－0001788　普 196/5008　子部/藝術類/書畫之屬/題跋

習苦齋畫絮十卷　（清）戴熙撰　清光緒十九年(1893)刻本　四冊

330000－1702－0001789　普 196/5007　集部/別集類/清別集

刖足集內篇一卷外篇一卷鶴笙仙館詩詞雜著一卷　（清）鍾天緯撰　清光緒二十七年至民國二十一年(1901－1932)刻本暨鉛印本　一冊　存一卷(內篇)

330000－1702－0001790　普 263/5200　子部/藝術類/總論之屬

美術叢書　鄧實輯　清宣統三年(1911)上海神州國光社鉛印本　四冊　存十五種

330000－1702－0001792　普 70/1212　子部/儒家類/儒學之屬/蒙學

課子隨筆十卷　（清）張師載輯　清乾隆張師載改過齋刻本　五冊

330000－1702－0001794　普 70/1213　子部/藝術類/書畫之屬/總論

蔣氏遊藝祕錄二卷　（清）蔣衡　（清）蔣和撰　清乾隆五十九年(1794)刻本　二冊

330000－1702－0001797　普 70/1214　子部/藝術類/書畫之屬/總論

庚子銷夏記八卷附閒者軒帖考一卷　（清）孫承澤撰　清乾隆二十六年(1761)鮑廷博、鄭竺刻本　四冊

330000－1702－0001798　普 146/3618　新學/學校

浙江法政同學錄一卷　（清）浙江法政學堂編　清光緒三十三年(1907)刻本　一冊

330000－1702－0001800　普 138/3220　史部/金石類/錢幣之屬/雜著

各省元寶名色一卷　清抄本　一冊

330000－1702－0001801　普 138/3227　史部/目錄類/總錄之屬/官修

廣雅書局書目一卷　清宣統元年(1909)廣雅書局刻本　一冊

330000－1702－0001802　普 263/5211　集部/別集類/宋別集

林和靖詩集四卷拾遺一卷　（宋）林逋撰　清宣統二年(1910)上海文瑞樓石印本　二冊

330000－1702－0001804　普 312/6614　集部/別集類/清別集

海鷗館詩存不分卷　（清）黃霽棠撰　清光緒二十七年(1901)鉛印本　五冊

330000－1702－0001805　普 139/3239/1　集部/別集類/清別集

小松鱗書屋制藝偶存不分卷　（清）潘遵祁撰　清抄本　三冊

330000－1702－0001806　普 139/3239/3　集部/別集類/清別集

書五色雲齋試帖詩鈔四卷附錄一卷　（清）潘觀保撰　稿本　清瘦羊題記　三冊　存三卷(一、四,附錄)

330000－1702－0001807　普 139/3240　集部/別集類/清別集

拙圃詩草初集一卷　（清）崔應階稿　清抄本　一冊

330000－1702－0001808　普 146/3619　史部/政書類/儀制之屬/專志/科舉校規

試辦杭州府中學堂章程一卷　清光緒二十八年(1902)上海商務印書館鉛印本　一冊

330000－1702－0001809　普 101/2295　集部/總集類/選集之屬/通代

東湖草堂賦鈔初集二卷二集四卷三集四卷四集四卷　（清）程祥棟編輯　清光緒三年(1877)安懷山房刻本　十冊

330000－1702－0001810　民 101/2302　集部/小說類/長篇之屬

增評補像全圖金玉緣一百二十回首一卷　（清）曹霑　（清）高鶚撰　（清）王希廉（清）張新之　（清）姚燮評　清光緒三十四年(1908)求不負齋石印民國影印本　十六冊

330000－1702－0001811　普 101/2303　集部/小說類/長篇之屬

增評補圖石頭記一百二十卷一百二十回首一卷　（清）曹霑　（清）高鶚撰　（清）王希廉（清）姚燮評　清末鉛印本　十六冊

330000－1702－0001812　普146/3620　史部/政書類/儀制之屬/專志/科舉校規

杭州府中學堂章程一卷　清光緒三十二年（1906）刻本　一冊

330000－1702－0001813　普101/2304　集部/戲劇類/傳奇之屬

牡丹亭還魂記二卷五十五齣　（明）湯顯祖撰　清光緒十二年（1886）上海同文書局石印本　一冊

330000－1702－0001814　普101/2313　集部/小說類/長篇之屬

繡像西漢演義四卷一百回　（明）甄偉撰　繡像東漢演義二卷一百二十六回　（明）謝詔撰　清光緒三十一年（1905）圖書集成局鉛印本　六冊

330000－1702－0001815　普102/2314　集部/小說類/長篇之屬

兒女英雄傳評話四十回首一回　（清）文康撰　（清）董恂評　清光緒十八年（1892）上海書局石印本　八冊

330000－1702－0001816　普263/5217　集部/曲類/彈詞之屬

二十一史彈詞輯註十卷　（明）楊慎編　（清）孫德威注　清康熙刻本　一冊　存五卷（一至五）

330000－1702－0001817　普263/5218　集部/別集類/清別集

茂實軒初稿二卷　（清）黃儁撰　清宣統元年（1909）石印本　一冊　存一卷（一）

330000－1702－0001818　普102/2315　集部/小說類/長篇之屬

齊省堂增訂儒林外史五十六回　（清）吳敬梓撰　（清）□□評　清同治十三年（1874）齊省堂刻本　十六冊

330000－1702－0001819　普102/2317　集部/小說類/長篇之屬

新刊繡像評講濟公傳四卷一百二十回繡像評演接續後部濟公傳四卷一百二十回　郭廣瑞撰　清光緒三十二年（1906）章福記書局石印本　八冊

330000－1702－0001820　普70/1217　子部/藝術類/書畫之屬/畫譜

悟薌亭畫稿三卷　（清）劉惈繪　清道光二十年（1840）刻本　二冊

330000－1702－0001821　普55/896　史部/政書類/通制之屬

浙江諮議局第一屆常年會議事錄不分卷　（清）浙江諮議局編　清宣統鉛印本　二冊

330000－1702－0001822　普263/5221　經部/叢編

皇清經解一千四百八卷首一卷　（清）阮元輯　清道光九年（1829）廣東學海堂刻咸豐十一年（1861）補刻本　二冊　存六卷（一千一百四十七至一千一百五十、一千一百七十八至一千一百七十九）

330000－1702－0001823　普102/2323　集部/小說類/長篇之屬

增訂精忠演義說本全傳二十卷八十回　（清）錢彩編次　（清）金豐增訂　清咸豐五年（1855）海陵文成堂刻本　二十冊

330000－1702－0001824　普314/6651　子部/醫家類/本草之屬/歷代綜合本草

本草述三十二卷首一卷　（清）劉若金撰　清嘉慶十五年（1810）武進薛氏還讀山房刻光緒二年（1876）姑蘇來青閣印本　二十冊

330000－1702－0001825　普70/1225　子部/雜著類/雜纂之屬

名句文身表異錄二十卷　（明）王志堅撰　清康熙四十七年（1708）陳氏漱六閣刻本　二冊

330000－1702－0001826　普102/2324　集部/小說類/短篇之屬

西湖佳話古今遺蹟十六卷　（清）墨浪子撰　清光緒二十一年（1895）上海寶文書局石印本

四冊

330000－1702－0001827　　普263/5222　　類叢
部/叢書類/彙編之屬

嘯園叢書五十七種　（清）葛元煦編　清光緒
二年至七年（1876－1881）仁和葛氏刻本　一
冊　存一種

330000－1702－0001828　　普70/1226　　子部/
雜著類/雜纂之屬

清竁齋心賞編一卷　（清）王象晉輯　明刻本
一冊

330000－1702－0001830　　普70/1228　　子部/
雜著類/雜考之屬

日知錄三十二卷　（清）顧炎武撰　清康熙三
十四年（1695）潘耒遂初堂刻本　清諸洛校
六冊

330000－1702－0001831　　普70/1229　　子部/
雜著類/雜纂之屬

湘煙錄十六卷　（明）閔元京　（明）凌義渠輯
清嘉慶六年（1801）凌氏鳳笙閣刻本　二冊

330000－1702－0001832　　普263/5223　　類叢
部/叢書類/自著之屬

隨園三十種　（清）袁枚撰　清光緒十八年
（1892）上海圖書集成印書局鉛印本　二冊
存一種

330000－1702－0001833　　普263/5224　　集
部/總集類/選集之屬/通代

古文辭類纂十五卷　（清）姚鼐輯　**續古文辭
類纂十卷**　王先謙輯　清光緒二十年（1894）
上海圖書集成印書局鉛印本　二冊　存四卷
（古文辭類纂一、九至十一）

330000－1702－0001835　　普263/5225　　子
部/小說家類/異聞之屬

燕山外史註釋八卷　（清）陳球撰　（清）傅聲
谷注　清光緒上海袖海山房石印本　二冊

330000－1702－0001836　　普146/3621　　史
部/政書類/儀制之屬/專志/科舉校規

養正書塾章程一卷規約一卷　（清）楊文瑩等
撰　清光緒二十五年（1899）刻本　一冊

330000－1702－0001837　　普146/3622　　史
部/政書類/儀制之屬/專志/科舉校規

仁錢勸學所暫定章程一卷　清末石印本
一冊

330000－1702－0001838　　普70/1234　　子部/
術數類/占卜之屬

卜筮闡微八卷　（清）鄭鵬撰　清乾隆十七年
（1752）刻本　四冊

330000－1702－0001839　　普263/5226　　子
部/小說家類/異聞之屬

燕山外史註釋八卷　（清）陳球撰　（清）傅聲
谷注　清光緒五年（1879）東甌師古齋刻本
四冊

330000－1702－0001841　　普146/3625　　新
學/學校

浙江高等學堂現行章程一卷　（清）浙江高等
學堂編　清宣統三年（1911）杭城中合公司鉛
印本　一冊

330000－1702－0001842　　普70/1235　　子部/
雜著類/雜說之屬

蓉槎蠡說十二卷　（清）程哲撰　清康熙五十
年（1711）程氏七略書堂刻本　一冊

330000－1702－0001843　　普146/3629　　類叢
部/叢書類/彙編之屬

浙江全省研究所講義　（清）浙江全省地方自
治研究所編　清宣統木活字印本　四冊　存
四種

330000－1702－0001844　　普70/1237　　子部/
工藝類/文房四寶之屬/硯

端溪硯史匯參三卷　（清）黃欽阿撰　清乾隆
五十七年（1792）刻本　二冊

330000－1702－0001845　　普314/6658　　類叢
部/叢書類/彙編之屬

漸西村舍彙刊（漸西村舍叢刻）四十四種
（清）袁昶編　清光緒十六年至二十四年
（1890－1898）桐廬袁氏刻本　一冊　存一種

330000－1702－0001846　　普71/1247　　子部/
藝術類/書畫之屬/總論

芥舟學畫編四卷　（清）沈宗騫撰　清乾隆四十六年（1781）冰壺閣刻本　二冊

330000－1702－0001847　普71/1248　子部/雜著類/雜說之屬

黃嬭餘話六卷　（清）陳錫路撰　清乾隆刻本　一冊

330000－1702－0001848　普263/5227　集部/總集類/選集之屬/斷代

皇朝古學類編十四卷首一卷　（清）姚覲選　清光緒二十一年（1895）玉軸山房石印本　三冊　存五卷（一至三、八至九）

330000－1702－0001849　普263/5231　集部/別集類/清別集

談瀛閣詩稿八卷附詩餘一卷　（清）袁祖志撰　清光緒刻本　一冊　存二卷（五至六）

330000－1702－0001850　普71/1250　集部/別集類/宋別集

晦庵先生朱文公文集一百卷續集五卷別集七卷目錄二卷　（宋）朱熹撰　（清）臧眉錫等訂　清康熙二十七年（1688）蔡方炳刻本　二十八冊

330000－1702－0001851　普102/2333　集部/小說類/長篇之屬

增像七俠五義傳六卷一百二十回　（清）石玉崑撰　（清）俞樾重編　清光緒上洋公興書局鉛印本　六冊

330000－1702－0001852　普102/2334　集部/曲類/曲選之屬

繪圖綴白裘十二集四十八卷　（清）玩花主人輯　（清）錢德蒼增輯　清光緒二十一年（1895）上海書局石印本　十冊　缺八卷（十一集一至四、十二集一至四）

330000－1702－0001853　普71/1253　子部/藝術類/音樂之屬/琴學

抒懷操一卷　（清）曹溶等填詞　（清）程雄譜曲　清刻本　二冊

330000－1702－0001854　普263/5232　集部/別集類/清別集

樊榭山房集十卷續集十卷文集八卷　（清）厲鶚撰　清光緒七年（1881）領南述軒刻本　五冊　缺四卷（文集一至四）

330000－1702－0001855　普102/2338　子部/小說家類/異聞之屬

燕山外史註釋八卷　（清）陳球撰　（清）傅聲谷注　清光緒三十二年（1906）上海海左書局石印本　一冊

330000－1702－0001857　普147/3641　類叢部/叢書類/彙編之屬

古今逸史四十二種　（明）吳琯編　明刻本　一冊　存二種

330000－1702－0001858　普71/1255　類叢部/類書類/通類之屬

新編古今事文類聚前集六十卷後集五十卷續集二十八卷別集三十二卷　（宋）祝穆編　新編古今事文類聚新集三十六卷外集十五卷　（元）富大用編　明刻本　二冊　存九卷（外集一至九）

330000－1702－0001859　普70/1223　子部/農家農學類/總論之屬

農雅六卷　（清）倪倬撰　清嘉慶十九年（1814）青浦倪倬我我書屋刻本　六冊

330000－1702－0001860　普102/2342　集部/小說類/長篇之屬

新刊繡像全圖永慶昇平後傳四卷一百回　（清）貪夢道人撰　清光緒二十九年（1903）上海簡青書局石印本　一冊

330000－1702－0001861　普263/5233　史部/傳記類/總傳之屬/技藝

墨林今話十八卷　（清）蔣寶齡撰　墨林今話續編一卷　（清）蔣茝生撰　清咸豐二年（1852）刻本　六冊

330000－1702－0001862　普148/3645　類叢部/叢書類/郡邑之屬

武林掌故叢編一百九十種　（清）丁丙編　清光緒三年至二十六年（1877－1900）錢塘丁氏嘉惠堂刻本（［乾道］臨安志卷四至十五、南宋

館閣錄卷一原缺）　二百八冊　缺一卷（湖山百詠一）

330000 – 1702 – 0001863　普 102/2344　集部/小說類/長篇之屬

花月痕全書十六卷五十二回　（清）魏秀仁撰　（清）棲霞居士評　清光緒十八年（1892）上海圖書集成印書局鉛印本　四冊

330000 – 1702 – 0001865　普 102/2346　集部/戲劇類/傳奇之屬

桃花扇四卷首一卷　（清）孔尚任撰　清光緒二十一年（1895）合肥李氏蘭雪堂刻本　五冊

330000 – 1702 – 0001866　普 102/2354　集部/別集類/清別集

秋江集註六卷　（清）黃任撰　（清）王元麟注　清道光刻本　二冊　存二卷（四至五）

330000 – 1702 – 0001867　普 102/2355　集部/總集類/酬唱之屬

白燕倡和集六卷　（清）王之佐輯　清嘉慶二十年（1815）青來草堂刻本　薇人圈點並批希白題記　四冊

330000 – 1702 – 0001868　善 261/554 – 2　子部/宗教類/佛教之屬/大藏

徑山藏　明萬曆十七年（1589）至清嘉慶五臺、嘉興、徑山等地刻本　一冊　存一種

330000 – 1702 – 0001869　普 103/2401　集部/總集類/謠諺之屬

集杭諺詩一卷　（清）邵懿辰輯　清光緒二年（1876）仁和葛氏刻本　一冊

330000 – 1702 – 0001870　普 312/6629　集部/總集類/課藝之屬

八股文示範不分卷　（清）□□輯　清抄本　一冊

330000 – 1702 – 0001872　普 263/5235　集部/別集類/明別集

甫田集三十五卷　（明）文徵明撰　**附錄一卷**　（明）文嘉撰　清宣統三年（1911）上海千頃堂書莊、會文學社書莊鉛印本　六冊

330000 – 1702 – 0001875　普 263/5236　集部/別集類/清別集

大梅山館集五十五卷　（清）姚燮撰　清道光十三年至咸豐六年（1833 – 1856）大梅山館刻本　二冊　存四卷（復莊駢儷文榷一至二、七至八）

330000 – 1702 – 0001876　普 152/3668　類叢部/叢書類/彙編之屬

榆園叢刻十五種附一種　（清）許增編　清同治至光緒刻本　十冊　存六種

330000 – 1702 – 0001878　普 147/3642　類叢部/叢書類/家集之屬

董氏叢書十六種　（清）董金鑑編　清光緒三十二年（1906）會稽董氏取斯家塾刻本　十二冊

330000 – 1702 – 0001879　普 181/4221　集部/別集類/清別集

松夢寮藁不分卷　（清）丁丙撰　稿本　二冊

330000 – 1702 – 0001880　普 307/6462　子部/宗教類/道教之屬/戒律

陰隲文圖證不分卷　（清）費丹旭繪圖　（清）許光清集證　清道光二十四年（1844）海昌蔣氏別下齋刻本　二冊

330000 – 1702 – 0001881　普 313/6644　子部/醫家類/外科之屬/外科方

外科證治全書五卷　（清）許克昌　（清）畢法輯　清同治八年（1869）刻本　四冊

330000 – 1702 – 0001882　普 71/1258　子部/醫家類/醫經之屬/内經

補註釋文黃帝内經素問十二卷遺篇一卷　(唐)王冰注　（宋）林億等校正　（宋）孫兆改誤　**黃帝素問靈樞經十二卷**　（宋）史崧音釋　明嘉靖趙府居敬堂刻本　三冊　存三卷（補註釋文黃帝内經素問三、九至十）

330000 – 1702 – 0001885　普 312/6615　集部/別集類/清別集

花宜館詩鈔不分卷　（清）吳振棫撰　清道光二十七年（1847）刻本　二冊

330000－1702－0001888　普 312/6617　集部/別集類/清別集

萃堂詩錄一卷詞錄一卷 （清）潘鴻撰　清光緒三十三年(1907)刻本　一冊　存一卷(詩錄)

330000－1702－0001889　普 312/6618　集部/別集類/清別集

瑞芍軒詩鈔四卷詞稿一卷 （清）許乃穀撰　清同治七年(1868)刻本　二冊

330000－1702－0001892　普 312/6620　集部/別集類/清別集

小羅浮山館詩鈔十五卷 （清）吳昇撰　清同治四年(1865)吳振棫京師刻本　六冊　存十卷(一至十)

330000－1702－0001893　普 313/6638　子部/醫家類/婦科之屬

竹林女科證治四卷 （清）竹林寺僧撰　清光緒十七年(1891)皖江節署刻本　四冊

330000－1702－0001897　普 154/3675　類叢部/叢書類/彙編之屬

鄦齋叢書二十種 徐乃昌編　清光緒二十六年(1900)南陵徐氏刻本　十六冊　存十九種

330000－1702－0001900　普 263/5241　集部/總集類/選集之屬/斷代

國朝文匯甲前集二十卷甲集六十卷乙集七十卷丙集三十卷丁集二十卷 國學扶輪社輯　清宣統元年(1909)上海國學扶輪社石印本　十六冊　存三十二卷(丙集一至四、七至八、十五至十八、二十一至三十,丁集五至十六)

330000－1702－0001901　普 315/6692　子部/宗教類/佛教之屬/諸宗

萬松老人評唱天童覺和尚頌古從容庵錄十卷 （宋）釋正覺頌古　（元）釋行秀評唱　（元）釋離知錄　清光緒七年(1881)武林許氏刻本　二冊　存六卷(一至六)

330000－1702－0001902　普 102/2360　集部/別集類/漢魏六朝別集

陶淵明文集十卷 （晉）陶潛撰　清光緒五年(1879)番禺俞秀山刻本　三冊

330000－1702－0001903　普 173/3704　經部/小學類/訓詁之屬/字詁

聚奎堂智燈難字二卷 清末刻本　一冊

330000－1702－0001904　普 102/2361　集部/詩文評類/詩評之屬

詩品三卷 繆荃孫編　清光緒江陰繆氏刻朱印本　一冊

330000－1702－0001905　普 71/1259　子部/醫家類/方書之屬/單方驗方

丹溪心法附餘二十四卷首一卷 （明）方廣輯　明刻本　四冊　存十卷(二至五、十一至十二、二十一至二十四)

330000－1702－0001908　普 173/3705　類叢部/類書類/通類之屬

欽定古今圖書集成一萬卷目錄三十二卷 （清）蔣廷錫　（清）陳夢雷等輯　清光緒十年(1884)上海圖書集成書局鉛印本　一冊　存五卷(目錄一至五)

330000－1702－0001909　普 103/2363　集部/總集類/選集之屬/斷代

國朝駢體正宗十二卷續編八卷 （清）曾燠輯　續編八卷　（清）張鳴珂輯　清光緒十九年(1893)善化章氏鴻運樓刻二十一年(1895)續刻本　二十冊

330000－1702－0001910　普 173/3707　子部/儒家類/儒學之屬/禮教/家訓

聰訓齋語一卷恆產瑣言一卷 （清）張英撰　清刻本　一冊

330000－1702－0001911　普 173/3710　子部/雜著類/雜說之屬

土風錄十八卷 （清）顧張思撰　清嘉慶三年(1798)刻本　一冊　存七卷(六至十二)

330000－1702－0001912　普 103/2366　集部/總集類/郡邑之屬

越中三子詩三卷 （清）郭毓輯　清乾隆二十一年(1756)刻本　二冊　存一卷(梅芝館詩)

330000－1702－0001913　普173/3712　類叢部/叢書類/彙編之屬

武英殿聚珍版書一百三十八種　清乾隆四十二年(1777)福建刻道光至同治遞修光緒二十一年(1895)增刻本　二冊　存一種

330000－1702－0001914　普264/5245　類叢部/叢書類/彙編之屬

崇文書局彙刻書三十三種　（清）崇文書局編　清光緒元年至三年(1875－1877)湖北崇文書局刻本　四冊　存一種

330000－1702－0001915　普173/3713　子部/雜著類/雜纂之屬

江南鐵淚圖新編一卷附編一卷　（清）奇雲山人編　清同治九年(1870)蘇城元妙觀得見齋刻本　一冊

330000－1702－0001916　普103/2367　集部/詞類/別集之屬

聽雨小樓詞稿二卷　（清）楊英燦撰　清光緒十八年(1892)木活字印本　二冊

330000－1702－0001917　普173/3714　類叢部/叢書類/郡邑之屬

武林掌故叢編一百九十種　（清）丁丙編　清光緒三年至二十六年(1877－1900)錢塘丁氏嘉惠堂刻本([乾道]臨安志卷四至十五、南宋館閣錄卷一原缺)　一冊　存一種

330000－1702－0001918　普264/5246　集部/總集類/選集之屬/通代

古詩源十四卷　（清）沈德潛輯　清嘉慶八年(1803)西山堂刻本　四冊

330000－1702－0001919　普103/2368－2369　類叢部/叢書類/彙編之屬

正誼堂全書六十三種續刻五種　（清）張伯行編　（清）楊浚重編　清同治五年(1866)福州正誼書院刻同治八年至光緒十三年(1869－1887)續刻本　七冊　存二種

330000－1702－0001920　普173/3717　類叢部/叢書類/彙編之屬

蒭園叢書十一種　（清）平步青編　清同治至

光緒山陰平氏安越堂刻本　一冊　存一種

330000－1702－0001921　普173/3718　集部/別集類/清別集

紫薇花館集　（清）王廷鼎撰　清光緒刻本　一冊

330000－1702－0001924　普173/3719　史部/政書類/邦計之屬/貿易

貿易須知一卷　（清）王秉元撰　清光緒五年(1879)三緘室主刻本　一冊

330000－1702－0001925　普173/3720　子部/術數類/相宅相墓之屬

金光斗臨經一卷　（清）張慶瑗輯　清光緒六年(1880)掃葉山房刻本　一冊

330000－1702－0001926　普103/2370　集部/總集類/選集之屬/通代

阮亭選古詩三十二卷　（清）王士禛輯　清刻本　四冊　存十五卷(七言詩歌行鈔一至十五)

330000－1702－0001927　普71/1260　子部/醫家類/兒科之屬/通論

全幼心鑑八卷　（明）寇平撰　明嘉靖二十六年(1547)張玶刻本　一冊　存一卷(七)

330000－1702－0001928　普264/5248　經部/小學類/文字之屬/說文/傳說

說文辨字正俗八卷　（清）李富孫撰　清嘉慶二十一年(1816)校經廎刻本　二冊

330000－1702－0001929　普71/1261　子部/叢編

二十家子書　（明）謝汝韶編　明萬曆六年(1578)吉藩崇德書院刻本　一冊　存一種

330000－1702－0001930　普99/2227　集部/詞類/別集之屬

菊壽盦詞稿四卷　（清）姚輝第撰　清同治八年(1869)木活字印本　一冊

330000－1702－0001931　普71/1262　類叢部/類書類/通類之屬

刻註釋薪林聚錦故事白眉十卷　（明）鄧志謨

輯　明萬曆刻本　一冊　存三卷(八至十)

330000－1702－0001932　普103/2371　集部/別集類/明別集

太史升菴遺集二十六卷　(明)楊慎撰　(明)楊金吾　(明)楊宗吾輯　明萬曆三十四年(1606)湯日昭刻本　七冊　缺三卷(八至十)

330000－1702－0001933　普264/5252　集部/別集類/清別集

善卷堂四六十卷　(清)陸繁弨撰　(清)吳自高編注　清乾隆三十五年(1770)陳明善亦園刻本　周濟跋　六冊

330000－1702－0001934　普103/2372　集部/楚辭類

楚辭燈四卷　(清)林雲銘撰　清康熙刻本　四冊

330000－1702－0001935　普71/1263　子部/儒家類/儒學之屬/性理

薛文清公讀書全錄類編二十卷　(明)薛瑄撰　(明)侯鶴齡輯　明萬曆二十七年(1599)刻本　六冊　存九卷(一至七、十九至二十)

330000－1702－0001936　普265/5273　經部/春秋左傳類/傳說之屬

左繡三十卷首一卷　(清)馮李驊　(清)陸浩評輯　**春秋經傳集解三十卷**　(晉)杜預註　(唐)陸德明音釋　(宋)林堯叟補註　(清)馮李驊增訂　清康熙五十九年(1720)大文堂刻本　五冊　存三十卷(左繡五至十九、春秋經傳集解五至十九)

330000－1702－0001937　普71/1264　子部/儒家類/儒學之屬/經濟

大學衍義補一百六十卷首一卷　(明)邱濬撰　明刻本　十七冊　存一百三十二卷(一至三、六至四十八、五十八至一百二十、一百二十九至一百五十,首)

330000－1702－0001938　普173/3722　子部/藝術類/書畫之屬/書法書品

書法準繩一卷　(清)許鳳翹撰　清光緒南京李光明莊刻本　一冊

330000－1702－0001939　普103/2374、2382　集部/總集類/彙編之屬

皇明十六名家小品三十二卷　(明)丁允和　(明)陸雲龍編　(明)陸雲龍評　明崇禎六年(1633)錢塘陸雲龍崢霄館刻本　二冊　存六卷(虞德園先生小品一至二、王季重先生小品一至二、鍾伯敬先生小品一至二)

330000－1702－0001940　普264/5253　集部/別集類/清別集

小謨觴館文集注四卷文續注二卷　(清)彭兆蓀撰　(清)孫元培　(清)孫長熙注　清光緒十六年(1890)長洲黃氏流芳閣刻本　三冊　存四卷(文集注一至四)

330000－1702－0001941　普173/3723　集部/總集類/謠諺之屬

杭諺詩一卷　(清)邵懿辰輯　清光緒三十四年(1908)刻本　一冊

330000－1702－0001942　普72/1265　類叢部/叢書類/家集之屬

梁氏叢書五種　(清)梁同書等編撰　清嘉慶梁氏刻本　四冊　存一種

330000－1702－0001943　普103/2374　集部/別集類/明別集

翠娛閣評選黃貞父先生文集二卷　(明)黃汝亨撰　(明)丁允和　(明)陸雲龍編　(明)陸雲龍評　明刻本　一冊

330000－1702－0001944　普173/3725　子部/藝術類/遊藝之屬/聯語

邵子擊壤集摘聯六卷　(宋)邵雍撰　(清)邵同珩輯　清光緒二十三年(1897)經世山房刻本　一冊

330000－1702－0001945　普72/1266　子部/藝術類/書畫之屬/書法書品

墨池編二十卷　(宋)朱長文撰　**印典八卷**　(清)朱象賢輯　清雍正十一年(1733)吳郡朱氏刻本　八冊　存十六卷(一至六、八至十、十四至二十)

330000－1702－0001946　普264/5254　集

部/總集類/選集之屬/斷代

本朝館閣詩二十卷附錄一卷 （清）阮學浩（清）阮學濬輯 **續附錄一卷** （清）阮芝生（清）阮葵生 （清）曹文植輯 清乾隆二十三年(1758)困學書屋刻本 十四冊 缺三卷（一至三）

330000－1702－0001947 普 173/3726 集部/別集類/明別集

香宇集三十四卷拾遺一卷 （明）田藝蘅撰 明嘉靖刻本 一冊 存三卷（二十五至二十七）

330000－1702－0001948 普 72/1267 子部/農家農學類/農藝之屬/農曆農諺

農候雜占四卷 （清）梁章鉅撰 清同治十二年(1873)浙江書局刻本 一冊 存二卷（一至二）

330000－1702－0001949 普 103/2375 集部/總集類/選集之屬/斷代

精選唐詩分類評釋繩尺九卷詩譚一卷 （明）徐用吾輯 明萬曆刻本 一冊 存一卷（三）

330000－1702－0001950 普 173/3727 類叢部/叢書類/彙編之屬

快書五十種 （明）閔景賢編 明天啟六年(1626)快堂刻本 一冊 存一種

330000－1702－0001951 普 173/3729 史部/傳記類/別傳之屬/事狀

柳如是事輯一卷 （清）懷圃居士輯 清光緒二十九年(1903)郭博古齋刻本 一冊

330000－1702－0001952 普 266/5301 類叢部/叢書類/自著之屬

西堂全集四種附一種 （清）尤侗撰 清康熙刻本 二冊 存一種

330000－1702－0001953 普 173/3730 子部/儒家類/儒學之屬/禮教/鑑戒

庭訓格言一卷 （清）世宗胤禛述 清光緒二十三年(1897)唐寶鑑刻本 一冊

330000－1702－0001955 普 265/5276 類叢部/叢書類/自著之屬

甌北全集八種 （清）趙翼撰 清乾隆至嘉慶湛貽堂刻本 四冊 存一種

330000－1702－0001957 普 173/3733 史部/傳記類/別傳之屬/年譜

關帝年譜一卷 （清）柯汝霖編 清咸豐元年(1851)刻同治八年(1869)補刻本 一冊

330000－1702－0001959 普 103/2380 集部/總集類/選集之屬/斷代

唐僧弘秀集十卷 （宋）李龏輯 明刻本 一冊 存五卷（一至五）

330000－1702－0001960 普 173/3734 史部/地理類/方志之屬/郡縣志

[光緒]嘉興府志八十八卷首二卷 （清）許瑤光修 （清）吳仰賢等纂 清光緒三年至四年(1877－1878)嘉興鴛湖書院刻本 一冊 存二卷（八十至八十一）

330000－1702－0001962 普 265/5277 子部/叢編

二十二子(二十二子彙函) （清）浙江書局編 清光緒元年至三年(1875－1877)浙江書局刻本 二冊 存一種

330000－1702－0001963 普 173/3735 史部/金石類/總志之屬/文字

觀妙齋藏金石文攷畧十六卷 （清）李光暎撰 清雍正七年(1729)刻本 一冊 存二卷（十一至十二）

330000－1702－0001964 普 264/5255 集部/別集類/清別集

漁洋山人精華錄訓纂十卷目錄二卷自撰年譜二卷 （清）王士禛撰 （清）惠棟注補 **金氏精華錄箋註辯訛一卷** （清）惠棟撰 清同治十二年(1873)京都寶華堂刻本 十二冊

330000－1702－0001965 普 173/3736 經部/叢編

通藝錄十九種附二種 （清）程瑤田撰 清嘉慶刻本 一冊 存二種

330000－1702－0001966 普 70/1216 子部/雜著類/雜纂之屬

諸子粹言一卷讀史粹言一卷　（清）丁晏撰
清抄本　一冊

330000－1702－0001968　普173/3737　子
部/農家農學類/農藝之屬/災害防治

伐蛟說一卷　（清）陳弘謀撰　清光緒元年
(1875)刻本　一冊

330000－1702－0001969　普173/3738　類叢
部/叢書類/郡邑之屬

武林掌故叢編一百九十種　（清）丁丙編　清
光緒三年至二十六年(1877－1900)錢塘丁氏
嘉惠堂刻本（[乾道]臨安志卷四至十五、南宋
館閣錄卷一原缺）　葦莊題簽　二冊　存
一種

330000－1702－0001970　普70/1221　集部/
別集類/清別集

餘香園雜著一卷　（清）錢乾三編　清抄本
清茹魯批　一冊

330000－1702－0001972　普171/3696　類叢
部/叢書類/彙編之屬

增訂漢魏叢書八十六種　（清）王謨編　清乾
隆五十六年(1791)金谿王氏刻本　一百十八
冊　存八十五種

330000－1702－0001973　普173/3740　子
部/儒家類/儒學之屬/蒙學

小學弦歌節鈔三卷　（清）劉永亭輯　清光緒
三十一年(1905)都門文德齋刻本　一冊

330000－1702－0001974　普103/2383　類叢
部/叢書類/彙編之屬

稗海四十八種續集二十三種　（明）商濬編
明萬曆商氏半埜堂刻清康熙振鷺堂重編補刻
本　一冊　存一種

330000－1702－0001975　普313/6634　子
部/醫家類/方書之屬/歷代方書

唐王燾先生外臺秘要方四十卷　（唐）王燾撰
　清同治十三年(1874)廣東翰墨園刻本　三
十二冊

330000－1702－0001976　普173/3739、3741
子部/術數類/相宅相墓之屬

葬書五種　清咸豐四年(1854)刻本　一冊
存四種

330000－1702－0001977　普70/1224　子部/
術數類/數學之屬

皇極經世書傳八卷　（明）黃畿撰　清刻本
八冊

330000－1702－0001979　普264/5257　集
部/別集類/清別集

拙學齋詩草初編二十四卷續編十卷三編四卷
復甦閣詩草八卷松心廬詩草十二卷鐵漢子詩
草初編十二卷二編十卷　（清）廖鼎聲撰　清
光緒二十三年(1897)酒泉刻本　十二冊　缺
三十四卷(松心廬詩草一至十二,鐵漢子詩草
初編一至十二、二編一至十)

330000－1702－0001980　普72/1268　子部/
宗教類/道教之屬

道源精微歌二卷　（清）劉琇峰撰　清光緒十
五年(1889)刻本　二冊

330000－1702－0001981　普173/3742　史
部/雜史類/斷代之屬

國朝事略八卷　（清）金陵江楚編譯官書局輯
　清光緒三十二年(1906)金陵江楚編譯官書
局石印本　二冊

330000－1702－0001983　普72/1269　子部/
術數類/占卜之屬

瀊燧易玫二卷　（清）劉琇峰撰　清光緒十四
年(1888)刻本　二冊

330000－1702－0001984　普173/3743　集
部/別集類/清別集

曝書亭集八十卷附錄一卷　（清）朱彝尊撰
笛漁小稾十卷　（清）朱昆田撰　清康熙五十
三年(1714)曹寅、朱稻孫刻本　三冊　存二
十三卷(一至四、三十三至四十一、五十二至
六十一)

330000－1702－0001985　普72/1270　子部/
宗教類/道教之屬/雜著

敲蹻洞章二卷　（清）劉琇峰撰　清光緒十八
年(1892)刻本　二冊

330000－1702－0001987　普 264/5258　經部/小學類/文字之屬/字書

增廣字學舉隅四卷　（清）鐵珊輯　清同治十三年（1874）蘭州郡署刻本　四冊

330000－1702－0001988　普 72/1271　類叢部/類書類/通類之屬

藝文類聚一百卷　（唐）歐陽詢輯　明刻本　二冊　存十八卷（二十六至四十三）

330000－1702－0001990　普 173/3745　史部/史評類/史論之屬

惜分陰軒史署摘要一卷　（清）張庚鈺輯註　稿本　一冊

330000－1702－0001991　普 72/1272　子部/儒家類/儒學之屬/經濟

真西山讀書記乙集上大學衍義四十三卷（宋）真德秀撰　明刻本　一冊　存五卷（一至五）

330000－1702－0001993　普 173/3746　史部/傳記類/總傳之屬/儒林

國朝宋學淵源記二卷附記一卷　（清）江藩撰　清光緒十九年（1893）上海積山書局石印本　一冊

330000－1702－0001994　普 103/2386　集部/詞類/總集之屬

草堂詩餘五卷　（明）楊慎評點　明閔暎璧刻朱墨套印本　一冊　存二卷（一至二）

330000－1702－0001995　普 72/1274　集部/別集類/明別集

王文成公全書三十八卷　（明）王守仁撰　明隆慶六年（1572）謝廷傑刻本　一冊　存一卷（二）

330000－1702－0001996　普 173/3748　集部/曲類/散曲之屬

樂府小令　（清）□□編　清刻本　一冊　存二種

330000－1702－0001998　普 72/1275　子部/道家類

南華真經旁注五卷　（明）方虛名撰　明萬曆二十二年（1594）刻本　二冊　存二卷（一至二）

330000－1702－0002001　普 173/3750　史部/傳記類/科舉錄之屬/諸貢錄

國朝貢舉年表三卷（清順治二年至光緒十二年）　（清）陳國霖　（清）顧錫中編　清光緒十四年（1888）上海積山書局石印本　一冊

330000－1702－0002002　普 265/5259　類叢部/叢書類/自著之屬

西堂全集四種附一種　（清）尤侗撰　清刻本　十四冊　存二種

330000－1702－0002004　普 70/1227　子部/雜著類/雜說之屬

穀山筆麈十八卷　（明）于慎行撰　清抄本　八冊

330000－1702－0002006　普 312/6624　集部/別集類/清別集

棣坨集四卷首一卷外集三卷　（清）朱啟連撰　清光緒二十六年（1900）番禺陶邵學刻本　二冊

330000－1702－0002007　普 312/6626　集部/別集類/清別集

聞妙香室詩稿五卷詞鈔四卷　（清）錢錫寀撰　清宣統二年（1910）天津醒華報館石印本　一冊

330000－1702－0002008　普 312/6627　類叢部/叢書類/彙編之屬

半廠叢書初編十種　（清）譚獻編　清同治至光緒仁和譚氏刻本　二冊　存一種

330000－1702－0002010　普 312/6628　經部/小學類/文字之屬/字書/字典

康熙字典十二集三十六卷總目一卷檢字一卷辨似一卷等韻一卷補遺一卷備考一卷　（清）張玉書等纂修　清道光七年（1827）刻本　四十冊

330000－1702－0002011　普 103/2390　集部/別集類/清別集

明紀事樂府四卷　（清）龍文彬撰　清光緒十

一年(1885)永懷堂刻本　二冊

330000－1702－0002012　普265/5261　子部/雜著類/雜說之屬

冷廬雜識八卷續編一卷　（清）陸以湉撰　清咸豐六年(1856)刻本　五冊　存五卷(三至六、八)

330000－1702－0002013　普103/2391　集部/別集類/清別集

松齋憶存草一卷　（清）王誠撰　清光緒十二年(1886)刻本　一冊

330000－1702－0002014　普103/2392　集部/別集類/清別集

半巖廬遺詩二卷　（清）邵懿辰撰　清同治十年(1871)潘祖蔭刻本　一冊

330000－1702－0002015　普103/2393　集部/別集類/清別集

蘭雪集八卷　（清）柯振嶽撰　清嘉慶二十三年(1818)藏修齋刻本　二冊　存三卷(一至三)

330000－1702－0002017　普173/3751　子部/雜著類/雜纂之屬

閫律一卷　（清）芙蓉外史撰　妒律一卷　（清）陳元龍撰　清光緒十年(1884)管可壽齋刻本　一冊

330000－1702－0002018　普103/2394　類叢部/叢書類/彙編之屬

半厂叢書初編十種　（清）譚獻編　清同治至光緒仁和譚氏刻本　一冊　存一種

330000－1702－0002019　普72/1280　類叢部/類書類/通類之屬

博聞類纂二十卷　（明）商濬輯　明刻本　一冊　存一卷(一)

330000－1702－0002020　普173/3754　類叢部/叢書類/自著之屬

隨園三十八種　（清）袁枚撰　清末鉛印本　一冊　存一種

330000－1702－0002021　普72/1283　子部/

雜著類/雜考之屬

蛾術編八十二卷　（清）王鳴盛撰　清道光二十一年(1841)吳江沈氏世楷堂刻本　二十四冊

330000－1702－0002022　普173/3755　經部/小學類/訓詁之屬/字詁

初學識字一卷　（清）潘隆勳編　清光緒二十年(1894)武林潘隆勳刻本　一冊

330000－1702－0002023　普72/1285　子部/儒家類/儒學之屬/性理

先儒粹言二卷　（清）馬鼇輯　清嘉慶十九年(1814)馬煥刻本　四冊

330000－1702－0002025　普173/3756　史部/史表類/通代之屬

歷代帝王年表三卷　（清）齊召南撰　（清）阮福續　清光緒十二年(1886)蘇州掃葉山房刻本　二冊

330000－1702－0002026　普265/5266　經部/小學類/文字之屬/說文

說文五翼八卷　（清）王煦撰　清光緒八年(1882)上虞觀海樓刻本　周端濟題記　二冊

330000－1702－0002027　普72/1286　子部/雜著類/雜考之屬

通雅五十二卷首三卷　（清）方以智撰　清康熙五年(1666)龍眠姚文燮浮山此藏軒刻本　十冊

330000－1702－0002028　普103/2396－2397　集部/別集類/清別集

紅樓夢賦一卷　（清）沈謙撰　清道光二年(1822)綠香紅影書巢刻本　二冊

330000－1702－0002029　普173/3758　類叢部/叢書類/彙編之屬

海山仙館叢書五十六種　（清）潘仕成編　清道光二十五年至咸豐元年(1845－1851)番禺潘氏刻光緒十一年(1885)增刻彙印本　一冊　存一種

330000－1702－0002030　普73/1287　子部/醫家類/本草之屬/歷代綜合本草

滇南草本三卷附醫門擎要二卷　（明）蘭茂撰
清光緒十四年（1888）滇省務本堂刻本
五冊

330000－1702－0002031　普265/5267　經
部/群經總義類/文字音義之屬

經書字音辨要九卷　（清）楊名颺輯　清道光
十年（1830）式好堂刻本　四冊

330000－1702－0002032　普73/1291　子部/
醫家類/綜合之屬

徹膡八編二卷　（清）劉思敬撰　清刻本
二冊

330000－1702－0002033　普103/2398　史
部/雜史類/斷代之屬

咄咄吟二卷附錄一卷　（清）貝青喬撰　清光
緒元年（1875）不懼無悶齋刻本　二冊

330000－1702－0002034　普173/3759　類叢
部/類書類/通類之屬

擇言尤雅錄一卷　（清）袁祖志撰　清光緒二
年（1876）葛氏嘯園刻本　一冊

330000－1702－0002035　普103/2399　新
學/雜著/小說

黑奴籲天錄四卷　（美國）斯土活撰　林紓
魏易譯　清光緒二十七年（1901）武林魏氏刻
本　二冊

330000－1702－0002036　普173/3760　類叢
部/叢書類/自著之屬

春草堂集（春草堂叢書）十三種　（清）謝堃撰
清道光二十年（1840）曲邑奎文齋刻二十五
年（1845）印本　一冊　存一種

330000－1702－0002037　普265/5268　經
部/周禮類/傳說之屬

周官精義十二卷　（清）連斗山輯　清刻本
五冊　存九卷（四至十二）

330000－1702－0002038　普103/2400　集
部/總集類/謠諺之屬

集杭諺詩一卷　（清）邵懿辰輯　清宣統二年
（1910）錢塘汪氏寫樣本　清彭昌祺題簽
一冊

330000－1702－0002040　普103/2402　集
部/別集類/清別集

蓮湖詩草二卷　（清）徐崇烱撰　清嘉慶六年
（1801）刻本　一冊

330000－1702－0002041　普103/2403　集
部/別集類/清別集

蓮湖續稿二卷　（清）徐崇烱撰　清嘉慶八年
（1803）刻本　一冊

330000－1702－0002042　普73/1292　子部/
雜著類/雜說之屬

敬齋古今黈八卷　（元）李冶撰　清刻本　四冊

330000－1702－0002043　普173/3761　史
部/編年類/斷代之屬

皇朝大事紀年二卷　（清）黃壽袞定　（清）黃
之焱編　清光緒二十八年（1902）石印本
一冊

330000－1702－0002044　普73/1293　子部/
雜著類/雜纂之屬

清異錄二卷　（宋）陶穀撰　清康熙四十七年
（1708）陳世修漱六閣刻乾隆最宜草堂印本
一冊

330000－1702－0002045　普173/3763－
3764、3766　類叢部/叢書類/彙編之屬

國粹叢書四十九種　（清）國學保存會編　清
光緒至宣統鉛印本　三冊　存三種

330000－1702－0002046　普73/1294　子部/
雜著類/雜纂之屬

名句文身表異錄二十卷　（明）王志堅撰　清
康熙四十七年（1708）陳氏漱六閣刻本　一冊

330000－1702－0002047　普173/3765　新
學/史志/別國史

東洋史要二卷　（日本）桑元隲藏撰　樊炳清
譯　清光緒二十五年（1899）東文學社石印本
一冊

330000－1702－0002048　普103/2404　集
部/曲類/寶卷之屬

白氏寶卷二卷十二回　（清）風月主人選述
清宣統元年（1909）杭州文寶齋刻本　二冊

330000－1702－0002049　普 288/5819　史部/雜史類/通代之屬

戰國策三十三卷　（漢）高誘注　**重刻剡川姚氏本戰國策札記三卷**　（清）黃丕烈撰　清光緒二十二年（1896）上海鴻寶齋石印本　一冊　存八卷（一至八）

330000－1702－0002050　普 103/2405　集部/別集類/宋別集

林和靖詩集四卷拾遺一卷　（宋）林逋撰　清同治十二年（1873）長洲朱氏抱經堂刻本二冊

330000－1702－0002051　普 73/1295　集部/別集類/清別集

百廿蟲吟一卷和章一卷　（清）錢步曾撰　清道光四年（1824）聞鵑樓刻本　一冊

330000－1702－0002052　普 63/1130　史部/目錄類

江刻書目三種　（清）江標輯　清光緒元和江氏師鄭室刻蘇州振新書社印本　二冊　存一種

330000－1702－0002053　普 173/3767　類叢部/叢書類/彙編之屬

國粹叢書四十九種　（清）國學保存會編　清光緒至宣統鉛印本　張美翊過錄無錫秦瀛復社姓氏錄序　一冊　存一種

330000－1702－0002055　普 73/1296　子部/道家類

莊騷合刻二種　（清）曹同春輯　清康熙二十八年至二十九年（1689－1690）曹同春刻曹家擁重修文粹堂印本　三冊　存一種

330000－1702－0002056　普 173/3768　類叢部/叢書類/彙編之屬

江陰季氏叢刻八種　（清）季綸全編　清光緒江陰季氏栩園刻本　一冊　存一種

330000－1702－0002057　普 103/2410　集部/詞類/別集之屬

西湖秋柳詞一卷　（清）楊鳳苞撰　（清）楊知新注　清道光楊炳堃刻本　清李潛觀款並過

錄陸以湉《冷廬雜識》評語　一冊

330000－1702－0002058　普 173/3772　子部/宗教類/道教之屬/戒律

文昌帝君陰騭文一卷　（清）高晉撰　清刻本　一冊

330000－1702－0002059　普 73/1301　新學/報章

湘學報類編不分卷　（清）湘督學使署編　清光緒刻本　八冊

330000－1702－0002060　普 73/1302　史部/傳記類/總傳之屬/郡邑

吳郡名賢圖傳贊二十卷　（清）顧沅輯　（清）孔繼堯繪　清道光九年（1829）長洲顧氏刻本八冊

330000－1702－0002061　普 173/3773/1　史部/地理類/輿圖之屬/郡縣

西湖遊覽志圖一卷　（清）孫樹義等校字（清）姜德銓摹圖　清光緒二十一年（1895）刻本　一冊

330000－1702－0002062　普 173/3774　史部/地理類/輿圖之屬/郡縣

西湖遊覽志圖一卷　（清）孫樹義等校字（清）姜德銓摹圖　清光緒二十一年（1895）刻本　一冊

330000－1702－0002063　普 103/2412　集部/別集類/清別集

鐙花百律一卷　（清）汪寶撰　清刻本　一冊

330000－1702－0002064　普 173/3776　子部/術數類/雜術之屬

術數雜鈔一卷　清抄本　一冊

330000－1702－0002065　普 173/3777　史部/目錄類/通論之屬/義例

校雠例略一卷栞字樣略一卷　清光緒刻本一冊

330000－1702－0002066　普 173/3784　子部/宗教類/道教之屬

敬竈全書不分卷　（清）惕心憫世道人編　清

光緒元年（1875）張桂芬刻本　一冊

330000－1702－0002067　普103/2417　集部/總集類/尺牘之屬

憑山閣新輯尺牘寫心集四卷二集六卷　（清）陳枚輯　清康熙十九年（1680）憑山閣刻本二冊　存四卷（寫心集一至四）

330000－1702－0002068　普103/2418　集部/別集類/清別集

張亨甫全集二十七卷文集六卷首一卷　（清）張際亮撰　（清）李雲誥輯　清咸豐建寧孔慶衢刻同治六年（1867）李雲誥補刻本　二冊存六卷（文集一至六）

330000－1702－0002069　普173/3786　類叢部/叢書類/彙編之屬

知不足齋叢書一百九十六種　（清）鮑廷博編（清）鮑士恭續編　清乾隆三十七年至道光三年（1772－1823）長塘鮑氏刻彙印本　一冊存一種

330000－1702－0002071　普173/3788　子部/儒家類/儒學之屬/禮教/女範

閨門儷訓一卷　（清）田潤撰　清光緒二十七年（1901）西泠景文齋刻本　一冊

330000－1702－0002072　普103/2420　類叢部/叢書類/自著之屬

壼盦類稿五種　（清）胡念修撰　清光緒刻彙印本　四冊　存二種

330000－1702－0002073　普173/3789　子部/儒家類/儒學之屬/禮教/家訓

家庭講話三卷　（清）陸一亭撰　清光緒元年（1875）刻本　一冊

330000－1702－0002074　普265/5270　集部/別集類/清別集

躬厚堂集二十五卷　（清）張金鏞撰　清同治三年至光緒四年（1864－1878）刻本　一冊存十卷（躬厚堂詩錄一至十）

330000－1702－0002075　普103/2421　類叢部/叢書類/自著之屬

三影閣叢書九種　（清）張雲璈撰　清道光孫

之杲刻本　一冊　存一種

330000－1702－0002076　普173/3790　集部/總集類/選集之屬/通代

增補重訂千家詩註解二卷　（清）任來吉選（清）王相注　**諸名家百壽詩一卷贈賀詩一卷**（清）王相選　清刻本　一冊

330000－1702－0002077　普173/3791　類叢部/叢書類/自著之屬

聰山集四種附二種　（清）申涵光撰　清康熙刻本　一冊　存二種

330000－1702－0002078　普173/3792　子部/儒家類/儒學之屬/禮教

虛受齋日錄一卷　（清）蔡壽臻撰　清光緒六年（1880）李培晉刻本　一冊

330000－1702－0002079　普265/5271　類叢部/叢書類/彙編之屬

崇文書局彙刻書三十一種　（清）崇文書局編清光緒元年至三年（1875－1877）湖北崇文書局刻本　二冊　存一種

330000－1702－0002080　普173/3793　子部/術數類/占卜之屬

大六壬一字訣玉連環一卷　（金）徐次賓撰清同治三年（1864）刻本　一冊

330000－1702－0002081　普104/2426　類叢部/叢書類/彙編之屬

津逮祕書十五集一百四十種　（明）毛晉編明崇禎虞山毛氏汲古閣刻本　一冊　存一種

330000－1702－0002082　普173/3794　子部/宗教類/道教之屬/戒律

呂純陽祖師弟子柳宏教真君勸男孝歌一卷（清）柳宏教撰　**行孝果報一卷**　清光緒十二年（1886）蓬萊仙館刻本　一冊

330000－1702－0002083　普73/1303　子部/藝術類/書畫之屬/書法書品

書法正傳十卷　（清）馮武輯　清世爭堂刻本三冊　存七卷（四至十）

330000－1702－0002084　普289/5846　類叢

部/叢書類/彙編之屬

咫進齋叢書三十五種 （清）姚覲元編　清光緒九年（1883）歸安姚氏刻本　一冊　存四種

330000－1702－0002085　普 173/3795　子部/術數類/占卜之屬

大六壬指南五卷 （清）程起鸞撰　（清）陳良謨增注　清順治九年（1652）刻本　一冊

330000－1702－0002086　普 265/5272　集部/別集類/清別集

守經堂詩集四卷自著書一卷補亡書目一卷 （清）沈筠撰　清光緒九年（1883）刻本　二冊

330000－1702－0002087　普 289/5847　類叢部/叢書類/彙編之屬

崇文書局彙刻書（三十三種叢書、湖北書局所刻書）三十三種 （清）崇文書局編　清光緒湖北崇文書局刻民國元年（1912）鄂官書處重印本　一冊　存一種

330000－1702－0002089　普 73/1304　子部/工藝類/文房四寶之屬/叢錄

文房肆攷圖說八卷 （清）唐秉鈞撰　（清）康愷繪　清乾隆嘉定唐秉鈞竹暎山莊刻本　一冊　存二卷（一至二）

330000－1702－0002090　普 104/2425　集部/曲類/散曲之屬

新鐫古今大雅北宮詞紀六卷南宮詞紀六卷 （明）陳所聞選　（明）陳邦泰輯　明萬曆三十三年（1605）陳氏繼志齋刻本　一冊　存一卷（北宮詞紀二）

330000－1702－0002091　普 173/3798　集部/別集類/明別集

唐伯虎先生集二卷外編五卷續刻十二卷 （明）唐寅撰　（明）何大成輯　**六如唐先生畫譜三卷** （明）唐寅輯　明萬曆刻本　一冊　存二卷（外編一至二）

330000－1702－0002092　普 73/1305　子部/雜著類/雜考之屬

藝林彙考稱號篇十二卷 （清）沈自南撰　清初刻本　一冊　存六卷（一至六）

330000－1702－0002094　普 73/1306　集部/詩文評類/文評之屬

墓銘舉例四卷 （明）王行撰　清乾隆刻本　一冊　存二卷（一至二）

330000－1702－0002095　普 173/3799　集部/別集類/明別集

滄溟先生集三十二卷 （明）李攀龍撰　明刻本　一冊　存四卷（二十六至二十九）

330000－1702－0002097　普 104/2427　集部/別集類/元別集

楊鐵崖文集五卷史義拾遺二卷 （元）楊維楨撰　**西湖竹枝集一卷** （元）楊維楨輯　**香奩集一卷** （元）楊維楨　（元）王德璉撰　明諸暨陳于京刻本　一冊　存二卷（史義拾遺一至二）

330000－1702－0002098　普 265/5275　集部/總集類/選集之屬/斷代

南北朝文鈔二卷 （清）彭兆蓀輯　清光緒八年（1882）紫雲室刻本　二冊

330000－1702－0002099　普 289/5879、普 312/6631　史部/地理類/水利之屬

浙江通志水利海防十四卷 （清）李衛等纂修　清光緒五年（1879）墨潤堂刻本　六冊

330000－1702－0002100　普 173/3800　類叢部/叢書類/郡邑之屬

武林掌故叢編一百九十種 （清）丁丙編　清光緒三年至二十六年（1877－1900）錢塘丁氏嘉惠堂刻本（［乾道］臨安志卷四至十五、南宋館閣錄卷一原缺）　一冊　存一種

330000－1702－0002101　普 104/2430　類叢部/叢書類/彙編之屬

寶顏堂祕笈二百二十八種 （明）陳繼儒編　明萬曆至泰昌繡水沈氏刻本　清復廬居士跋　二冊　存一種

330000－1702－0002102　普 173/3801　經部/小學類/文字之屬/字書

字學舉隅不分卷 （清）黃本驥　（清）龍啓瑞撰　清光緒十五年（1889）刻本　一冊

330000－1702－0002103　普 312/6632　新學/議論/通論

中西時務精華九卷首一卷　（清）殷兆鏞等撰
清光緒二十三年(1897)上海書局石印本
三冊　存六卷(四至九)

330000－1702－0002104　普 73/1318　類叢部/類書類/通類之屬

藝文類聚一百卷　（唐）歐陽詢輯　明刻本
七冊　存二十四卷(十一至十六、二十九至三十四、五十三至五十八、五十九至六十四)

330000－1702－0002105　普 173/3802　子部/儒家類/儒學之屬/禮教/家訓

增訂安樂銘箴便讀一卷續一卷　（清）季似亭撰　（清）徐紹裳增訂　清光緒刻本　一冊
存一卷(增訂安樂銘箴便讀)

330000－1702－0002106　普 75/1321　子部/叢編

二十二子(二十二子彙函)　（清）浙江書局編
清光緒元年至三年(1875－1877)浙江書局刻本　六冊　存一種

330000－1702－0002107　普 173/3803　子部/儒家類/儒學之屬/蒙學

蒙訓一卷　（清）劉沅撰　清同治元年(1862)刻本　一冊

330000－1702－0002108　普 264/5250　經部/小學類/文字之屬/說文/傳說

說文解字十五卷標目一卷　（漢）許慎撰　**汲古閣說文解字校記一卷**　（清）張行孚撰　清光緒七年(1881)淮南書局刻本　四冊　存十三卷(四至十五、校記)

330000－1702－0002109　普 173/3804　子部/術數類/相宅相墓之屬

國朝葉泰釋名一卷　（清）葉泰撰　清末刻本
一冊

330000－1702－0002110　普 312/6633　子部/醫家類/類編之屬

沈氏尊生書五種　（清）沈金鰲撰輯　清同治十三年(1874)湖北崇文書局刻本　二十六冊

330000－1702－0002111　普 173/3806　子部/藝術類/書畫之屬/書法書品

字學臆參一卷附書論一卷　（清）姚孟起撰
清光緒十七年(1891)蘇州桃花塢姚氏松下清齋刻本　一冊

330000－1702－0002112　普 75/1322　子部/法家類

韓非子二十卷識誤三卷　（清）顧廣圻撰　清嘉慶二十三年(1818)全椒吳鼐刻本　四冊

330000－1702－0002113　普 299/6410－1　史部/地理類/方志之屬/郡縣志

[乾隆]紹興府志八十卷首一卷　（清）李亨特修　（清）平恕　（清）徐嵩纂　清乾隆五十七年(1792)刻本　陶濬宣跋　四十八冊

330000－1702－0002114　普 75/1324　子部/天文曆算類/曆法之屬

新鐫曆法總覽合節鰲頭通書大全十卷　（清）熊宗立纂輯　清乾隆五十一年(1786)熊淑明刻本　十冊

330000－1702－0002115　普 75/1325　子部/藝術類/書畫之屬/書法書品

書法正傳十卷　（清）馮武輯　清世豸堂刻本
五冊

330000－1702－0002116　普 313/6635　子部/醫家類/傷寒金匱之屬/傷寒論

傷寒論註四卷附翼二卷　（清）柯琴撰　清刻本　六冊

330000－1702－0002118　普 313/6636　子部/醫家類/類編之屬

世補齋醫書　（清）陸懋修撰輯　清光緒十二年(1886)山左書局刻本　八冊

330000－1702－0002120　普 313/6637　子部/醫家類/溫病之屬/其他溫疫病證

溫熱經緯五卷　（清）王士雄撰　清光緒八年(1882)周兆慶等四川刻本　馬一浮題記　三冊　存四卷(一至四)

330000－1702－0002121　普 174/3814　史部/史抄類

廿一史約編八卷首一卷　（清）鄭元慶撰　清刻本　五冊　存六卷（金、石、竹、土、木、首）

330000－1702－0002122　普265/5278　集部/別集類/清別集

荆石山房詩文集四卷文鈔三卷蓮莊煙艇詞一卷　（清）吳鎬撰　清嘉慶十六年（1811）刻本　二冊

330000－1702－0002123　普174/3815　史部/地理類/方志之屬/郡縣志

［乾隆］紹興府志八十卷首一卷　（清）李亨特修　（清）平恕　（清）徐嵩纂　清乾隆五十七年（1792）刻本　二冊　存四卷（七十五至七十八）

330000－1702－0002124　普313/6640　子部/醫家類/本草之屬/歷代綜合本草

本草述鉤元三十二卷　（清）劉若金撰　（清）楊時泰輯　清道光二十二年（1842）毘陵涵雅堂刻本　十冊

330000－1702－0002125　普174/3816　類叢部/叢書類/郡邑之屬

紹興先正遺書十五種　（清）徐友蘭編　清光緒會稽徐氏鑄學齋刻本　一冊　存一種

330000－1702－0002126　普174/3818　史部/地理類/方志之屬/郡縣志

［光緒］青田縣志十八卷首一卷　（清）雷銑修　（清）王棻纂　清光緒元年至二年（1875－1876）刻本　一冊　存一卷（十二）

330000－1702－0002127　普266/5280　經部/小學類/文字之屬/說文/傳說

說文古籀補十四卷補遺一卷附錄一卷　（清）吳大澂撰　清光緒石印本　四冊

330000－1702－0002128　普174/3820　集部/詩文評類/詩評之屬

漁隱叢話前集六十卷後集四十卷　（宋）胡仔撰　清乾隆五年至六年（1740－1741）楊佑啓耘經樓刻本　一冊　存五卷（前集四十六、後集三十一至三十四）

330000－1702－0002129　普266/5281　類叢

部/叢書類/郡邑之屬

武林掌故叢編一百九十種　（清）丁丙編　清光緒三年至二十六年（1877－1900）錢塘丁氏嘉惠堂刻本（［乾道］臨安志卷四至十五、南宋館閣錄卷一原缺）　二冊　存一種

330000－1702－0002131　普266/5285　集部/別集類/清別集

遲鴻軒詩續一卷文續一卷　（清）楊峴撰　清光緒十九年（1893）刻本　一冊

330000－1702－0002132　普266/5286－5287、5303　類叢部/叢書類/郡邑之屬

檇李遺書　（清）孫福清編　清光緒四年（1878）秀水孫氏望雲仙館刻本　三冊　存四種

330000－1702－0002133　普266/5288　集部/別集類/清別集

味琴室詩鈔不分卷　（清）時元熙撰　清宣統三年（1911）華雲閣鉛印本　一冊

330000－1702－0002135　普266/5295　集部/別集類/清別集

遊仙集三卷　（清）厲鶚撰　清乾隆二十六年（1761）鮑廷博刻本　一冊　存二卷（二至三）

330000－1702－0002136　普266/5292　類叢部/叢書類/自著之屬

西堂全集四種附一種　（清）尤侗撰　清刻本　二冊　存二種

330000－1702－0002139　普266/5296　經部/叢編

皇清經解一百九十卷首一卷正訛記一卷（清）阮元輯　清光緒十七年（1891）上洋鴻寶齋石印本　十七冊　存一百四十八卷（一至十六、三十九至五十四、五十九至八十七、九十一至一百十七、一百三十二至一百九十，首）

330000－1702－0002142　普313/6641　子部/醫家類/綜合之屬/通論

新刊增補萬病回春原本八卷　（明）龔廷賢編　清經國堂刻本　八冊

330000 – 1702 – 0002143　普 193/4837　史部/政書類/公牘檔冊之屬

曲靖府沾益州調查城鎮鄉自治區表一卷（清）□□撰　稿本　一冊

330000 – 1702 – 0002145　普 265/5260　集部/別集類/清別集

曝書亭集箋注二十三卷　（清）朱彝尊撰　（清）孫銀槎注　清嘉慶五年(1800)三有堂刻九年(1804)補刻本　七冊　存十卷(一至十)

330000 – 1702 – 0002146　普 313/6645　子部/醫家類/傷寒金匱之屬/傷寒論

劉河間傷寒三書二十卷　（金）劉完素撰　清末影印本　三冊　存十七卷(黃帝素問宣明論一至十五、新刊註釋素問玄機原病式一至二)

330000 – 1702 – 0002147　普 265/5262、5265　類叢部/叢書類/自著之屬

小謨觴館全集三種　（清）彭兆蓀撰　（清）孫元培　（清）孫長熙注　清光緒鎮洋繆朝荃刻三十二年(1906)彙印本　三冊　存二種

330000 – 1702 – 0002148　普 313/6647　子部/醫家類/本草之屬/神農本草經

本經疏證十二卷續疏六卷本經序疏要八卷（清）鄒澍撰　清道光二十九年(1849)常州長年醫局刻本　十二冊

330000 – 1702 – 0002149　普 185/4420　史部/詔令奏議類/奏議之屬

光緒年間雲貴地方奏議副本一卷　童振藻輯　稿本　一冊

330000 – 1702 – 0002150　普 314/6652　子部/醫家類/醫經之屬/內經

醫經原旨六卷　（清）薛雪撰　清乾隆十九年(1754)薛氏掃葉莊刻本　六冊

330000 – 1702 – 0002151　普 314/6653　子部/醫家類/本草之屬/歷代綜合本草

本草思辨錄四卷首一卷　（清）周巖撰　清光緒三十年(1904)山陰周氏微尚室刻本　四冊

330000 – 1702 – 0002153　普 314/6654　子部/醫家類/眼科之屬

傅氏眼科審視瑤函六卷首一卷　（明）傅仁宇撰　（明）林長生校補　清刻本　六冊

330000 – 1702 – 0002155　普 314/6655　子部/醫家類/溫病之屬/其他溫疫病證

問心堂溫病條辨六卷首一卷　（清）吳瑭撰　清同治八年(1869)凝香閣刻本　六冊

330000 – 1702 – 0002156　普 314/6656　子部/醫家類/方書之屬/單方驗方

十三科絳雪園古方選註不分卷　（清）王子接註　清雍正九年(1731)綠蔭堂刻本　四冊

330000 – 1702 – 0002157　普 314/6657　子部/醫家類/類編之屬

吳氏醫學述　（清）吳儀洛輯　清乾隆三十一年(1766)硤川利濟堂刻本　五冊　存一種

330000 – 1702 – 0002158　普 314/6659　類叢部/叢書類/彙編之屬

平津館叢書六集三十五種　（清）孫星衍編　清嘉慶蘭陵孫氏刻本　一冊　存二種

330000 – 1702 – 0002159　普 267/5311　子部/小說家類/雜事之屬

歸田瑣記八卷　（清）梁章鉅撰　清道光二十五年(1845)北東園刻本　四冊

330000 – 1702 – 0002160　普 315/6660　子部/醫家類/傷寒金匱之屬/傷寒論

傷寒論三註十六卷　（清）周揚俊輯注　清光緒十三年(1887)味經堂刻本　八冊

330000 – 1702 – 0002162　普 267/5323　類叢部/類書類/專類之屬

錦字箋四卷　（清）黃溄撰　清大文堂刻本　一冊

330000 – 1702 – 0002163　普 267/5324　類叢部/類書類/專類之屬

分類詩腋八卷　（清）李禎編　清嘉慶二十二年(1817)刻本　四冊

330000 – 1702 – 0002164　普 268/5338　集部/別集類/唐五代別集

杜詩鏡銓二十卷附諸家論杜一卷年譜一卷
（清）楊倫撰　讀書堂杜工部文集註解二卷
（清）張溍撰　清同治十一年（1872）望三益齋
刻本　十二冊

330000－1702－0002165　普 268/5339　集
部/別集類/明別集

震川先生集三十卷別集十卷附錄一卷補編一
卷　（明）歸有光撰　（清）歸莊校勘　（清）
錢謙益選定　（清）歸玠編輯　清光緒六年
（1880）常熟歸氏刻本　十六冊　缺一卷（補
編）

330000－1702－0002166　普 268/5340　史
部/金石類/總志之屬/文字

張叔未解元所藏金石文字不分卷　（清）張廷
濟考釋　（清）嚴荄輯　清光緒十年（1884）四
會嚴氏鶴緣齋石印本　二冊

330000－1702－0002167　普 268/5341　集
部/別集類/清別集

慎盦文鈔二卷詩鈔二卷　（清）左宗植撰　清
光緒元年（1875）左氏刻本　四冊

330000－1702－0002168　普 268/5342　集
部/別集類/明別集

楊忠愍公集四卷　（明）楊繼盛撰　清光緒九
年（1883）甘肅藩署刻本　囑白記　四冊

330000－1702－0002169　普 268/5343－1
子部/醫家類/方書之屬/單方驗方

經驗良方一卷　清同治十三年（1874）王保鑑
堂刻本　一冊

330000－1702－0002171　普 315/6663　子
部/醫家類/醫經之屬/內經

補注黃帝內經素問二十四卷附素問遺篇一卷
　（唐）王冰注　（宋）林億等校正　（宋）孫
兆改誤　黃帝素問靈樞經十二卷　（宋）史崧
音釋　清光緒二十二年（1896）上海圖書集成
局鉛印本　三冊　存二十五卷（補注黃帝內
經素問一至二十四、素問遺篇）

330000－1702－0002172　普 268/5345　子
部/儒家類/儒家之屬

孔氏家語十卷　題（三國魏）王肅注　清光緒
十八年（1892）上海埽葉山房影印本　五冊

330000－1702－0002173　普 315/6667　子
部/醫家類/方書之屬/單方驗方

醫方論四卷　（清）費伯雄撰　清同治五年
（1866）耕心堂刻本　四冊

330000－1702－0002176　普 315/6673　經
部/書類/傳說之屬

書經集傳六卷　（宋）蔡沈撰　清末三益齋刻
本　四冊

330000－1702－0002177　普 315/6674　類叢
部/叢書類/郡邑之屬

金華叢書七十種　（清）胡鳳丹編　清同治七
年至光緒八年（1868－1882）永康胡氏退補齋
刻本　一冊　存一種

330000－1702－0002178　普 269/5355　集
部/詞類/總集之屬

清綺軒詞選十三卷　（清）夏秉衡輯　清乾隆
十六年（1751）華亭夏秉衡清綺軒刻本　一冊
　存三卷（一至三）

330000－1702－0002179　普 315/6676　類叢
部/叢書類/自著之屬

陸子全書十八種　（清）陸隴其撰　清光緒許
仁沐刻本　四冊　存一種

330000－1702－0002180　普 315/6677　子
部/雜著類/雜纂之屬

魁林漫錄不分卷　（明）瞿式耜輯　清光緒十
六年（1890）江蘇書局刻本　四冊

330000－1702－0002182　普 315/6678　集
部/總集類/選集之屬/通代

文苑英華辨證十卷　（宋）彭叔夏撰　清刻本
　二冊

330000－1702－0002183　普 315/6679　集
部/總集類/選集之屬/斷代

才調集十卷　（五代）韋縠輯　清康熙四十三
年（1704）汪氏垂雲堂刻本　四冊

330000－1702－0002184　普 315/6684　子

部/宗教類/佛教之屬

大方廣圓覺修多羅了義經二卷 題(唐)釋佛陀多羅譯 清同治八年(1869)金陵刻經處刻本 一冊

330000－1702－0002185 普315/6685 子部/宗教類/佛教之屬/諸宗

筠州黃檗山斷際禪師傳心法要二卷 (唐)釋希運說 (唐)裴休輯 清光緒十年(1884)金陵刻經處刻本 一冊

330000－1702－0002186 普315/6690 子部/宗教類/佛教之屬/經

小品般若波羅蜜經十卷 (後秦)釋鳩摩羅什譯 清末刻本 二冊

330000－1702－0002187 普315/6691 子部/宗教類/佛教之屬/諸宗

幻如禪宗明心錄二卷金剛眼二卷 (清)王幻如撰 清末甌城梅師古齋刻本 四冊

330000－1702－0002188 普51/804 史部/傳記類/總傳之屬/家乘

[安徽]新安徐氏宗譜一卷 (清)徐褆纂修 清乾隆三年(1738)刻本 一冊

330000－1702－0002190 普269/5364、5373 類叢部/叢書類/自著之屬

隨園三十六種 (清)袁枚撰 清光緒十八年(1892)上海圖書集成印書局鉛印本 十冊 存二種

330000－1702－0002192 普269/5374 子部/藝術類/書畫之屬/法帖

御刻三希堂石渠寶笈法帖三十二卷 (清)梁詩正等輯 清光緒二十年(1894)上海蜚英館石印本 五冊 存五卷(一、九至十、十三至十四)

330000－1702－0002194 普315/6693 子部/宗教類/佛教之屬/經

六度集經八卷 (三國吳)釋康僧會譯 清光緒五年(1879)金陵刻經處刻本 二冊

330000－1702－0002195 普269/5376 史部/目錄類/通論之屬/掌故瑣記

曝書雜記三卷 (清)錢泰吉撰 清同治七年(1868)刻本 錢恒甫、周端濟題記 一冊

330000－1702－0002196 普269/5379 類叢部/類書類/專類之屬

新纂氏族箋釋八卷 (清)熊峻運輯 清雍正二年(1724)文光堂刻本 三冊 存六卷(一至六)

330000－1702－0002199 普316/6696 子部/宗教類/佛教之屬/經

楞伽阿跋多羅寶經四卷 (南朝宋)釋求那跋陀羅譯 清同治九年(1870)金陵刻經處刻本 二冊

330000－1702－0002201 普316/6701 子部/醫家類/本草之屬/歷代綜合本草

本草綱目五十二卷附圖三卷 (明)李時珍撰 清雍正十三年(1735)三樂齋刻本 三十六冊

330000－1702－0002202 普270/5381 史部/政書類

九通分類總纂二百四十卷 (清)汪鍾霖輯 清光緒二十八年(1902)上海文瀾書局石印本 七十七冊 缺八卷(四十七至四十八、九十五至九十八、二百八至二百九)

330000－1702－0002203 普316/6707 經部/小學類/文字之屬/說文/專著

六書通十卷 (明)閔齊伋撰 (清)畢弘述篆訂 清乾隆六十年(1795)刻本 默廬跋 四冊

330000－1702－0002206 普317/6726 史部/目錄類/專錄之屬

天一閣碑目一卷附續增一卷 (清)范懋敏編 清乾隆五十二年(1787)刻本 一冊 存一卷(碑目)

330000－1702－0002207 普317/6727 子部/雜著類/雜說之屬

分甘餘話四卷 (清)王士禛撰 清康熙刻本 清朝霖題記 一冊

330000－1702－0002209 普323/6794 子

部/藝術類/書畫之屬/書法書品

隸法彙纂十卷 （清）項懷述編 清乾隆五十一年（1786）小酉山房刻本 一冊 存二卷（一至二）

330000－1702－0002212 普104/2431 集部/別集類/宋別集

程端明公洺水集二十六卷首一卷 （宋）程珌撰 明嘉靖三十五年（1556）程元昞刻本 一冊 缺二十一卷（六至二十六）

330000－1702－0002213 普104/2432 類叢部/叢書類/彙編之屬

津逮祕書十五集一百四十種 （明）毛晉編 明崇禎虞山毛氏汲古閣刻本 一冊 存一種

330000－1702－0002214 普104/2433 集部/總集類/彙編之屬

文選遺集 （明）閻光世編 明末笙臺刻本 一冊 存二種

330000－1702－0002215 普104/2434 子部/小說家類/雜事之屬

見聞雜紀九卷續二卷 （明）李樂撰 明刻本 一冊 存一卷（五）

330000－1702－0002216 普124/3109 集部/小說類/長篇之屬

說唐薛家府傳六卷四十二回 （清）如蓮居士撰 清末石印本 二冊 存二卷（一至二）

330000－1702－0002217 普104/2436 集部/總集類/選集之屬/通代

古文雋十六卷 （明）趙燿輯 明崇禎元年（1628）趙胤昌刻本 二冊 存二卷（一、四）

330000－1702－0002218 普104/2437 集部/別集類/唐五代別集

柳文四十三卷別集二卷外集二卷附錄一卷 （唐）柳宗元撰 明刻本 一冊 存六卷（一至六）

330000－1702－0002219 普75/1326 子部/天文曆算類/天文之屬

圓天圖說三卷 （清）李明徹撰 清嘉慶二十四年（1819）松梅軒刻本 三冊

330000－1702－0002220 普104/2438 集部/總集類/選集之屬/通代

西山先生真文忠公文章正宗二十四卷 （宋）真德秀輯 明刻本 一冊 存三卷（十六至十八）

330000－1702－0002222 普289/5856 經部/小學類/音韻之屬/韻書

佩文詩韻釋要五卷 （清）周兆基輯 清光緒十八年（1892）浙江書局刻本 一冊

330000－1702－0002223 普104/2441 集部/小說類/長篇之屬

四雪草堂重訂通俗隋唐演義二十卷一百回 （清）褚人穫撰 清刻本 十一冊 存十一卷（七、十至十二、十四至二十）

330000－1702－0002224 普104/2443 集部/別集類/清別集

圭美堂集二十六卷 （清）徐用錫撰 清乾隆十三年（1748）徐楓亭、周毓崙刻本 三冊 存十六卷（一至十六）

330000－1702－0002225 普104/2444 子部/藝術類/遊藝之屬/聯語

璧合珠聯集十卷 （清）翰緣齋主人輯 清光緒二十三年（1897）上元翰緣齋長沙刻本 六冊

330000－1702－0002226 普75/1327 子部/天文曆算類/天文之屬

圓天圖說續編二卷首一卷 （清）李明徹撰 清嘉慶二十四年（1819）松梅軒刻道光元年（1821）增刻本 二冊

330000－1702－0002227 普104/2445 集部/小說類/長篇之屬

四雪草堂重訂通俗隋唐演義二十卷一百回 （清）褚人穫撰 清康熙四雪草堂刻本 二十冊

330000－1702－0002228 普104/2448 集部/別集類/宋別集

岳忠武王文集八卷 （宋）岳飛撰 **年譜一卷末一卷** （清）黃邦寧輯 清乾隆三十五年

（1770）黃邦寧刻本 四冊

330000－1702－0002229 普104/2449 集部/別集類/明別集

楊忠愍公全集四卷首一卷 （明）楊繼盛撰 清光緒十九年（1893）味菜廬刻本 四冊

330000－1702－0002230 普104/2450、2452－2453 集部/戲劇類/傳奇之屬

味塵軒曲四種 （清）李文翰撰 清咸豐四年（1854）刻本 六冊 存三種

330000－1702－0002231 普75/1328 子部/藝術類/篆刻之屬/印譜

印苑十二卷 （清）顧湘撰 清光緒三十年（1904）海虞顧氏鈐印本 十二冊

330000－1702－0002232 普75/1329 子部/藝術類/篆刻之屬/印譜

學山堂印存四卷 （清）顧湘編 清光緒三十年（1904）海虞顧氏鈐印本 四冊

330000－1702－0002233 普75/1331 子部/農家農學類/蠶桑之屬

柞蠶彙誌一卷 （清）董元亮撰 清宣統二年（1910）浙江官紙局刻本 一冊

330000－1702－0002234 普104/2451 類叢部/叢書類/自著之屬

倚晴樓集 （清）黃燮清撰 清光緒七年（1881）海鹽馬肇曾刻本 一冊 存一種

330000－1702－0002235 普75/1332 子部/農家農學類/總論之屬

農務實業新編不分卷 （清）王上達撰 清宣統二年（1910）浙杭萬春農務局刻本 二冊

330000－1702－0002237 普75/1333 史部/傳記類/總傳之屬

聖諭像解二十卷 （清）梁延年撰 清末北洋官報局石印本 十冊

330000－1702－0002238 普75/1334 新學/全體學

全體通考十八卷首一卷 （英國）德貞子固撰 清光緒十二年（1886）同文館鉛印本 十

四冊

330000－1702－0002241 普75/1337 類叢部/類書類/通類之屬

試帖聊復爾爾集分類註要二卷 （清）徐福辰撰 清同治十三年（1874）杭州春暉堂刻本 二冊

330000－1702－0002242 普75/1338 子部/雜著類/雜考之屬

新名詞徵古錄一卷 （清）孫燲撰 清光緒三十一年（1905）刻本 一冊

330000－1702－0002243 普75/1341 子部/雜著類/雜編之屬

譯林第三期不分卷 清光緒二十七年（1901）上海商務印書館鉛印本 一冊

330000－1702－0002244 普75/1343 類叢部/叢書類/彙編之屬

刻鵠齋叢書十六種 （清）胡念修編 清光緒二十三年至二十七年（1897－1901）刻鵠齋刻本 一冊 存一種

330000－1702－0002246 普75/1348 子部/道家類

登真錄一卷 清光緒二十二年（1896）刻本 一冊

330000－1702－0002247 普75/1353 子部/宗教類/佛教之屬/經疏

金剛般若波羅蜜經疏論纂要刊定記六卷 （唐）釋宗密疏 （宋）釋子璿記 清順治十八年（1661）雜華園刻本 二冊 存二卷（一、四）

330000－1702－0002248 普104/2454 子部/雜著類/雜說之屬

輟耕錄三十卷 （明）陶宗儀撰 清初抄本 清毛晉跋 一冊 存一卷（六）

330000－1702－0002249 普75/1354 史部/傳記類/總傳之屬/儒林

宋元學案一百卷首一卷考畧一卷 （清）黃宗羲撰 （清）全祖望修定 （清）王梓材（清）馮雲濠校並考 清光緒五年（1879）長沙

寄盧刻本　三十冊　存六十四卷（一至六十四）

330000－1702－0002250　普75/1355　類叢部/類書類/專類之屬

子史精華一百六十卷　（清）吳襄等輯　清光緒十三年(1887)上海積山書局石印本　十冊

330000－1702－0002251　普75/1356　類叢部/類書類/專類之屬

子史精華一百六十卷　（清）吳襄等輯　清刻本　十八冊　存五十六卷（二至五、一百一至一百十九、一百二十三至一百三十七、一百四十三至一百六十）

330000－1702－0002252　普76/1361　類叢部/類書類

佩文韻府一百六卷　（清）蔡升元等輯　韻府拾遺一百六卷　（清）汪灝等輯　清刻本　一百九十九冊　存一百六卷（佩文韻府一至一百六）

330000－1702－0002253　普78/1411　子部/雜著類/雜說之屬

竹葉亭雜記四卷　（清）姚元之撰　清宣統二年(1910)上海掃葉山房石印本　二冊

330000－1702－0002255　普104/2455　集部/別集類/宋別集

廬陵宋丞相信國公文忠烈先生全集十六卷文忠烈個公從祀原案錄一卷　（宋）文天祥撰　（清）文有煥等編輯　清雍正三年(1725)文氏五桂堂刻乾隆二年(1737)增刻本　三十二冊

330000－1702－0002256　普104/2459　史部/地理類/外紀之屬

籑喜廬文初集十八卷二集十卷三集四卷　（清）傅雲龍撰　稿本　十一冊　存十卷（二集一至十）

330000－1702－0002257　普104/2461　集部/別集類/清別集

惲子居文鈔四卷　（清）惲敬撰　清宣統二年(1910)國學扶輪社石印本　四冊

330000－1702－0002258　普104/2462　子

部/小說家類/異聞之屬

閱微草堂筆記擇要二卷　（清）紀昀撰　（清）籜園居士選訂　清光緒十五年(1889)鉛印本　一冊

330000－1702－0002259　普78/1431　子部/宗教類/道教之屬

方壺外史八卷　（明）陸西星撰　明末孩堂刻本　一冊　存一卷（三）

330000－1702－0002260　普104/2467　集部/戲劇類/雜劇之屬

貫華堂第六才子書西廂記八卷　（元）王德信（元）關漢卿撰　才子西廂醉心篇一卷　（清）陳維崧撰　清刻本　三冊

330000－1702－0002261　普104/2468　集部/別集類/清別集

印雪軒詩鈔十六卷　（清）俞鴻漸撰　清道光二十七年(1847)刻本　四冊

330000－1702－0002262　普78/1432　子部/宗教類/道教之屬

道書一貫真機易簡錄十二卷　（清）傅金銓撰　清刻本　一冊　存一卷（三）

330000－1702－0002263　普38/620　史部/地理類/方志之屬/郡縣志

[光緒]諸暨縣志六十一卷　陳遹聲修　（清）蔣鴻藻纂　清宣統二年(1910)刻本　十八冊

330000－1702－0002264　普104/2470　集部/別集類/清別集

小謨觴館詩集注八卷詩餘注一卷詩續集注二卷續集詩餘注一卷文集注四卷文續集注二卷　（清）彭兆蓀撰　（清）孫元培　（清）孫長熙注　清道光五年(1825)孫均刻本　一冊　存二卷（文續集注一至二）

330000－1702－0002265　普105/2479　類叢部/叢書類/自著之屬

中復堂五種三十七卷　（清）姚瑩撰　清同治刻本　十二冊

330000－1702－0002266　普105/2480　集部/別集類/宋別集

龍川文集三十卷補遺一卷　（宋）陳亮撰　附錄二卷　（清）應寶時補編　札記一卷　（明）宋廷輔撰　清同治八年(1869)永康應寶時刻本　六冊

330000－1702－0002267　普105/2489　集部/別集類/宋別集

山谷內集詩註二十卷外集詩註十七卷別集詩註二卷　（宋）黃庭堅撰　（宋）任淵　（宋）史容（宋）史季溫注　清光緒二十一年至二十五年(1895－1899)刻宣統二年(1910)印本　十七冊

330000－1702－0002268　普104/2471　集部/別集類/漢魏六朝別集

陳思王集二卷　（三國魏）曹植撰　（明）張溥評閱　清朝宗書室木活字印本　二冊

330000－1702－0002269　普78/1434　子部/儒家類/儒學之屬/性理

延平李先生師弟子答問一卷後錄一卷　（宋）朱熹輯　延平答問補錄一卷　（明）周木輯　清光緒二年(1876)延平府署刻本　二冊

330000－1702－0002270　普288/5822　集部/別集類/清別集

倦繡吟草一卷附詩餘一卷　（清）繆寶娟撰　清光緒四年(1878)鉛印本　一冊　存一卷（倦繡吟草）

330000－1702－0002271　普78/1436　子部/雜著類/雜考之屬

清白士集校補八種　（清）蔡雲撰　清刻本　一冊

330000－1702－0002272　普105/2484　集部/別集類/清別集

敬承堂憶存二卷詩稿刪存一卷守撫紀畧一卷　（清）鍾峻撰　清同治十三年(1874)木活字印本　二冊　缺二卷（憶存一、守撫紀畧）

330000－1702－0002273　普78/1437　子部/雜著類/雜說之屬

水曹清暇錄十六卷　（清）汪啓淑撰　清乾隆五十七年(1792)汪氏飛鴻堂刻本　一冊　存四卷（一至四）

330000－1702－0002274　普78/1440　子部/雜著類/雜說之屬

金罍子上篇二十卷中篇十二卷下篇十二卷　（明）陳絳撰　（明）陳昱輯　明萬曆三十四年(1606)陳昱刻本　一冊　存七卷（中篇六至十二）

330000－1702－0002275　普78/1441　子部/宗教類/道教之屬/戒律

太上感應篇圖說八卷首一卷　（清）黃正元輯　（清）毛金蘭補　清同治八年(1869)刻本　八冊

330000－1702－0002276　普78/1442　子部/宗教類/佛教之屬/經疏

佛說觀無量壽佛經附圖頌一卷　（南朝宋）釋畺良耶舍譯　（明）釋傳燈圖並頌　清同治七年(1868)刻本　一冊

330000－1702－0002277　普78/1443　子部/叢編

二十二子（二十二子彙函）　（清）浙江書局編　清光緒元年至三年(1875－1877)浙江書局刻本　二冊　存一種

330000－1702－0002278　普288/5813　子部/藝術類/書畫之屬

桐陰論畫三卷附錄一卷桐陰畫訣一卷續桐陰論畫一卷　（清）秦祖永撰　清同治三年至六年(1864－1867)刻朱墨套印本　三冊　缺二卷（桐陰論畫三、附錄）

330000－1702－0002279　普105/2486　集部/別集類/清別集

法我堂吟草二卷　（清）蕭書撰　清光緒四年(1878)四友堂木活字印本　二冊

330000－1702－0002280　普78/1444　史部/政書類/律令之屬/法驗

重刊補註洗冤錄集證六卷　（清）王又槐輯　（清）李觀瀾補輯　（清）阮其新補注　（清）張錫蕃重訂　（清）文晟續輯　清光緒三年至五年(1877－1879)浙江書局刻四色套印本　五冊

330000－1702－0002281　普100/2277　類叢

部/叢書類/自著之屬

曾文正公全集十五種　（清）曾國藩撰　清同治至光緒傳忠書局刻本　一冊　存一種

330000 – 1702 – 0002282　普 78/1452　子部/藝術類/遊藝之屬/棋弈

奕譜一卷　清嘉慶十五年（1810）刻本　一冊

330000 – 1702 – 0002283　普 105/2487　集部/別集類/清別集

定峰樂府十卷甲子年定峰山左雜詠一卷諸公論樂府書一卷　（清）沙張白撰　清道光十八年（1838）刻本　二冊

330000 – 1702 – 0002284　普 105/2488　集部/總集類/選集之屬/通代

漁洋山人古詩選五十卷　（清）王士禎輯　清同治五年（1866）金陵書局刻本　十冊

330000 – 1702 – 0002285　普 106/2490　子部/雜著類/雜說之屬

香祖筆記十二卷　（清）王士禎撰　清宣統二年（1910）上海掃葉山房石印本　四冊

330000 – 1702 – 0002287　普 106/2494　集部/詞類/別集之屬

吳梅村詞一卷　（清）吳偉業撰　清宣統元年（1909）上海掃葉山房石印本　一冊

330000 – 1702 – 0002288　普 106/2510　集部/總集類/謠諺之屬

最新婦孺唱歌書十章　（清）上海越社輯　清光緒三十二年（1906）玉麟書局石印本　一冊

330000 – 1702 – 0002289　普 106/2517　子部/小說家類/雜事之屬

郎潛紀聞初筆七卷二筆八卷三筆六卷　（清）陳康祺撰　清宣統二年（1910）上海掃葉山房石印本　九冊　缺二卷（三筆五至六）

330000 – 1702 – 0002290　普 79/1457　子部/小說家類/異聞之屬

勸戒近錄六卷　（清）梁恭辰撰　清光緒二十年（1894）歸安施氏刻本　八冊

330000 – 1702 – 0002291　普 283/5707　集

部/別集類/清別集

煙霞萬古樓文集六卷詩選二卷　（清）王曇撰　清光緒二十一年（1895）鴻文書局石印本　四冊

330000 – 1702 – 0002292　普 283/5709　史部/史抄類

南北史捃華八卷　（清）周嘉猷輯　清同治四年（1865）鑑止水齋刻本　三冊

330000 – 1702 – 0002293　普 107/2580　史部/地理類/專志之屬/祠墓

忠武祠墓志七卷首一卷末一卷　（清）李復心編　清同治五年至六年（1866 – 1867）山陰莫增奎沔署刻本　四冊

330000 – 1702 – 0002294　普 107/2579　集部/別集類/清別集

鬱華閣遺集四卷　（清）盛昱撰　清光緒三十四年（1908）楊鍾羲刻本　一冊

330000 – 1702 – 0002296　普 79/1463　子部/藝術類/遊藝之屬/棋弈

兼山堂奕譜不分卷　（清）徐星友撰　清宣統二年（1910）上海文瑞樓石印本　二冊

330000 – 1702 – 0002299　普 79/1489　子部/藝術類/篆刻之屬/印譜

鐵廬印譜四卷　（清）錢松篆刻　清宣統元年（1909）杭州西泠印社鈐印本　邵章伯跋　四冊

330000 – 1702 – 0002300　普 111/2709　類叢部/叢書類/彙編之屬

申報館叢書正集五十七種附錄三種　（清）尊聞閣主編　**續集一百四十二種**　（清）蔡爾康編　清同治至光緒申報館鉛印本　六冊　存一種

330000 – 1702 – 0002301　普 79/1490　子部/藝術類/篆刻之屬/印譜

吉羅居士印譜不分卷　（清）蔣仁篆刻　清末西泠印社鈐拓本　二冊

330000 – 1702 – 0002303　普 79/1492 – 1493　子部/藝術類/書畫之屬/畫譜

芥子園畫傳初集六卷二集九卷三集四卷續集二卷　(清)王槩　(清)王蓍　(清)王臬輯　清光緒十三年至十四年(1887－1888)鴻文書局石印本　八冊　存十五卷(初集一至六、二集一至九)

330000－1702－0002304　普79/1494　子部/藝術類/書畫之屬/畫譜

芥子園畫傳初集六卷二集九卷三集四卷續集二卷　(清)王槩　(清)王蓍　(清)王臬輯　清光緒十三年至十四年(1887－1888)鴻文書局石印本　四冊　存六卷(三集一至四、續集一至二)

330000－1702－0002305　普80/1497　子部/藝術類/書畫之屬/畫譜

泛槎圖六集六卷　(清)張寶繪　清光緒六年(1880)上海點石齋石印本　八冊

330000－1702－0002306　普80/1507　集部/詞類/總集之屬

國朝詞雅二十四卷　(清)姚階輯　清嘉慶三年(1798)刻本　二十四冊

330000－1702－0002307　普80/1508　集部/別集類/清別集

雪莊西湖漁唱七卷　(清)許承祖撰　題詞一卷　(清)方苞等撰　清乾隆刻本　二冊

330000－1702－0002308　普80/1509　集部/別集類/清別集

雪莊西湖漁唱七卷　(清)許承祖撰　題詞一卷　(清)方苞等撰　清乾隆刻本　二冊

330000－1702－0002309　普80/1510　集部/詩文評類/詩評之屬

聲調譜三卷　(清)趙執信撰　清乾隆二十四年(1759)德州盧見曾雅雨堂刻本　一冊

330000－1702－0002310　普80/1511　集部/別集類/唐五代別集

杜詩提要十四卷　(唐)杜甫撰　(清)吳瞻泰評　清乾隆羅挺刻本　四冊

330000－1702－0002311　普80/1512　集部/詞類/總集之屬

晴雪雅詞四卷　(清)許昂霄輯　清乾隆四十六年(1781)刻本　二冊

330000－1702－0002312　普80/1513　史部/地理類/雜志之屬

金陵雜詠一卷　(清)王友亮撰　清嘉慶十四年(1809)刻本　一冊

330000－1702－0002313　普80/1514　子部/小說家類/雜事之屬

世說新語補二十卷　(南朝宋)劉義慶撰　(南朝梁)劉孝標注　(明)何良俊增補　(明)王世貞刪定　(明)王世懋批釋　(明)張文柱校注　清乾隆二十七年(1762)黃氏茂清書屋刻本　六冊

330000－1702－0002314　普111/2710　集部/小說類/長篇之屬

第五才子書水滸傳七十五卷七十回　(元)施耐庵撰　(清)金人瑞評　清末刻本　十一冊　存四十一卷(六至二十三、二十七至三十一、三十六至四十八、五十二至五十六)

330000－1702－0002315　普111/2711　子部/小說家類/雜事之屬

郎齋雜記八卷　(清)陳曇撰　清道光九年(1829)度帆樓刻本　四冊

330000－1702－0002316　普111/2713　類叢部/叢書類/彙編之屬

武英殿聚珍版書一百三十八種　清乾隆浙江刻本　一冊　存一種

330000－1702－0002318　普281/5647　集部/總集類/尺牘之屬

國朝名人小簡二卷　吳曾祺輯　清宣統二年(1910)上海商務印書局鉛印本　一冊　存一卷(二)

330000－1702－0002319　普111/2739　集部/曲類/彈詞之屬

繡像八美圖初集四卷二十二回二集四卷二十八回　清光緒二十一年(1895)上海書局石印本　四冊

330000－1702－0002320　普111/2740　集

部/曲類/彈詞之屬

新刻秘本雲中落綉鞋九卷九回　清光緒二十年(1894)上海書局鉛印本　四冊

330000－1702－0002321　普111/2741　集部/小說類/長篇之屬

新編雷峰塔奇傳五卷　(清)玉花堂主人撰　清末石印本　二冊

330000－1702－0002322　普111/2742　集部/曲類/彈詞之屬

增像繪圖雙珠球十二卷四十九回　(清)黃予貞撰　清光緒二十五年(1899)文元書莊石印本　二冊

330000－1702－0002323　普111/2744　集部/小說類/短篇之屬

繡像閩秀英才四卷　(清)煙水散人撰　清末石印本　四冊

330000－1702－0002324　普111/2745　集部/曲類/彈詞之屬

繡像玉蜻蜓前傳六卷二十八回後傳六卷三十二回　清宣統二年(1910)上海書局石印本　二冊

330000－1702－0002325　普81/1515　集部/別集類/元別集

湛然居士文集十四卷　(元)耶律楚材撰　清吳錫麒抄本　六冊

330000－1702－0002326　普111/2746　集部/曲類/彈詞之屬

繡像玉蜻蜓前傳六卷二十八回後傳六卷三十二回　清光緒二十五年(1899)鉛印本　六冊

330000－1702－0002327　普281/5654　集部/總集類/選集之屬/斷代

宋詩百一鈔八卷　(清)張景星　(清)姚培謙　(清)王永祺輯　清刻本　一冊　存二卷(五至六)

330000－1702－0002328　普81/1517　集部/總集類/郡邑之屬

涉園題詠一卷　(清)葉燮等撰　清嘉慶十一年(1806)刻本　一冊

330000－1702－0002329　普111/2749　集部/小說類/短篇之屬

西湖佳話古今遺蹟十六卷　(清)墨浪子撰　清刻本　一冊　存三卷(四至六)

330000－1702－0002330　普81/1518　集部/總集類/選集之屬/通代

四家宮詞二卷　(明)林志尹輯　(明)楊慎評　明刻本　一冊

330000－1702－0002331　普81/1519　集部/別集類/唐五代別集

寒山子詩集一卷　(唐)釋寒山子撰　**豐干拾得詩一卷**　(唐)釋豐干　(唐)釋拾得撰　明刻本　一冊

330000－1702－0002332　普81/1520　集部/總集類/氏族之屬

佩琅集一卷詩餘一卷　(清)程德恂撰　**佩琅集一卷詩餘一卷**　(清)程德興撰　清刻本　一冊

330000－1702－0002333　普111/2750　子部/小說家類/雜事之屬

金壺七墨六種　(清)黃鈞宰撰　清光緒二十一年(1895)上海掃葉山房石印本　三冊　存二種

330000－1702－0002334　普81/1521　集部/別集類/清別集

南疑集九卷　(清)沈季友撰　清康熙二十八年(1689)刻本　一冊　存五卷(五言律詩、七言律詩、五言排律、五言絕句、七言絕句)

330000－1702－0002335　普81/1522　集部/別集類/清別集

杲堂詩鈔七卷　(清)李鄴嗣撰　清康熙刻本　四冊

330000－1702－0002336　普81/1523　集部/別集類/宋別集

施註蘇詩四十二卷目錄二卷　(宋)蘇軾撰　(宋)施元之　(宋)顧禧注　(清)顧嗣立　(清)邵長蘅　(清)宋至刪補　**蘇詩續補遺二卷**　(清)馮景補註　**王註正譌一卷**　(清)邵

長蘅撰　**東坡先生年譜一卷**　（宋）王宗稷編
清康熙三十八年(1699)商丘宋犖刻本　十
四冊

330000－1702－0002337　普81/1524　類叢
部/叢書類/自著之屬

清白士集六種　（清）梁玉繩撰　清嘉慶至道
光刻本　二十四冊

330000－1702－0002338　普81/1526　集部/
別集類/宋別集

劍南詩鈔六卷　（宋）陸游撰　（清）楊大鶴選
清同治八年(1869)群玉齋刻本　六冊

330000－1702－0002339　普81/1529　集部/
總集類/選集之屬/斷代

月泉吟社一卷　（宋）吳渭輯　清康熙五十五
年(1716)小斜川刻本　清諸璧發跋　一冊

330000－1702－0002340　普81/1530　集部/
別集類/清別集

秋坪詩存十四卷　（清）陳登龍撰　清道光刻
本　四冊

330000－1702－0002341　普81/1534　集部/
別集類/清別集

招隱山房詩鈔十卷續鈔九卷　戴啓文撰　稿
本　清何汝穆、清周慶雲、吳慶坻、潘飛□跋
九冊

330000－1702－0002342　普81/1535　集部/
別集類/清別集

蒭園詩藁二卷　（清）吳焯撰　清康熙五十年
(1711)刻本　一冊

330000－1702－0002343　普111/2755　集
部/別集類/清別集

右軒拙草一卷　（清）周小厓撰　清同治稿本
一冊

330000－1702－0002344　普111/2759　集
部/別集類/清別集

百美新詠不分卷　（清）顏希源撰　清乾隆五
十七年(1792)刻本　一冊

330000－1702－0002345　普112/2764　集

部/小說類

顧氏明朝四十家小說　（明）顧元慶輯　清宣
統三年(1911)上海國學扶輪社鉛印本　六冊
存三十種

330000－1702－0002346　普279/5592　子
部/儒家類/儒學之屬/性理

近思錄集注十四卷考訂朱子世家一卷　（清）
江永撰　清咸豐三年(1853)刻本　四冊

330000－1702－0002347　普279/5593　集
部/別集類/唐五代別集

**白香山詩長慶集二十卷後集十七卷別集一卷
補遺二卷**　（唐）白居易撰　（清）汪立名編訂
白香山年譜一卷　（清）汪立名撰　**白香山
年譜舊本一卷**　（宋）陳振孫撰　清刻本
十冊

330000－1702－0002349　普112/2789　集
部/別集類/宋別集

東坡和陶合箋四卷陶詩彙評四卷　（宋）蘇軾
撰　（清）溫汝能輯　清宣統二年(1910)上海
掃葉山房石印本　二冊　存四卷(陶詩彙評
一至四)

330000－1702－0002350　普81/1536　集部/
別集類/清別集

固哉草亭詩一卷　（清）高斌撰　清乾隆五年
(1740)阮咸刻本　二冊

330000－1702－0002351　普100/2276　類叢
部/叢書類/彙編之屬

學津討原一百七十三種　（清）張海鵬編　清
嘉慶十年(1805)虞山張氏照曠閣刻本　二冊
存一種

330000－1702－0002352　普174/3822　史
部/紀傳類/正史之屬

二十四史　清乾隆四年(1739)武英殿刻本
二冊　存一種

330000－1702－0002353　普174/3823　集
部/別集類/清別集

百哀篇一卷　（清）俞樾撰　清光緒刻本　一冊

330000－1702－0002354　普174/3824　子

部/儒家類/儒學之屬/禮教/女範

閨門便讀二卷女三字經一卷 （清）朱浩文撰
清光緒二十年至二十一年（1894－1895）湖
北官書局刻本　一冊

330000－1702－0002355　普174/3825　子
部/小說家類/雜事之屬

證諦山人雜志十二卷 （清）葉騰驤撰　清道
光二十六年（1846）品石山房木活字印本　一
冊　存二卷（九至十）

330000－1702－0002356　普174/3826　子
部/儒家類/儒學之屬/禮教/家訓

朱柏廬先生家訓衍義一卷 （清）朱用純注
清光緒二十年（1894）松陵張氏刻本　一冊

330000－1702－0002357　普174/3827　經
部/群經總義類/文字音義之屬

重校十三經不貳字一卷 （清）李鴻藻輯　清
光緒十二年（1886）刻本　一冊

330000－1702－0002358　普174/3828　經
部/小學類/文字之屬/字書/訓蒙

毘陵左氏識字書一卷 （清）左鎮撰　清光緒
十年（1884）嘉興刻本　一冊

330000－1702－0002359　普174/3829　集
部/總集類/彙編之屬

啓禎宮詞 （清）瞿紹基輯　清嘉慶十六年
（1811）海虞瞿氏鐵琴銅劍樓刻本　周大輔題
記　一冊

330000－1702－0002360　普174/3830　類叢
部/叢書類/彙編之屬

靈鶼閣叢書五十六種 （清）江標編　清光緒
元和江氏湖南使院刻本　二冊　存一種

330000－1702－0002361　普174/3831　集
部/小說類/長篇之屬

新刻鍾伯敬先生批評封神演義十九卷一百回
（明）陸西星撰　（明）鍾惺評　清康熙四雪
草堂刻本　一冊　存三卷（一至三）

330000－1702－0002362　普174/3833　史
部/金石類/錢幣之屬/雜著

新刻精參鷹洋定論一卷 （清）沈一飛著　清

光緒十七年（1891）三有益齋刻本　一冊

330000－1702－0002363　普174/3834　子
部/術數類/雜術之屬

術數雜鈔一卷 清末抄本　一冊

330000－1702－0002364　普174/3835　子
部/宗教類/道教之屬/雜著

文帝靈籤一卷 清咸豐八年（1858）刻本
一冊

330000－1702－0002365　普174/3836　子
部/術數類/相宅相墓之屬

抄本陰陽宅一卷 清抄本　一冊

330000－1702－0002366　普174/3837　類叢
部/叢書類/郡邑之屬

武林掌故叢編一百九十種 （清）丁丙編　清
光緒三年至二十六年（1877－1900）錢塘丁氏
嘉惠堂刻本　一冊　存一種

330000－1702－0002367　普174/3840　集
部/總集類/選集之屬/通代

古今文選不分卷 清末抄本　四冊

330000－1702－0002368　普174/3841　子
部/儒家類/儒學之屬/蒙學

弟子規一卷 （清）李毓秀撰　**呂近溪先生小
兒語一卷** （明）呂得勝撰　**呂新吾先生續小
兒語一卷** （明）呂坤撰　**林氏訓蒙詩一卷**
清上元羅氏審學堂刻本　一冊

330000－1702－0002369　普174/3846　史
部/目錄類/總錄之屬/彙刻

**彙刻書目初編十卷補編一卷新編一卷續編一
卷** （清）顧修輯　清嘉慶二十五年（1820）璜
川吳氏刻本　十一冊　缺二卷（新編、續編）

330000－1702－0002370　普174/3821　史
部/地理類/方志之屬/郡縣志

[嘉慶]山陰縣志三十卷首一卷 （清）徐元梅
修　（清）朱文翰等纂　清嘉慶八年（1803）刻
本　二冊　存十二卷（一至九、十三至十四，
首）

330000－1702－0002371　普174/3847　類叢

部/叢書類/彙編之屬

仰視千七百二十九鶴齋叢書四十種　（清）趙
之謙編　清光緒會稽趙氏刻本　一冊　存
一種

330000 - 1702 - 0002372　普 174/3850　史
部/目錄類/總錄之屬/官修

廣雅書局書目一卷　清宣統元年（1909）廣雅
書局刻本　一冊

330000 - 1702 - 0002373　普 270/5386　史
部/地理類/專志之屬/祠墓

曹江孝女廟誌八卷首一卷末一卷補遺一卷
（清）金廷棟輯　（清）唐煦春增輯　清光緒八
年（1882）五社公所刻本　二冊

330000 - 1702 - 0002374　普 174/3851　類叢
部/叢書類/彙編之屬

晨風閣叢書二十二種　沈宗畸編　清宣統元
年（1909）番禺沈氏刻本　二冊　存一種

330000 - 1702 - 0002375　普 62/1115　史部/
詔令奏議類/詔令之屬

硃批諭旨不分卷　（清）鄂爾泰等輯　清光緒
十三年（1887）上海點石齋石印本　六十冊

330000 - 1702 - 0002376　普 100/2275　集
部/別集類/清別集

五湖遊稿一卷　（清）余懷撰　清宣統二年
（1910）京師晨風閣刻本　一冊

330000 - 1702 - 0002377　普 115/2865　類叢
部/叢書類/自著之屬

授堂遺書七種　（清）武億撰　清道光二十三
年（1843）偃師武氏刻本　十六冊

330000 - 1702 - 0002378　普 174/3855　集
部/總集類/選集之屬/斷代

皇明文範六十八卷目錄二卷　（明）張時徹輯
明萬曆刻本　一冊　存一卷（目錄二）

330000 - 1702 - 0002379　普 174/3856　集
部/別集類/唐五代別集

昌黎先生集四十卷外集十卷遺文一卷　（唐）
韓愈撰　（宋）廖瑩中校正　**朱子校昌黎先生
集傳一卷**　（宋）朱熹撰　明東吳徐氏東雅堂

刻本　一冊　存目錄

330000 - 1702 - 0002380　普 174/3857　類叢
部/叢書類/彙編之屬

會稽徐氏鑄學齋叢書十三種　徐維則編　清
咸豐至光緒會稽徐氏刻光緒二十六年（1900）
彙印本　一冊　存一種

330000 - 1702 - 0002381　普 174/3859　史
部/目錄類/總錄之屬/官修

直隸官書局運售各省官刻書籍總目一卷
（清）直隸官書局編　清末直隸省城官書局鉛
印本　一冊

330000 - 1702 - 0002382　普 271/5393　子
部/天文曆算類/算書之屬

行素軒算稿九種　（清）華蘅芳撰　清光緒金
匱華氏行素軒刻本　四冊　存一種

330000 - 1702 - 0002383　普 174/3860　史
部/目錄類/總錄之屬/官修

江蘇官書坊各種書核實價目一卷　清光緒二
十五年（1899）江蘇官書坊刻本　一冊

330000 - 1702 - 0002385　普 174/3867 - 3868
類叢部/叢書類/彙編之屬

粵雅堂叢書一百八十四種　（清）伍崇曜編輯
清道光二十九年至光緒十一年（1849 -
1885）南海伍氏刻彙印本（春秋五禮例宗卷四
至六,乾道臨安志卷四至十五,群書治要卷
四、十三、二十原缺）　三冊　存二種

330000 - 1702 - 0002387　普 270/5392　集
部/別集類/清別集

茝園白話不分卷　（清）彭澧著　清同治五年
（1866）刻本　一冊

330000 - 1702 - 0002389　普 271/5394　集
部/別集類/清別集

三省樓賸稿一卷　（清）張婉撰　清光緒三十
三年（1907）鉛印本　一冊

330000 - 1702 - 0002390　普 270/5395　集
部/別集類/清別集

畫雨樓稿五卷詞鈔一卷　（清）徐珠撰　清嘉
慶十二年（1807）刻本　四冊

330000－1702－0002391　普 51/796　類叢部/叢書類/彙編之屬

武英殿聚珍版書一百三十八種　清光緒二十五年（1899）廣雅書局刻本　一冊　存一種

330000－1702－0002392　普 271/5398　子部/雜著類/雜說之屬

求闕齋日記類鈔十卷　（清）曾國藩撰　（清）王啓原編　清光緒十年（1884）上海還讀樓刻本　四冊

330000－1702－0002393　普 174/3870　史部/目錄類/總錄之屬

書目答問五卷別錄一卷國朝著述諸家姓名略一卷　（清）張之洞撰　清宣統三年（1911）上海掃葉山房石印本　二冊

330000－1702－0002394　普 174/3872　史部/目錄類/總錄之屬/私撰

問經堂書目一卷　（清）問經堂編　清光緒二十五年（1899）杭州問經堂石印本　一冊

330000－1702－0002395　普 174/3875　史部/目錄類/總錄之屬/徵訪

徵訪明季遺書目一卷　劉世環編　清宣統二年（1910）鉛印本　一冊

330000－1702－0002396　普 174/3878　史部/目錄類/總錄之屬/彙刻

畿輔叢書已刻書目一卷未刻書目一卷　（清）王灝編　清光緒刻本　一冊

330000－1702－0002397　普 174/3879　類叢部/叢書類/彙編之屬

滂喜齋叢書五十種　（清）潘祖蔭編　清同治至光緒吳縣潘氏京師刻本　一冊　存一種

330000－1702－0002398　普 174/3881　類叢部/叢書類/彙編之屬

小石山房叢書三十八種　（清）顧湘編　清道光刻同治十三年（1874）虞山顧氏補刻本　一冊　存三種

330000－1702－0002399　普 103/2406　集部/別集類/宋別集

林和靖詩集四卷拾遺一卷　（宋）林逋撰　清

同治十二年（1873）長洲朱氏抱經堂刻本　二冊

330000－1702－0002401　普 175/3892　類叢部/叢書類/彙編之屬

士禮居黃氏叢書十九種附四種　（清）黃丕烈編　清光緒十三年（1887）上海蜚英館影印本　一冊　存三種

330000－1702－0002402　普 271/5400　經部/叢編

遵阮本重校印十三經注疏并校勘記　（清）阮元撰　（清）盧宣旬摘錄　清光緒十三年（1887）上海點石齋石印本　十二冊

330000－1702－0002405　普 175/3912　史部/目錄類/總錄之屬/官修

四庫未收書目提要五卷　（清）阮元撰　清光緒四年（1878）上海淞隱閣鉛印本　一冊

330000－1702－0002406　普 270/5384　集部/別集類

師鄭堂集六卷　孫雄撰　清光緒十七年（1891）無錫文苑閣木活字印本　四冊

330000－1702－0002407　普 175/3920　史部/目錄類/書志之屬/提要

愛日精廬藏書志三十六卷續志四卷　（清）張金吾藏並撰　清光緒十三年（1887）吳縣徐氏靈芬閣木活字印本　二冊　存十二卷（一至六、三十五至三十六,續一至四）

330000－1702－0002408　普 175/3922　史部/目錄類

觀古堂書目叢刻十五種　葉德輝編　清光緒二十八年（1902）至民國湘潭葉氏刻本　一冊　存一種

330000－1702－0002409　普 175/3924　類叢部/叢書類/彙編之屬

式訓堂叢書四十一種　（清）章壽康編　清光緒會稽章氏刻本　一冊　存二種

330000－1702－0002410　普 271/5402　集部/總集類/彙編之屬

國朝六家詩鈔八卷　（清）劉執玉選編　清光

緒十三年(1887)汗青簃刻本　八冊

330000－1702－0002411　普175/3927　類叢部/叢書類/自著之屬

船山遺書五十八種　(清)王夫之撰　清同治四年(1865)湘鄉曾國荃金陵刻本　一冊　存曾國藩序、重刊船山遺書凡例、校刊姓氏、船山遺書目錄、船山箸述目錄、《國史儒林傳》之王夫之傳等

330000－1702－0002412　普175/3928　史部/目錄類/總錄之屬/彙刻

花近樓叢書序跋記二卷　(清)管庭芬撰　清宣統三年(1911)上海國學扶輪社鉛印本　一冊

330000－1702－0002413　普175/3929　類叢部/叢書類/彙編之屬

峭帆樓叢書　趙詒琛編　清宣統三年至民國八年(1911－1919)新陽趙氏峭帆樓刻本　一冊　存一種

330000－1702－0002414　普6/140　史部/地理類/總志之屬/斷代

輿地紀勝二百卷首一卷　(宋)王象之撰　清咸豐五年(1855)南海伍崇曜粵雅堂刻本(卷十三至十六、五十至五十四、一百三十六至一百四十四、一百六十八至一百七十三、一百九十三至二百原缺)　三十二冊

330000－1702－0002415　普175/3934　史部/目錄類/書志之屬/題跋

古逸叢書敍目一卷　(清)黎庶昌撰　清光緒十年(1884)遵義黎氏日本東京使署刻本　一冊

330000－1702－0002416　普176/3988　子部/小說家類/異聞之屬

對山書屋墨餘錄十六卷　(清)毛祥麟撰　清同治十年(1871)杭州文元堂楊氏刻本　六冊

330000－1702－0002418　普51/800　史部/目錄類/專錄之屬

經義考三百卷　(清)朱彝尊撰　**經義考總目二卷**　(清)盧見曾編　清康熙秀水朱氏曝書亭刻乾隆十九年至二十年(1754－1755)德州盧見曾續刻乾隆四十二年(1777)汪汝瑮印本(卷二百八十六、二百九十九至三百原缺)十六冊　存一百十卷(四十一至一百五十)

330000－1702－0002419　普176/3990　集部/別集類/清別集

聽雲樓詩鈔十卷補遺一卷　(清)譚敬昭撰　(清)李岳　(清)劉德琯輯　清光緒十七年(1891)刻本　四冊

330000－1702－0002420　普176/3993　子部/兵家類/兵法之屬

兵鏡三種　(清)鄧廷羅撰　清桐石山房刻本　十五冊　存二種

330000－1702－0002422　普271/5406　集部/別集類/清別集

獨旦集二卷　(清)高士奇撰　清康熙三十一年(1692)刻本　一冊

330000－1702－0002424　普271/5408　集部/詩文評類/詩評之屬

小匏庵詩話十卷　(清)吳仰賢輯　清光緒八年(1882)刻本　一冊　存五卷(一至五)

330000－1702－0002425　普271/5412　集部/別集類/清別集

木樨香館詩五卷　(清)查文經撰　清光緒刻本　一冊

330000－1702－0002427　普272/5415　類叢部/叢書類/彙編之屬

崇文書局彙刻書三十三種　(清)崇文書局編　清光緒元年至三年(1875－1877)湖北崇文書局刻本　一冊　存一種

330000－1702－0002428　普272/5418　集部/別集類/清別集

延綠草堂賦稿一卷　(清)柯萬源撰　清道光二十六年(1846)刻本　一冊

330000－1702－0002430　普176/3999　集部/別集類/清別集

秋嶽小西園詩草一卷　(清)王鑑堂撰　(清)王禹堂編　清道光二十八年(1848)王禹堂刻

本　一冊

330000 - 1702 - 0002431　普 176/4000　集部/別集類/清別集

鐵堂詩草二卷　（清）許珌撰　清乾隆五十五年（1790）蘭山書院刻本　二冊

330000 - 1702 - 0002433　普 176/4001　集部/別集類/清別集

十笏山房詩鈔五卷　（清）張懷溥撰　（清）張懷泗輯　清道光四年（1824）刻本　二冊

330000 - 1702 - 0002434　普 176/4002　子部/藝術類/書畫之屬/畫譜

性安廬畫稿四卷　（清）姚鐘葆繪　清光緒二十九年（1903）上海讀畫齋石印本　四冊

330000 - 1702 - 0002435　普 176/4003　類叢部/叢書類/郡邑之屬

武林掌故叢編一百九十種　（清）丁丙編　清光緒三年至二十六年（1877 - 1900）錢塘丁氏嘉惠堂刻本（［乾道］臨安志卷四至十五、南宋館閣錄卷一原缺）　一冊　存一種

330000 - 1702 - 0002436　普 176/4004　子部/雜著類/雜說之屬

菜根譚一卷　（明）洪應明撰　清光緒三年（1877）皋蘭心齋顏學謙刻本　一冊

330000 - 1702 - 0002437　普 176/4005　集部/別集類/清別集

雲在山房詩鈔四卷　（清）余倫撰　清嘉慶刻本　一冊

330000 - 1702 - 0002439　普 176/4007　集部/別集類/清別集

一硯樓詩草一卷　（清）鄔同壽撰　清宣統元年（1909）刻本　嘯白題記　一冊

330000 - 1702 - 0002440　普 176/4008　集部/別集類/清別集

拜竹詩堪詩存四卷釣船笛譜一卷　（清）馮登府撰　清道光九年（1829）閩中刻本　一冊

330000 - 1702 - 0002441　普 272/5427　集部/別集類/清別集

借庵詩文遺稿三卷　（清）釋巨超撰　（清）性源輯　清道光十九年（1839）刻本　一冊

330000 - 1702 - 0002442　普 176/4009　集部/別集類/清別集

爐餘詩藁一卷詩餘一卷　（清）楊清華撰　清同治十三年（1874）刻本　一冊

330000 - 1702 - 0002443　普 176/4010　集部/別集類/清別集

鐵瓶詩鈔三卷　（清）張岳齡撰　清末刻本　一冊

330000 - 1702 - 0002444　普 272/5428　集部/總集類/課藝之屬

麗澤課藝選二卷　（清）姚瑩俊選評　清光緒二十一年（1895）蕭山陳氏木活字印本　二冊

330000 - 1702 - 0002445　普 176/4011　子部/工藝類/文房四寶之屬/硯

端溪硯史三卷　（清）吳蘭修撰　清道光味菜廬木活字印本　四冊

330000 - 1702 - 0002446　普 176/4012　史部/金石類/錢幣之屬/雜著

吉金所見錄十六卷首一卷末一卷　（清）初尚齡撰　清嘉慶二十四年（1819）萊陽初氏古香書屋刻道光七年（1827）補刻本　四冊

330000 - 1702 - 0002447　民 114/2844　集部/總集類/尺牘之屬

昭代名人尺牘續集二十四卷　陶湘輯　清宣統三年（1911）天寶石印局影印本　二十四冊

330000 - 1702 - 0002448　普 272/5430　史部/史抄類

鑑要四卷首一卷補遺一卷　（清）李玉瓚輯　清嘉慶七年（1802）雙樓氏刻本　二冊

330000 - 1702 - 0002449　普 272/5432　集部/別集類/清別集

天鑑堂一集二卷　（清）沈近思撰　清光緒二十五年（1899）刻本　一冊

330000 - 1702 - 0002450　普 177/4014　史部/地理類/山川之屬/水志

西湖志四十八卷 （清）李衛 （清）程元章修
（清）傅王露撰 清雍正十三年（1735）兩浙
鹽驛道庫刻乾隆印本 二十冊

330000－1702－0002451 普177/4019 類叢
部/叢書類/郡邑之屬

武林掌故叢編一百九十種 （清）丁丙編 清
光緒三年至二十六年（1877－1900）錢塘丁氏
嘉惠堂刻本（[乾道]臨安志卷四至十五、南宋
館閣錄卷一原缺） 二冊 存一種

330000－1702－0002452 普272/5433 史
部/詔令奏議類/詔令之屬

除獎彙編不分卷 清乾隆六十年（1795）刻本
一冊

330000－1702－0002454 普276/5510 史
部/地理類/總志之屬/通代

天下郡國利病書一百二十卷 （清）顧炎武撰
清光緒二十七年（1901）上海圖書集成局鉛
印本 十一冊 存五十一卷（十一至十四、三
十三至四十八、五十三至五十八、六十九至七
十四、七十九至八十三、八十八至九十六、一
百十六至一百二十）

330000－1702－0002455 普272/5438－1
集部/別集類/清別集

曝書亭集八十卷附錄一卷 （清）朱彝尊撰
笛漁小藁十卷 （清）朱昆田撰 清康熙五十
三年（1714）朱稻孫刻雍正印本 十七冊

330000－1702－0002456 普273/5440 史
部/紀傳類/正史之屬

二十四史 清同治至光緒五省官書局據汲古
閣本等合刻光緒五年（1879）湖北書局彙印本
八冊 存一種

330000－1702－0002457 普273/5442 類叢
部/叢書類/自著之屬

章氏遺書二種 （清）章學誠撰 清道光十二
年至十三年（1832－1833）章華紱刻本 三冊
存一種

330000－1702－0002458 普113/2814 集
部/總集類/選集之屬/通代

古文淵鑒六十四卷 （清）徐乾學等輯注 清
同治十二年（1873）浙江書局刻本 三十二冊

330000－1702－0002460 普113/2822 集
部/別集類/唐五代別集

白香山詩長慶集二十卷後集十七卷別集一卷
補遺二卷 （唐）白居易撰 （清）汪立名編訂
白香山年譜一卷 （清）汪立名撰 白香山
年譜舊本一卷 （宋）陳振孫撰 清康熙四十
一年至四十二年（1702－1703）汪立名一隅草
堂刻本 十冊 缺九卷（長慶集十二至二十）

330000－1702－0002461 普273/5446 子
部/小說家類/雜事之屬

世說新語八卷 （南朝宋）劉義慶撰 （南朝
梁）劉孝標注 （明）張懋辰訂補 世說新語
補四卷 （明）何良俊撰 （明）王世貞刪定
清刻本 八冊

330000－1702－0002462 普273/5447 集
部/別集類/清別集

石笥山房集二十四卷 （清）胡天游撰 清宣
統二年（1910）上海國學扶輪社石印本 十冊

330000－1702－0002463 普273/5449 集
部/別集類/清別集

有正味齋駢體文二十四卷首一卷 （清）吳錫
麒撰 （清）王廣業箋 （清）葉聯芬注 清光
緒十五年（1889）上海蜚英館石印本 四冊

330000－1702－0002464 普273/5450 類叢
部/叢書類/自著之屬

古桐書屋六種續刻三種 （清）劉熙載撰 清
同治至光緒刻本 二冊 存一種

330000－1702－0002465 普273/5451 經
部/小學類/音韻之屬/韻書

佩文詩韻釋要五卷辨正一卷 （清）周兆基輯
清光緒三年（1877）粵東使署刻本 一冊
存二卷（一至二）

330000－1702－0002466 普113/2829 類叢
部/叢書類/自著之屬

曾文正公全集十五種 （清）曾國藩撰 清同
治至光緒傳忠書局刻本 二冊 存一種

330000 – 1702 – 0002467　普 273/5452　集部/別集類/清別集

紀文達公遺集十六卷首一卷　（清）紀昀撰（清）紀樹馨編　清宣統二年(1910)上海保粹樓石印本　四冊

330000 – 1702 – 0002469　普 113/2836　集部/總集類/選集之屬/通代

歷朝名媛詩詞十二卷　（清）陸昶輯　清宣統三年(1911)上海掃葉山房石印本　四冊

330000 – 1702 – 0002471　普 274/5461　經部/春秋公羊傳類/傳說之屬

張氏公羊二種六卷　（清）張憲和撰　清光緒刻本　三冊　缺二卷(公羊臆二至三)

330000 – 1702 – 0002472　普 274/5463　集部/總集類/彙編之屬

初唐四傑文集二十一卷　（清）□□編　清光緒五年(1879)淮南書局刻本　三冊

330000 – 1702 – 0002473　普 274/5462　史部/紀傳類/正史之屬

五代史七十四卷附考證　（宋）歐陽修撰（宋）徐無黨注　清光緒元年(1875)成都書局刻本　十冊

330000 – 1702 – 0002475　普 274/5468　集部/總集類/選集之屬/通代

古詩源十四卷　（清）沈德潛輯　清康熙刻本　三冊　存十一卷(四至十四)

330000 – 1702 – 0002476　普 100/2272　集部/總集類/郡邑之屬

縉雲文徵二十卷補編一卷　（清）湯成烈編錄　清光緒二年(1876)刻本　八冊

330000 – 1702 – 0002477　普 275/5478　集部/總集類/選集之屬/通代

文章游戲初編八卷二編八卷三編八卷四編八卷　（清）繆艮輯　清嘉慶二十一年至道光四年(1816－1824)藕花館刻本　四冊　存十卷(初編四至八,二編三、五,三編二、七至八)

330000 – 1702 – 0002478　普 100/2268　集部/總集類/郡邑之屬

台山懷舊集十二卷　（清）張廷俊選　清嘉慶元年(1796)刻本　九冊

330000 – 1702 – 0002480　普 100/2267　集部/別集類/清別集

湖唐林館駢體文二卷　（清）李慈銘撰　清光緒十年(1884)刻本　一冊

330000 – 1702 – 0002481　普 100/2265　集部/別集類/明別集

方正學先生遜志齋集七卷首一卷　（明）方孝孺撰　清同治三年(1864)刻本　十二冊

330000 – 1702 – 0002483　普 281/5649 – 5650　類叢部/叢書類/彙編之屬

龍威秘書一百六十九種　（清）馬俊良編　清乾隆五十九年至嘉慶元年(1794－1796)浙江石門馬氏大酉山房刻本　二冊　存二種

330000 – 1702 – 0002485　普 100/2261　集部/別集類/清別集

白華山人詩鈔四卷　（清）厲志撰（清）姚燮輯　清道光十五年(1835)刻本　一冊

330000 – 1702 – 0002486　普 100/2259　集部/詞類/詞譜之屬

詞律二十卷　（清）萬樹撰　清康熙二十六年(1687)萬氏堆絮園刻本　一冊　存四卷(十至十三)

330000 – 1702 – 0002488　普 95/2089　子部/叢編

二十五子彙函(子書二十五種)　（清）鴻文書局編　清光緒十九年(1893)上海鴻文書局石印本　十六冊

330000 – 1702 – 0002489　普 139/3239/2　集部/總集類/課藝之屬

辛芝公應試制藝一卷　（清）潘辛芝撰　稿本　一冊

330000 – 1702 – 0002490　普 112/2790　集部/別集類/宋別集

東坡和陶合箋四卷陶詩彙評四卷　（宋）蘇軾撰（清）溫汝能輯　清宣統二年(1910)上海掃葉山房石印本　二冊　存四卷(合箋一至

四）

330000－1702－0002492　普 112/2799　集部/詩文評類/詩評之屬

飲冰室詩話五卷　梁啓超撰　清宣統二年（1910）上海書局石印本　五冊

330000－1702－0002493　普 112/2800　集部/總集類/選集之屬/通代

文選五卷首一卷　（南朝梁）蕭統輯　（唐）李善注　**文選考異一卷**　（清）胡克家撰　清光緒十四年（1888）同文書局石印本　六冊

330000－1702－0002494　普 276/5514　類叢部/類書類/專類之屬

慎名目錄七卷　（清）周震榮著　清末周端泗抄本　一冊

330000－1702－0002495　普 112/2802　集部/別集類/清別集

白茸山人詩一卷　（清）閻爾梅撰　清抄本　一冊

330000－1702－0002496　普 112/2804　集部/小說類/長篇之屬

新刻粉粧樓傳記十卷八十回　（清）竹溪山人撰　清刻本　十冊

330000－1702－0002497　普 273/5443　集部/別集類/宋別集

岳忠武王文集八卷　（宋）岳飛撰　**年譜一卷末一卷**　（清）黃邦寧輯　清末韓城師長怡刻本　二冊

330000－1702－0002499　普 113/2815－2821　集部/總集類/選集之屬/通代

全上古三代秦漢三國六朝文七百四十一卷
清光緒二十年（1894）黃岡王氏刻本　十三冊　存一百四十七卷（後漢文十一至三十三、七十至八十二，三國文十三至二十四、三十七至六十二，晉文一至十一、一百四十九至一百五十八，齊文十四至二十六，梁文一至十九，陳文一至九，後魏文十一至二十一）

330000－1702－0002500　普 113/2825　類叢部/叢書類/自著之屬

春在堂全書三十六種　（清）俞樾撰　清同治至光緒刻光緒末彙印本　八冊　存一種

330000－1702－0002501　普 113/2824　類叢部/叢書類/家集之屬

得一山房四種附一種　（清）唐景崧等撰　清光緒十九年（1893）刻本　一冊

330000－1702－0002503　普 95/2096　經部/春秋左傳類/傳說之屬

春秋左傳杜林合註五十卷　（晉）杜預註　（宋）林堯叟補註　（唐）陸德明音義　（明）鍾惺　（明）孫鑛　（明）韓范評　清咸豐元年（1851）甯郡汲綆齋刻本　十二冊

330000－1702－0002504　普 273/5453　史部/地理類/總志之屬/通代

歷代地理志韻編今釋二十卷皇朝輿地圖一卷皇朝輿地韻編二卷　（清）李兆洛撰　清光緒上海蜚英館石印本　四冊

330000－1702－0002506　普 95/2097　經部/叢編

古經解彙函十六種附小學彙函十四種　（清）鍾謙鈞等輯　清同治十二年（1873）粵東書局刻本　四冊　存古經解彙函一種

330000－1702－0002507　普 113/2830　類叢部/叢書類/彙編之屬

學海類編四百三十種　（清）曹溶編　（清）陶越增訂　清道光十一年（1831）六安晁氏木活字印本　一冊　存一種

330000－1702－0002508　普 81/1537　集部/別集類/清別集

有懷堂詩藁六卷文藁二十二卷　（清）韓菼撰　清康熙四十二年（1703）有懷堂刻本　一冊　存六卷（詩藁一至六）

330000－1702－0002509　普 113/2831　子部/叢編

子書百家　（清）崇文書局編　清光緒元年（1875）湖北崇文書局刻本　一冊　存一種

330000－1702－0002510　普 113/2834　集部/戲劇類/傳奇之屬

數點梅花別業子遺贅筆十二卷 （清）嵇順昌
（偶然放士）稿　稿本　清吳宗山題識　清
江順怡題記　一冊　存四卷（九至十二）

330000－1702－0002511　普95/2099　子部/
叢編

二十二子（二十二子彙函）　（清）浙江書局編
　清光緒元年至三年（1875－1877）浙江書局
刻本　四冊　存一種

330000－1702－0002512　普113/2835　集
部/總集類/選集之屬/通代

歷朝名媛詩詞十二卷　（清）陸昶輯　清宣統
三年（1911）上海掃葉山房石印本　四冊

330000－1702－0002513　普114/2841　集
部/小說類/長篇之屬

繡像紅樓夢補四卷四十八回　（清）歸鋤子撰
　清光緒二十五年（1899）上海圖書集成局鉛
印本　四冊

330000－1702－0002514　普114/2842　集
部/總集類/尺牘之屬

翰海十二卷　（明）沈佳胤輯　清光緒二年
（1876）成都昌福公司鉛印本　四冊

330000－1702－0002515　普81/1538　集部/
別集類/清別集

靜宜樓唫藁一卷　（清）張常熹撰　清菊盧淡
如氏抄本　一冊

330000－1702－0002516　普185/4482　史
部/地理類/防務之屬/陸防

雲南城設營汛繪圖總冊十一卷　稿本　十
一冊

330000－1702－0002517　普96/2109　集部/
總集類/選集之屬/通代

選賦六卷名人世次爵里一卷　（南朝梁）蕭統
輯　（明）郭正域評點　明吳興凌氏鳳笙閣刻
朱墨套印本　一冊　存一卷（一）

330000－1702－0002518　普81/1543　集部/
詞類/總集之屬

國朝七家詞選一卷　（清）孫麟趾輯　清同治
九年（1870）抄本　清張鳴珂跋　一冊

330000－1702－0002519　普96/2105　子部/
儒家類/儒學之屬/性理

朱子語類一百四十卷　（宋）朱熹撰　（宋）黎
靖德輯　明刻本　三冊　存十五卷（五十五
至六十一、一百三十三至一百四十）

330000－1702－0002520　普81/1544　集部/
總集類/選集之屬/斷代

綠筠書屋遺詩一卷　（清）金衡撰　陶菴偶集
一卷　（清）金世章撰　清乾隆元年（1736）刻
本　一冊

330000－1702－0002521　普96/2111　子部/
小說家類/異聞之屬

王子年拾遺記十卷　題（後秦）王嘉撰　明刻
本　一冊　存五卷（一至五）

330000－1702－0002522　普81/1545　集部/
別集類/清別集

懷友詩集一卷　（清）徐汝璞撰　清乾隆十三
年（1748）刻本　一冊

330000－1702－0002523　普96/2107　經部/
樂類/律呂之屬

御製律呂正義一卷　（清）允祉等撰　清咸豐
刻本　一冊

330000－1702－0002524　普97/2113　集部/
別集類/清別集

清娛閣吟稾六卷諸家評跋一卷題辭一卷
（清）鮑之蕙撰　清嘉慶十六年（1811）寸草園
刻本　四冊　存六卷（一至六）

330000－1702－0002525　普81/1546　集部/
別集類/清別集

小十誦寮詩存四卷　（清）周南撰　清嘉慶二
十五年（1820）刻本　三冊

330000－1702－0002526　普81/1547　集部/
別集類/清別集

稗畦詩一卷　（清）洪昇撰　清抄本　一冊

330000－1702－0002527　普140/3408　集
部/別集類/清別集

越縵堂雜著不分卷　（清）李慈銘撰　稿本
一冊

330000－1702－0002528　普 273/5439　類叢部/類書類

佩文韻府一百六卷　（清）蔡升元等輯　**韻府拾遺一百六卷**　（清）汪灝等輯　清光緒八年（1882）上海點石齋石印本　十冊

330000－1702－0002529　普 97/2115　集部/別集類/唐五代別集

趙子常選杜律五言註三卷　（唐）杜甫撰（元）趙汸注　（清）查弘道　（清）金集補注　　**虞伯生選杜律七言註三卷**　（唐）杜甫撰（元）虞集注　（清）查弘道　（清）金集補注　清康熙五十一年（1712）查弘道亦山草堂刻本　二冊

330000－1702－0002530　普 97/2116　集部/別集類/清別集

白雲文集五卷詩集二卷　（清）陳斌撰　清嘉慶十二年（1807）刻本　二冊

330000－1702－0002531　普 115/2849　類叢部/叢書類/彙編之屬

問經堂叢書　（清）孫馮翼編　清嘉慶承德孫氏刻本　一冊　存一種

330000－1702－0002532　普 81/1548　集部/別集類/宋別集

先天集十卷附錄二卷　（宋）許月卿撰　清活字印本　一冊

330000－1702－0002533　普 97/2117　集部/別集類/清別集

鏡西閣詩選八卷　（清）邵飁撰　清道光十年（1830）刻本　二冊　存四卷（一至四）

330000－1702－0002534　普 275/5473　類叢部/叢書類/自著之屬

蘦蒔山莊遺著四種　（清）吳修祜撰　清光緒十年至十五年（1884－1889）木活字本　一冊　存一種

330000－1702－0002535　普 97/2118　史部/地理類/雜志之屬

西招圖畧一卷圖說一卷附錄自成都府至後藏路程一卷前藏至西寧路程一卷　（清）松筠撰清道光二十七年（1847）王師道刻本　一冊

330000－1702－0002536　普 275/5474　子部/叢編

子書二十三種　（清）浙江書局編　清光緒二十三年（1897）上海圖書集成局鉛印本　九冊存六種

330000－1702－0002537　普 97/2124　集部/總集類/選集之屬/斷代

同岑詩選十二卷　（清）王昶　（清）顧光選清嘉慶五年（1800）刻本　一冊

330000－1702－0002539　普 97/2125　集部/別集類/唐五代別集

李義山詩集十六卷　（唐）李商隱撰　（清）姚培謙箋　清乾隆五年（1740）姚氏松桂讀書堂刻本　二冊

330000－1702－0002541　普 97/2131　史部/地理類/外紀之屬

漢西域圖考七卷首一卷　（清）李光廷撰　清末上海鴻文書局石印本　四冊

330000－1702－0002542　普 82/1549　集部/別集類/清別集

帶經堂集九十二卷　（清）王士禛撰　（清）程哲編　清康熙四十九年至五十年（1710－1711）程哲七略書堂刻本　二十四冊

330000－1702－0002543　普 97/2132　史部/編年類/通代之屬

御批歷代通鑑輯覽一百二十卷　（清）傅恒等撰　清光緒九年（1883）同文書局石印本　十六冊

330000－1702－0002544　普 275/5477　類叢部/叢書類/彙編之屬

咫進齋叢書三十五種　（清）姚覲元編　清光緒九年（1883）歸安姚氏刻本　一冊　存四種

330000－1702－0002545　普 100/2258　集部/別集類/清別集

樂妙山居集一卷續編一卷　（清）錢沃臣撰清嘉慶十五年（1810）刻本　一冊　缺一卷（續編）

330000－1702－0002546　普115/2850　類叢部/叢書類/彙編之屬

賜硯堂叢書新編四十種　（清）顧沅編　清道光十年（1830）長州顧氏刻本　清端虛跋　五冊　存二十五種

330000－1702－0002547　普97/2128　集部/總集類/課藝之屬

棣華書屋課藝一卷　（清）程海珊改本　清光緒抄本　一冊

330000－1702－0002548　普271/5396　集部/總集類/氏族之屬

薛氏五種　（清）薛時雨輯　清同治五年至十年（1866－1871）刻本　四冊　存一種

330000－1702－0002549　普97/2138　類叢部/類書類

佩文韻府一百六卷　（清）蔡升元等輯　**韻府拾遺一百六卷**　（清）汪灝等輯　清光緒十三年（1887）上海點石齋石印本　六十冊

330000－1702－0002550　普97/2139　史部/詔令奏議類/詔令之屬

諭摺彙存不分卷　清光緒鉛印本　六冊

330000－1702－0002551　普124/3099　類叢部/叢書類/自著之屬

潛園總集十七種　（清）陸心源撰　清同治至光緒刻本　四冊　存一種

330000－1702－0002553　普289/5851　子部/雜著類/雜纂之屬

天花亂墜八卷二集八卷三集八卷　（清）寅半生編　清光緒二十九年至三十三年（1903－1907）杭州崇寔齋刻本　一冊　存一卷（二集五）

330000－1702－0002554　普82/1551　集部/別集類/清別集

生香書屋詩集七卷文集四卷　（清）陳浩撰　清道光九年（1829）刻本　四冊

330000－1702－0002555　普98/2146　類叢部/叢書類/彙編之屬

武英殿聚珍版書一百三十八種　清乾隆浙江

刻本　十八冊　存一種

330000－1702－0002556　普124/3102　集部/小說類/長篇之屬

精訂綱鑑廿四史通俗衍義二十六卷四十四回首一卷　（清）呂撫撰　清光緒十五年（1889）上海廣百宋齋鉛印本　六冊

330000－1702－0002558　普124/3106　集部/小說類/長篇之屬

增像全圖加批西游記八卷一百回　（明）吳承恩撰　（清）陳士斌詮解　清光緒二十七年（1901）上洋慶記石印本　八冊

330000－1702－0002560　普124/3107　集部/別集類/清別集

雲在軒詩草一卷雲在軒隨筆一卷　（清）錢希撰　清光緒二十五年（1899）刻本　一冊

330000－1702－0002561　普292/6074　史部/金石類

小蓬萊閣金石文字十卷　（清）黃易輯　清道光十四年（1834）石墨軒刻本　一冊　存四卷（一至四）

330000－1702－0002562　普124/3108　集部/小說類/長篇之屬

說唐前傳十卷六十八回　（清）如蓮居士撰　清光緒八年（1882）樊川文成堂刻本　五冊

330000－1702－0002563　普323/6806　史部/史表類/通代之屬

歷代治權分合系統表一卷　（清）吳寶忠編　清光緒三十四年（1908）上海商務印書館石印本　一冊

330000－1702－0002564　普289/5857　集部/詞類/總集之屬

絕妙好詞箋七卷　（宋）周密輯　（清）查爲仁（清）厲鶚箋　**絕妙好詞續鈔一卷**　（清）余集輯　**絕妙好詞又續鈔一卷**　（清）徐楙補錄　清刻本　一冊　存三卷（六至七、續鈔）

330000－1702－0002566　普124/3113　集部/詞類/別集之屬

紅豆樹館詞八卷　（清）陶樑撰　清道光二十

三年(1843)百梅書屋刻本　二冊

330000－1702－0002567　普98/2155　集部/別集類/清別集

趙裘萼公賸藁四卷　（清）趙熊詔撰　清光緒二十三年(1897)浙江書局刻本　二冊

330000－1702－0002568　普124/3115　集部/小說類/短篇之屬

劍俠傳四卷　清光緒五年(1879)刻本　二冊

330000－1702－0002570　普124/3116　集部/曲類/彈詞之屬

安邦志八卷定國志八卷　清宣統二年(1910)上海章福記書局石印本　八冊　存八卷(定國志一至八)

330000－1702－0002571　普82/1553　類叢部/叢書類/家集之屬

江都陳氏叢書七種　（清）陳本禮　（清）陳逢衡撰　清嘉慶至道光刻道光五年(1825)修梅山館彙印本　二冊　存一種

330000－1702－0002573　普275/5489　集部/別集類/清別集

春水船詩鈔一卷詩補遺一卷文鈔一卷　（清）俞思源撰　清光緒十二年(1886)刻本　一冊

330000－1702－0002574　普275/5491　集部/總集類/氏族之屬

重鑴清河五先生詩選八卷　（清）朱爲弼選錄　**續補清河一先生詩選二卷**　（清）徐申錫選錄　清同治八年(1869)平湖張顯周刻光緒二十八年(1902)南園印本　一冊　存四卷(一至四)

330000－1702－0002575　普82/1557　集部/別集類/清別集

曝書亭集八十卷附錄一卷　（清）朱彝尊撰　**笛漁小稾十卷**　（清）朱昆田撰　清康熙五十三年(1714)曹寅、朱稻孫刻本　十冊

330000－1702－0002576　普261/5147/1　集部/總集類/氏族之屬

重鑴清河五先生詩選八卷　（清）朱爲弼選錄　**續補清河一先生詩選二卷**　（清）徐申錫選

錄　清同治八年(1869)平湖張顯周刻光緒二十八年(1902)南園印本　一冊　缺四卷(一至四)

330000－1702－0002577　普275/5492　類叢部/叢書類/自著之屬

陸放翁全集六種　（宋）陸游撰　明末海虞毛氏汲古閣刻清初毛扆增刻彙印本　一冊　存三種

330000－1702－0002578　普98/2161　史部/地理類

西湖集覽　（清）丁丙輯　清光緒九年(1883)錢塘丁氏嘉惠堂刻本　十冊

330000－1702－0002579　普98/2162　子部/儒家類/儒學之屬/蒙學

續神童詩一卷　（清）戴楳撰　清光緒十七年(1891)省身居士刻本　一冊

330000－1702－0002581　普98/2166　類叢部/叢書類/郡邑之屬

湖墅叢書　（清）王麟輯　清光緒五年(1879)錢塘王氏刻本　一冊　存一種

330000－1702－0002584　普98/2181　集部/曲類/彈詞之屬

新刻繡像義妖全傳二十八卷五十四回　清刻本　九冊　存二十二卷(七至二十八)

330000－1702－0002585　普276/5523　類叢部/叢書類/彙編之屬

漸西村舍彙刊（漸西村舍叢刻）四十四種　（清）袁昶編　清光緒十六年至二十四年(1890－1898)桐廬袁氏刻本　周端濟批　二冊　存一種

330000－1702－0002586　普82/1559　集部/別集類/清別集

牧齋有學集五十一卷補遺一卷　（清）錢謙益撰　清康熙二十四年(1685)金匱山房刻本(卷四十二至四十七補配抄本)　十六冊

330000－1702－0002587　普82/1560　集部/總集類/選集之屬/斷代

詩觀初集十二卷二集十四卷三集十三卷閏秀

別卷一卷　（清）鄧漢儀輯　清康熙鄧漢儀慎墨堂刻本　十一冊　存十一卷（初集一至十一）

330000－1702－0002588　普 275/5493　集部/別集類/清別集

花隱香巢古今體詩二卷　（清）黃仁麟撰　清道光十三年（1833）刻本　一冊

330000－1702－0002590　普 276/5511　史部/紀傳類/正史之屬

史記一百三十卷　（漢）司馬遷撰　（南朝宋）裴駰集解　清光緒八年（1882）上海點石齋石印本　三冊　缺十七卷（一至十七）

330000－1702－0002591　普 124/3118－3119　集部/小說類/長篇之屬

繡像西漢演義八卷一百回　（明）甄偉撰　繡像東漢演義十卷一百二十六回　（明）謝詔撰　清光緒十八年（1892）上海廣百宋齋鉛印本　六冊

330000－1702－0002592　普 82/1562　集部/別集類/清別集

小山泉閣詩存八卷　（清）汪爲霖撰　清道光十三年（1833）如皋汪承鏞文園刻本　四冊

330000－1702－0002594　普 276/5512　史部/編年類/通代之屬

尺木堂綱鑑易知錄九十二卷明鑑易知錄十五卷　（清）吳乘權等輯　清光緒二十七年（1901）上海文瑞樓鉛印本　五冊　存三十三卷（綱鑑易知錄十九至四十四、七十二至七十八）

330000－1702－0002595　普 124/3120　集部/小說類/長篇之屬

評註圖像水滸傳七十五卷七十回首一卷　（元）施耐庵撰　（清）金人瑞評　清光緒十二年（1886）上海同文書局石印本　八冊

330000－1702－0002596　普 82/1563　集部/別集類/清別集

文起堂詩集二十二卷　（清）韓奕卿撰　清同治元年（1862）抄本　五冊　存六卷（四至五、

十八至二十、二十二）

330000－1702－0002597　普 275/5487、普 289/5871　經部/儀禮類/傳說之屬

儀禮十七卷　（漢）鄭玄注　校錄一卷續校一卷　（清）黃丕烈撰　清嘉慶二十年（1815）吳門黃氏讀未見書齋刻本　二冊

330000－1702－0002598　普 83/1564　集部/別集類/清別集

垺垢山房詩鈔十二卷　（清）黃文暘撰　清嘉慶七年（1802）闕里孔憲增刻本　四冊

330000－1702－0002599　普 124/3128　集部/小說類/短篇之屬

繪圖今古奇觀六卷四十回　（明）抱甕老人輯　清光緒二十六年（1900）上海書局石印本　六冊

330000－1702－0002600　普 276/5513　史部/傳記類/總傳之屬/仕宦

歷代名臣言行錄二十四卷　（清）朱桓輯　清光緒石印本　二冊　缺十二卷（一至十二）

330000－1702－0002601　普 124/3129　集部/小說類/長篇之屬

續金瓶梅十二卷六十四回　（清）丁耀亢撰　清刻本　十二冊

330000－1702－0002602　普 124/3132　集部/曲類/彈詞之屬

新編新調忠孝節義黃金印全傳四卷二十四回　（清）餐花館主人編　清光緒二十七年（1901）申江書局石印本　四冊

330000－1702－0002603　普 100/2257　類叢部/叢書類/郡邑之屬

武林掌故叢編一百九十種　（清）丁丙編　清光緒三年至二十六年（1877－1900）錢塘丁氏嘉惠堂刻本（［乾道］臨安志卷四至十五、南宋館閣錄卷一原缺）　一冊　存一種

330000－1702－0002604　普 83/1565　集部/別集類/清別集

東潛文稿二卷　（清）趙一清撰　清乾隆五十九年（1794）趙氏小山堂刻本　二冊

330000 - 1702 - 0002605　普 124/3134　集部/總集類/選集之屬/斷代

夢筆生花初編八卷二編八卷三編八卷四編八卷　（清）繆艮輯　清光緒二十年(1894)上海積山書局石印本　二冊

330000 - 1702 - 0002606　普 276/5499　集部/別集類/清別集

漁洋山人精華錄十卷　（清）王士禎撰　（清）林佶編　清康熙三十九年至六十一年(1700－1722)刻本　四冊

330000 - 1702 - 0002607　普 83/1566　集部/詞類/總集之屬

絕妙好詞箋七卷　（宋）周密輯　（清）查爲仁　（清）厲鶚箋　清乾隆十五年(1750)宛平查氏澹宜書屋刻本　二冊

330000 - 1702 - 0002608　普 276/5500　子部/農家農學類/園藝之屬/花卉

秘傳花鏡六卷圖一卷　（清）陳淏子撰　清康熙二十七年至六十一年(1688－1722)刻本周端濟記　二冊

330000 - 1702 - 0002609　普 91/1948　集部/總集類/郡邑之屬

兩浙輶軒續錄五十四卷補遺六卷　（清）潘衍桐輯　清光緒十七年(1891)浙江書局刻本四十冊

330000 - 1702 - 0002610　普 100/2256　類叢部/叢書類/自著之屬

曾文正公全集十六種　（清）曾國藩撰　清同治至光緒傳忠書局刻本　四十七冊　存四種

330000 - 1702 - 0002611　普 276/5501　類叢部/叢書類/彙編之屬

後知不足齋叢書四十七種　（清）鮑廷爵編　清同治至光緒常熟鮑氏刻本　二冊　存一種

330000 - 1702 - 0002612　普 276/5503　集部/別集類/清別集

古春軒詩鈔二卷　（清）梁德繩撰　清咸豐二年(1852)鳳城刻本　一冊

330000 - 1702 - 0002613　普 178/4026　經部/叢編

欽定篆文六經四書十種　（清）李光地等輯　清康熙內府刻本　四冊　存二種

330000 - 1702 - 0002614　普 276/5504　經部/春秋總義類/傳說之屬

春秋精義四卷首一卷　（清）黃淦輯　清嘉慶九年(1804)刻本　二冊

330000 - 1702 - 0002615　普 178/4027　類叢部/叢書類/彙編之屬

琳琅祕室叢書三十種　（清）胡珽編　清光緒十四年(1888)會稽董氏取斯堂木活字印本二十四冊

330000 - 1702 - 0002616　普 92/1954　史部/目錄類/書志之屬/提要

鐵琴銅劍樓藏書目錄二十四卷　（清）瞿鏞撰　清光緒二十三年(1897)武進董氏誦芬室刻本　十冊

330000 - 1702 - 0002617　普 178/4031　子部/藝術類/書畫之屬/題跋

快雨堂題跋八卷　（清）王文治撰　清抄本二冊

330000 - 1702 - 0002618　普 276/5505　集部/別集類/清別集

思補齋詩集六卷　（清）潘世恩撰　清道光三十年(1850)刻本　一冊　存二卷(一至二)

330000 - 1702 - 0002619　普 178/4032　史部/傳記類/日記之屬

無鏗室日志稿五卷(光緒二年十一月十八日至光緒四年九月十四日)　（清）鼎文氏撰　清光緒稿本　一冊

330000 - 1702 - 0002621　普 178/4034　史部/地理類/雜志之屬

西邑庄村地名里數冊一卷　清抄本　一冊

330000 - 1702 - 0002622　普 89/1929　集部/別集類/宋別集

歐陽文忠公集十五卷　（宋）歐陽修撰　清抄本　十五冊

330000－1702－0002623　普89/1928/1　集部/曲類/曲選之屬

審音鑑古錄不分卷六十六折　清道光十四年(1834)東鄉王繼善刻本　六冊

330000－1702－0002624　普178/4035　史部/政書類/公牘檔冊之屬

台防條議等雜抄一卷　(清)張嘉猷等撰　清末抄本　一冊

330000－1702－0002625　普89/1919　集部/戲劇類/傳奇之屬

雷峯塔傳奇四卷　(清)方成培撰　清乾隆三十七年(1772)刻本　四冊

330000－1702－0002626　普178/4037　史部/政書類/公牘檔冊之屬

籌議時務十條一卷　(清)徐星鉞撰　清木活字印本　一冊

330000－1702－0002627　普124/3137　集部/曲類/彈詞之屬

校正果報錄十二卷一百回　(清)海蘭濤撰　清光緒三十二年(1906)香港石印書局石印本　四冊

330000－1702－0002628　普178/4038　集部/別集類/清別集

浙季課存艸一卷　(清)徐星鉞撰　清末木活字印本　一冊

330000－1702－0002629　普83/1567　集部/別集類/清別集

響泉集十二卷　(清)顧光旭撰　清乾隆四十年(1775)刻本　二冊

330000－1702－0002630　普89/1918　集部/小說類/短篇之屬

西湖佳話古今遺蹟十六卷　(清)墨浪子撰　清刻本　六冊

330000－1702－0002633　普178/4039　史部/傳記類/別傳之屬/事狀

梅峰小史一卷　(越南)唐午曦撰　清末抄本　一冊

330000－1702－0002634　普89/1910　集部/戲劇類/傳奇之屬

詠懷堂新編十錯認春燈謎記四卷　(明)阮大鋮撰　清嘉慶二年(1797)刻本　八冊

330000－1702－0002635　普178/4040　史部/傳記類/總傳之屬／斷代

四王傳四卷附錄一卷　(清)錢名世撰　清抄本　一冊　缺一卷(附錄)

330000－1702－0002636　普276/5506　集部/別集類/清別集

思綺堂文集十卷　(清)章藻功撰　清康熙六十一年(1722)刻本　六冊　存六卷(一、三、六至九)

330000－1702－0002637　普89/1909　集部/別集類/宋別集

晁具茨先生詩集十五卷　(宋)晁沖之撰　清刻本　四冊

330000－1702－0002638　普178/4054　史部/史表類/通代之屬

歷代帝王年表十六卷　(清)齊召南撰　(清)阮福續　(清)王棻重訂　清抄本　一冊　存五卷(一至五)

330000－1702－0002640　普178/4055　類叢部/叢書類/自著之屬

柔橋續集二種　(清)王棻撰　清光緒五年(1879)稿本　二冊

330000－1702－0002641　普137/3156　史部/傳記類/別傳之屬/事狀

鄂國金佗稡編二十八卷續編三十卷　(宋)岳珂編　清抄本　一冊　存三卷(鄂國金佗稡編四至六)

330000－1702－0002644　普137/3157　史部/傳記類/別傳之屬

馬國琦小傳一卷　(清)馬文熙撰　稿本　一冊

330000－1702－0002645　普179/4061　經部/小學類/文字之屬/字書/字典

康熙字典十二集三十六卷總目一卷檢字一卷

辨似一卷等韻一卷補遺一卷備考一卷　（清）
張玉書等纂修　清光緒十年（1884）上海同文
書局石印本　六冊

330000－1702－0002646　普 137/3158　集
部/別集類/清別集

哀貧逝一卷　（清）聽天憨筆　清抄本　一冊

330000－1702－0002647　普 276/5507　集
部/總集類/選集之屬/斷代

中晚唐詩叩彈集十二卷續集三卷　（清）杜詔
　（清）杜庭珠輯　清康熙四十三年（1704）采
山亭刻本　周濟題簽　四冊

330000－1702－0002648　普 179/4065　經
部/易類/易例之屬

澄園讀易署例二卷首一卷末一卷　（清）關燿
南釋　清光緒十八年（1892）信州學舍靜妙軒
刻本　一冊　缺一卷（末）

330000－1702－0002649　普 89/1902　集部/
詩文評類/詩評之屬

而菴說唐詩二十二卷首一卷　（清）徐增撰
清乾隆二十三年（1758）文茂堂刻本　十冊

330000－1702－0002650　普 100/2252　類叢
部/叢書類/自著之屬

王漁洋遺書三十八種　（清）王士禎撰　清刻
本　一冊　存一種

330000－1702－0002651　普 276/5508　史
部/地理類/總志之屬/通代

天下郡國利病書一百二十卷　（清）顧炎武撰
　清光緒鉛印本　四冊　存十五卷（四十九
至五十二、九十七至一百三、一百七至一百
十）

330000－1702－0002652　普 88/1883　集部/
總集類/選集之屬/斷代

八家詩鈔十六卷　（清）范宏羽等撰　清乾隆
三十五年（1770）刻本　十冊

330000－1702－0002653　普 83/1568　集部/
別集類/清別集

蔗塘未定稿九卷外集八卷　（清）查爲仁撰
清乾隆刻本　八冊　存十二卷（抱甕集、竹村

花塢集、山遊集、押簾詞,外集一至八）

330000－1702－0002654　普 179/4066　類叢
部/叢書類/郡邑之屬

湖墅叢書　（清）王麟輯　清光緒五年（1879）
錢塘王氏刻本　一冊　存二種

330000－1702－0002655　普 88/1882　集部/
戲劇類/傳奇之屬

石榴記傳奇四卷　（清）黃振撰　清乾隆三十
七年（1772）柴灣村舍刻本　六冊

330000－1702－0002656　普 179/4085　集
部/別集類/宋別集

東坡集選五十卷集餘一卷　（宋）蘇軾撰
（明）陳夢槐選　（明）陳繼儒定　蘇文忠公年
譜一卷　（宋）王宗稷編　蘇文忠公外紀二卷
　（明）王世貞撰　外紀逸編一卷　（明）璩之
璞撰　明刻本　一冊　存四卷（年譜、外紀一
至二、外紀逸編）

330000－1702－0002657　普 179/4086　經
部/群經總義類/傳說之屬

萬季野講經口授一卷　（清）萬斯同撰　（清）
溫睿臨記　清末煙嶼樓抄本　馮貞群跋　張
美翊題記　一冊

330000－1702－0002659　普 179/4088　子
部/藝術類/書畫之屬/法帖

歷代帝王法帖釋文考異十卷　（明）顧從義撰
　（明）吳之芳輯　明顧從義刻本　一冊　存
五卷（一至五）

330000－1702－0002660　普 276/5509　集
部/別集類/清別集

望雲僊館賦鈔不分卷　（清）孫福清撰　清同
治九年（1870）廣州藏珍閣刻本　一冊

330000－1702－0002661　普 88/1872　集部/
別集類/唐五代別集

李太白文集三十卷　（唐）李白撰　清康熙五
十六年（1717）吳門繆曰芑雙泉草堂刻本
八冊

330000－1702－0002662　普 179/4109　史
部/地理類/方志之屬/郡縣志

131

[康熙]始興縣志十六卷 （清）李燦纂修 清刻本 一冊 存二卷（五、七）

330000－1702－0002663 普84/1570 集部/別集類/清別集
留春草堂詩鈔七卷 （清）伊秉綬撰 清嘉慶十九年(1814)寧化伊秉綬秋水園廣州刻本 二冊

330000－1702－0002664 普276/5517 類叢部/類書類/通類之屬
古事比五十二卷 （清）方中德輯 清光緒十八年(1892)上海點石齋石印本 六冊

330000－1702－0002665 普88/1871 集部/別集類/清別集
南坪詩鈔八卷 （清）張學舉撰 清乾隆刻本 八冊

330000－1702－0002666 普179/4110 類叢部/叢書類/彙編之屬
古今說海一百三十五種 （明）陸楫等編 明嘉靖二十三年(1544)陸楫儼山書院雲山書院刻本 一冊 存二種

330000－1702－0002667 普179/4113 類叢部/叢書類/彙編之屬
百川學海一百種 （宋）左圭編 明弘治十四年(1501)無錫華珵刻本 一冊 存六種

330000－1702－0002668 普55/897 史部/政書類/公牘檔冊之屬
浙江諮議局第二屆常年會議事錄二卷 （清）浙江諮議局編 清宣統鉛印本 二冊

330000－1702－0002669 普137/3160 子部/雜著類/雜編之屬
辛卯集一卷 （清）季青氏撰 稿本 一冊

330000－1702－0002670 普84/1572 類叢部/叢書類/彙編之屬
海源閣叢書六種續刊一種 （清）楊以增編 清咸豐二年至五年(1852－1855)聊城楊氏海源閣刻本 六冊 存一種

330000－1702－0002671 普179/4118 子

部/儒家類/儒學之屬/性理
近思錄十四卷 （宋）朱熹 （宋）呂祖謙撰 清言可齋抄本 一冊 存四卷（四至七）

330000－1702－0002672 普179/4119 集部/別集類/清別集
東堂吟薰一卷松下軒吟稿一卷 清青菰子亭抄本 一冊

330000－1702－0002673 普84/1574 集部/戲劇類/傳奇之屬
紅樓夢傳奇八卷 （清）陳鍾麟撰 清道光十五年(1835)粵東汗青齋刻本 八冊

330000－1702－0002674 普179/4121 子部/雜著類/雜纂之屬
參同契註解一卷 （漢）魏伯陽撰 （元）上陽子註 篆法源流一卷論印體製一卷 清抄本 一冊

330000－1702－0002675 普137/3161 子部/雜著類/雜纂之屬
琴趣主人漫錄不分卷 （清）琴趣主人撰 稿本 六冊

330000－1702－0002676 普89/1928/2 集部/曲類/曲選之屬
審音鑑古錄不分卷六十六折 清道光十四年(1834)東鄉王繼善刻本 三冊 存十六折（琵琶記一至十二、兒孫福一至四）

330000－1702－0002680 普137/3177 史部/地理類/雜志之屬
杭州鄉土地理二卷 清宣統元年(1909)仁和學堂石印本 一冊 存一卷（上編）

330000－1702－0002681 普179/4124 子部/雜著類/雜纂之屬
清末報刊雜鈔一卷 清末抄本 一冊

330000－1702－0002682 普87/1849 集部/別集類/清別集
陶山詩前錄二卷陶山詩錄二十八卷詞錄二卷文錄十卷 （清）唐仲冕撰 清嘉慶十六年(1811)崇川酌民言堂刻道光七年(1827)增刻本 十二冊 存二十八卷（詩錄一至二十八）

330000－1702－0002683　普 179/4132　史部/編年類/通代之屬

新刊四明先生高明大字續資治通鑑節要二十卷　（明）劉剡輯　（明）蔡亨嘉校正　明嘉靖葉氏翠軒刻本　一冊　存四卷（十四至十七）

330000－1702－0002684　普 87/1859　集部/總集類/郡邑之屬

乍浦集詠十六卷　（清）沈筠輯　清道光二十六年（1846）刻本　八冊

330000－1702－0002685　普 276/5521　集部/別集類/清別集

袁文箋正十六卷補注一卷　（清）袁枚撰（清）石韞玉箋　清光緒十四年（1888）上海蜚英館石印本　二冊

330000－1702－0002686　普 84/1575　集部/別集類/清別集

話墮集三卷二集三卷三集三卷　（清）釋篆玉撰　清乾隆十三年（1748）刻本　二冊　存三卷（話墮集一至三）

330000－1702－0002687　普 276/5518　集部/別集類/清別集

松桂堂全集三十七卷南淲集三卷延露詞三卷　（清）彭孫遹撰　清宣統三年（1911）上海掃葉山房石印本　四冊　存十卷（一至五、十至十四）

330000－1702－0002688　普 179/4134　史部/傳記類/總傳之屬/仕宦

五朝名臣言行錄前集十卷後集十四卷　（宋）朱熹輯　續集八卷別集十三卷外集十七卷（宋）李幼武輯　明嘉靖張鰲山刻鄭汝璧重修本　一冊　存三卷（別集六至八）

330000－1702－0002689　普 179/4140　子部/雜著類/雜品之屬

居家必用事類全集十卷　明刻本　一冊　存一卷（九）

330000－1702－0002690　普 276/5522　集部/別集類/清別集

袁文箋正十六卷補注一卷　（清）袁枚撰

（清）石韞玉箋　清刻本　一冊　存三卷（十五至十六、補注）

330000－1702－0002691　普 180/4179　子部/雜著類/雜纂之屬

人同錄四卷　（清）毛昇輯　清光緒二十二年（1896）片石山房刻本　一冊　存二卷（一至二）

330000－1702－0002692　普 92/1982　史部/目錄類

江刻書目三種　（清）江標輯　清光緒元和江氏師鄦室刻蘇州振新書社印本　二冊　存二種

330000－1702－0002693　普 180/4180　史部/地理類/方志之屬/郡縣志

光緒分水縣志十卷首一卷末一卷　（清）陳常鏵　（清）馮圻修　（清）臧承宣等纂　清光緒三十二年（1906）刻民國三十年（1941）印本六冊

330000－1702－0002695　普 181/4195　史部/地理類/方志之屬/郡縣志

高郵志餘不分卷　稿本　一冊

330000－1702－0002696　普 181/4198　史部/目錄類/總錄之屬/官修

宋崇文總目六十六卷　（宋）王堯臣等撰　清抄本　四冊

330000－1702－0002697　普 84/1576　集部/別集類/清別集

清芬堂集十六卷續集六卷　（清）潘際雲撰　清嘉慶二十年（1815）載石山房刻本　十六冊　存十六卷（一至十六）

330000－1702－0002698　普 181/4199　經部/群經總義類/文字音義之屬

十三經不貳字玫證不分卷首一卷　（清）魯燮光撰　清宣統元年（1909）稿本　十冊

330000－1702－0002699　普 100/2253　集部/別集類/清別集

十誦齋集詩四卷詞一卷雜文一卷　（清）周天度撰　清乾隆四十八年（1783）刻本　五冊

330000－1702－0002700　普181/4202　史部/傳記類/日記之屬

出行日記一卷（清道光二十五年十月十五日至二十六年八月廿五日）西江紀遊一卷（清道光二十六年九月二十四日至二十七年十二月廿三日）　（清）汪鐵宋撰　清道光稿本　清汪鐵宋題記　二冊

330000－1702－0002701　普84/1577　集部/別集類/清別集

帶經堂集九十二卷　（清）王士禎撰　（清）程哲編　清康熙四十九年至五十年（1710－1711）程哲七略書堂刻本　十八冊

330000－1702－0002702　普181/4203　史部/地理類/方志之屬/郡縣志

[乾隆]新疆紀畧一卷　（清）七十一撰　清抄本　一冊

330000－1702－0002703　普181/4204　史部/地理類/山川之屬/山志

大明一統名勝志二百八卷目錄一卷　（明）曹學佺撰　明崇禎三年（1630）曹氏刻本　一冊　存三卷（陝西名勝志一至三）

330000－1702－0002704　普181/4205　經部/春秋總義類/傳說之屬

麟經拾瀋一卷　（清）何晫永撰　稿本　一冊

330000－1702－0002705　普181/4207　子部/雜家類

司馬溫公迂書一卷　（宋）司馬光撰　清抄本　一冊

330000－1702－0002706　普181/4208　集部/別集類/清別集

罨畫樓集二卷　（清）安璿撰　清抄本　一冊　存一卷（獨語）

330000－1702－0002707　普84/1578　集部/別集類/清別集

續谿雜感詩一卷附錄一卷　（清）高孝本撰　（清）汪澤注釋　清同治九年（1870）刻本　王岳成跋　一冊

330000－1702－0002708　普181/4209　史部/傳記類/總傳之屬/斷代

草莽私乘一卷　（元）陶宗儀輯　清抄本　一冊

330000－1702－0002709　普181/4211　子部/叢編

惺廬秘笈二種四卷　稿本　四冊

330000－1702－0002710　普181/4212　集部/別集類/清別集

蕉石軒詞一卷曲一卷　（清）許蘭身撰　清咸豐六年（1856）稿本　清吳藻、清黃爕清、清王慶勳跋　清陸蒨題詞　一冊

330000－1702－0002712　普276/5524　史部/政書類/律令之屬/律例

律判類玫不分卷　（清）周翼洙輯訂　清雍正七年（1729）古照齋刻本　周端濟跋　一冊

330000－1702－0002713　普182/4234　子部/叢編

諸子彙函　（明）歸有光編　明末刻本　十冊　存五十七種

330000－1702－0002714　普181/4214　史部/地理類/方志之屬/郡縣志

[乾隆]桐廬縣志十六卷　（清）嚴正身（清）王德讓修　（清）金嘉琰等纂　清抄本　一冊

330000－1702－0002715　普181/4215　子部/道家類

赤水玄珠一卷　（清）朱超從編　清道光王瘦梅抄本　清王蘭谷題記　一冊

330000－1702－0002716　普182/4232　子部/叢編

諸子彙函　（明）歸有光編　明末刻本　二十三冊　存七十四種

330000－1702－0002717　普182/4235　子部/儒家類/儒學之屬

莊渠先生門下質疑不分卷　（明）魏校撰　清抄本　二冊

330000－1702－0002718　普181/4216　子

部/雜家類

鶡冠子三卷 （宋）陸佃注 **粧樓記一卷**
（五代）張泌撰 清抄本 四冊

330000 – 1702 – 0002719 普 84/1581 集部/
別集類/清別集

種蕉館詩集六卷 （清）郭堃撰 **補遺一卷附
錄一卷** （清）郭振鵬輯 清嘉慶十四年
（1809）刻本 一冊 存六卷（一至六）

330000 – 1702 – 0002720 普 181/4218 史
部/地理類/遊記之屬/紀勝

西湖遊覽手鏡一卷 （明）季嬰輯 清抄本
一冊

330000 – 1702 – 0002721 普 182/4236 集
部/別集類/清別集

鑑湖十詠一卷 （清）李福疇撰 清抄本
一冊

330000 – 1702 – 0002722 普 182/4239 史
部/金石類/石之屬

金石例補二卷 （清）郭麐撰 清抄本 一冊

330000 – 1702 – 0002723 普 84/1582 集部/
楚辭類

楚辭章句十七卷 （漢）王逸撰 清翼聖堂刻
本 四冊

330000 – 1702 – 0002724 普 84/1586 集部/
別集類/清別集

悔存詩鈔八卷 （清）黃景仁撰 （清）翁方綱
選 清嘉慶元年（1796）邱縣劉大觀刻本
一冊

330000 – 1702 – 0002725 普 84/1587 集部/
總集類/選集之屬/通代

**漢魏詩摘鈔二卷唐詩摘抄二卷附黃白山杜詩
說句法一卷杜詩說俗字俗語一卷** （清）朱之
荊集註 清南屏草堂刻本 徐石甫批 許苣
題記 一冊

330000 – 1702 – 0002726 普 276/5525 子
部/道家類

沖虛經發隱不分卷 （清）楊文會注 清光緒
三十年（1904）金陵刻經處刻本 二冊

330000 – 1702 – 0002727 普 85/1592 集部/
總集類/郡邑之屬

西湖竹枝集一卷楊鐵崖香奩集一卷 （元）楊
維楨等撰 明刻本 一冊

330000 – 1702 – 0002728 普 276/5527 集
部/總集類/彙編之屬

唐四家詩集二十卷附二種 （清）胡鳳丹輯
清光緒十三年（1887）湖北官書處刻本 一冊
存一種

330000 – 1702 – 0002729 普 276/5529 集
部/詞類/別集之屬

吳梅村詞一卷 （清）吳偉業撰 清宣統元年
（1909）上海掃葉山房石印本 一冊

330000 – 1702 – 0002730 普 85/1593 集部/
別集類/宋別集

王荊文公詩五十卷補遺一卷 （宋）王安石撰
（宋）李壁箋注 清乾隆五年至六年（1740 –
1741）武原張宗松清綺齋刻本 六冊

330000 – 1702 – 0002731 普 87/1851 集部/
楚辭類

**離騷節解一卷附離騷正音一卷離騷本韻一卷
離騷節指一卷** （清）張德純撰 清乾隆五十
年（1785）吳門張松孫梓州郡署刻朱墨套印本
二冊

330000 – 1702 – 0002732 普 276/5531 集
部/別集類/清別集

**木雞書屋文鈔四卷二集六卷三集八卷四集六
卷五集六卷** （清）黃金臺撰 清道光五年至
咸豐元年（1825 – 1851）刻同治十年（1871）黃
晉畚心窗樓補刻本 一冊 存六卷（二集一
至六）

330000 – 1702 – 0002733 普 276/5533 集
部/別集類/清別集

粵西集一卷 （清）賈敦臨撰 清宣統二年
（1910）華雲閣鉛印本 一冊

330000 – 1702 – 0002734 普 182/4241 經
部/小學類/文字之屬/說文/傳說

說文古籀疏證目一卷 （清）莊述祖學 清抄

本　一册

330000－1702－0002735　普 87/1852　集部/别集類/唐五代别集

杜工部集二十卷附録一卷年譜一卷諸家詩話一卷唱酬題詠附録一卷　（唐）杜甫撰　（清）錢謙益箋注　清康熙六年（1667）季氏静思堂刻本　四册　缺一卷（年譜）

330000－1702－0002736　普 182/4242　集部/别集類/清别集

蓮卿存稿六卷　（清）朱孝起撰　稿本　清茶庵主人、清毛宗達、清高學淳、清高炳麟題記　一册

330000－1702－0002737　普 87/1854　集部/詩文評類/文評之屬

文章軌範七卷　（宋）謝枋得輯　清康熙三十三年（1694）刻本　二册

330000－1702－0002738　普 182/4243　集部/别集類/清别集

葦花居詩草一卷　（清）李璧撰　清抄本　一册

330000－1702－0002739　普 87/1856　集部/别集類/清别集

牧齋初學集詩註二十卷　（清）錢謙益撰　（清）錢曾注　清初刻本　六册

330000－1702－0002740　普 182/4244　史部/傳記類/别傳之屬/年譜

天寥年譜别記一卷　（清）葉紹袁撰　清抄本　一册

330000－1702－0002741　普 277/5537　集部/别集類/宋别集

寇忠愍公詩集三卷　（宋）寇準撰　清宣統三年（1911）中華圖書館影印本　二册

330000－1702－0002742　普 182/4245　子部/小説家類/雜事之屬

長興學記一卷　康有爲撰　清末抄本　一册

330000－1702－0002743　普 269/5361　史部/紀傳類/正史之屬

四史　清光緒二十八年（1902）竢實齋石印本　九册　存二種

330000－1702－0002744　普 277/5538　集部/别集類/清别集

春星草堂詩集二卷　（清）唐際虞撰　清光緒二十一年（1895）刻本　一册

330000－1702－0002745　普 87/1858　集部/别集類/清别集

鋤藥初集四卷　（清）范崇楷撰　清嘉慶十五年（1810）刻本　一册

330000－1702－0002746　普 182/4247　集部/詞類/别集之屬

浣花詞一卷　（清）查容撰　清書帶艸堂抄本　一册

330000－1702－0002747　普 182/4248　集部/詞類/别集之屬

賚夢詞一卷　（清）許增著　清書帶艸堂抄本　一册

330000－1702－0002748　普 277/5539　史部/地理類

無鄭學廬地理叢刊四種　（清）施世杰輯　清光緒二十三年（1897）會稽施氏刻本　一册　存一種

330000－1702－0002749　普 277/5540　集部/别集類/清别集

聽秋館吟稿六卷　（清）朱承鉽撰　清光緒十六年（1890）刻本　一册　存四卷（一至四）

330000－1702－0002751　普 277/5541　集部/别集類/清别集

健初詩鈔四卷附文鈔一卷　（清）朱光暄撰　清光緒二十二年（1896）十三古印齊刻本　二册

330000－1702－0002753　普 87/1860　集部/小説類/長篇之屬

第五才子書施耐庵水滸傳七十五卷七十回　（元）施耐庵撰　（清）金人瑞評　明崇禎貫華堂刻本　二十册

330000 – 1702 – 0002754　普 277/5542　史部/紀傳類/正史之屬

四史　清光緒十三年(1887)江南書局刻本　八冊　存一種

330000 – 1702 – 0002755　普 277/5543　集部/總集類/選集之屬/通代

文選六十卷　(南朝梁)蕭統輯　(唐)李善注　(清)何焯評　清乾隆三十四年至三十七年(1769–1772)長洲葉氏海錄軒刻朱墨套印本　十六冊

330000 – 1702 – 0002756　普 87/1862　集部/總集類/題詠之屬

湖心亭題咏不分卷　清初刻本　一冊

330000 – 1702 – 0002757　普 277/5544　史部/紀傳類/正史之屬

四史　清光緒十三年(1887)金陵書局刻本　十六冊　存一種

330000 – 1702 – 0002758　普 277/5546　類叢部/叢書類/彙編之屬

後知不足齋叢書四十七種　(清)鮑廷爵編　清同治至光緒常熟鮑氏刻本　五冊　存二種

330000 – 1702 – 0002759　普 278/5554　史部/紀傳類/正史之屬

二十四史　清同治至光緒五省官書局據汲古閣本等合刻光緒五年(1879)湖北書局彙印本　八冊　存一種

330000 – 1702 – 0002760　普 278/5557　集部/小說類/短篇之屬

詳註聊齋志異圖詠十六卷首一卷　(清)蒲松齡撰　(清)呂湛恩注　(清)徐潤編　清光緒十二年(1886)上海同文書局石印本　八冊

330000 – 1702 – 0002761　普 278/5563　子部/醫家類/養生之屬

老老恒言五卷　(清)曹庭棟撰　清同治九年(1870)刻本　二冊

330000 – 1702 – 0002762　普 87/1864　集部/別集類/清別集

缾水齋詩集十六卷別集二卷　(清)舒位撰

清嘉慶二十一年(1816)揚州巴氏刻本　八冊

330000 – 1702 – 0002763　普 278/5564　子部/叢編

子書二十八種　(清)育文書局編　清宣統三年(1911)育文書局石印本　三十二冊　存二十四種

330000 – 1702 – 0002764　普 279/5569　集部/總集類/選集之屬/斷代

唐詩成法十二卷　(清)屈復輯　清嘉慶七年(1802)刻本　四冊

330000 – 1702 – 0002765　普 87/1865　集部/別集類/清別集

樂志園詩五卷別蘽一卷　(清)張鵬撰　清康熙刻本　四冊

330000 – 1702 – 0002766　普 87/1866　集部/別集類/清別集

蓀谿集十三卷首一卷　(清)姚炳撰　清康熙刻本　二冊

330000 – 1702 – 0002767　普 88/1867　集部/別集類/唐五代別集

韓昌黎詩集編年箋注十二卷　(唐)韓愈撰　(清)方世舉考訂　(清)盧見曾刪定　清乾隆二十三年(1758)德州盧見曾雅雨堂刻本　八冊

330000 – 1702 – 0002769　普 183/4259　史部/雜史類/斷代之屬

抄報隨聞錄十卷　(清)汪墍撰　清末抄本　一冊

330000 – 1702 – 0002770　普 183/4260　集部/總集類/彙編之屬

契桐室稿七卷　清末抄本　一冊

330000 – 1702 – 0002771　民 183/4261　集部/詞類/別集之屬

瓜負廬詞草一卷　(清)耐荇學塡　清末至民國抄本　一冊

330000 – 1702 – 0002772　普 183/4271　子部/藝術類/書畫之屬/法帖

楷法彙源一卷 （清）黃自元書 清光緒十三年（1887）刻本 一冊

330000 - 1702 - 0002773 普 183/4272 子部/藝術類/書畫之屬/法帖

趙粹甫格言大小楷書帖一卷 （清）翟伯恒輯 清光緒五年（1879）刻本 一冊

330000 - 1702 - 0002777 普 279/5575 子部/醫家類/方書之屬/單方驗方

神效集二卷附急救應驗良方一卷 （清）張鵬飛輯 （清）錢青選增補 清光緒刻本 二冊

330000 - 1702 - 0002778 普 279/5590 子部/藝術類/書畫之屬/總論

甌鉢羅室書畫過目攷四卷首一卷附一卷 （清）李玉棻輯 清末上海江南圖書局石印本 四冊

330000 - 1702 - 0002779 普 279/5577 集部/別集類/清別集

古春軒詩鈔二卷 （清）梁德繩撰 清咸豐二年（1852）鳳城刻本 一冊

330000 - 1702 - 0002780 普 279/5578 集部/別集類/清別集

蜀輶偶吟一卷 （清）韓錫之撰 附錄一卷 （清）李德儀等撰 清同治二年（1863）金城郡署刻本 一冊

330000 - 1702 - 0002781 普 279/5579 集部/別集類/清別集

詠月軒吟草一卷碧窗夢集一卷恨餘詞草一卷 （清）李娿娿撰 清同治刻本 一冊

330000 - 1702 - 0002782 普 279/5580 集部/別集類/清別集

課鼊軒詩稿一卷 （清）楊景棠初稿 （清）丁芑詁評選 清道光二十年（1840）刻本 一冊

330000 - 1702 - 0002783 普 100/2251 類叢部/叢書類/自著之屬

高文恪公集十一種 （清）高士奇撰 清康熙刻本 一冊 存一種

330000 - 1702 - 0002785 普 279/5582 集部/別集類/清別集

調琴飼鶴齋雜體詩存一卷試帖詩存一卷 （清）呂鑒煌撰 清光緒三年（1877）刻本 一冊

330000 - 1702 - 0002786 普 279/5583 集部/別集類/清別集

澹遠香齋雜存一卷 （清）李光漢撰 清同治刻本 一冊

330000 - 1702 - 0002787 普 279/5585 集部/別集類/清別集

潛齋詩集九卷 （清）文龍撰 清光緒三十年（1904）刻本 四冊

330000 - 1702 - 0002788 普 279/5586 子部/藝術類/遊藝之屬/聯語

楹聯叢話十二卷續話四卷 （清）梁章鉅輯 清道光二十二年（1842）呂恩湛刻本 六冊

330000 - 1702 - 0002789 普 279/5588 集部/總集類/彙編之屬

蔡息關先生八大家集選不分卷 （清）蔡方炳評定 清康熙二十年（1681）吳郡寶翰樓文雅堂刻本 十八冊

330000 - 1702 - 0002790 普 279/5589 類叢部/叢書類/彙編之屬

香艷叢書三百二十六種 （清）蟲天子輯 清宣統上海國學扶輪社鉛印本 四冊 存二十二種

330000 - 1702 - 0002791 普 88/1869 集部/別集類/明別集

青邱高季迪先生詩集十八卷首一卷遺詩一卷扣舷集一卷鳧藻集五卷附錄一卷 （明）高啓撰 （清）金檀輯注 年譜一卷 （清）金檀輯 清雍正六年至七年（1728 - 1729）桐鄉金檀文瑞樓刻墨華池館印本 十冊

330000 - 1702 - 0002792 普 279/5591 集部/別集類/清別集

碧山舍詩集二十二卷梅花書屋賦稿一卷 （清）陳子簡撰 清道光二十七年（1847）刻本 七冊

330000－1702－0002793　普 55/898　史部/政書類/公牘檔冊之屬

浙江諮議局文牘第三編二卷補遺一卷　清宣統至民國初鉛印本　二冊

330000－1702－0002795　普 279/5594　集部/總集類/選集之屬/斷代

才調集十卷　（五代）韋縠輯　清康熙四十三年（1704）汪氏垂雲堂刻本　嘯旨批　四冊

330000－1702－0002796　普 88/1875　集部/詩文評類/詩評之屬

澂浦詩話二卷　（清）吳文暉輯　**續澂浦詩話四卷**　（清）吳東發續輯　清嘉慶四年（1799）刻本　一冊

330000－1702－0002798　普 88/1877　集部/別集類/唐五代別集

李太白文集三十卷　（唐）李白撰　清康熙五十六年（1717）吳門繆曰芑雙泉草堂刻本　六冊

330000－1702－0002799　普 88/1878　集部/詩文評類/詩評之屬

東目館詩見四卷　（清）胡壽芝撰　清嘉慶十一年（1806）有翛然處刻本　一冊

330000－1702－0002800　普 88/1884　集部/總集類/氏族之屬

義門鄭氏奕葉吟集七卷　（明）鄭允宣輯　明末鄭氏書種堂刻本　三冊

330000－1702－0002801　普 89/1886　集部/別集類/清別集

水雲詩草一卷　（清）釋普蓮著　清光緒抄本　一冊

330000－1702－0002802　普 89/1888　集部/別集類/清別集

淡巴菰唱酥合刻二種　（清）朱履中輯　清嘉慶二年（1797）小酉山房刻本　一冊

330000－1702－0002804　普 279/5596　經部/小學類/音韻之屬/韻書

佩文詩韻釋要五卷　（清）周兆基輯　（清）陸漁笙重輯　清光緒九年（1883）甘肅姜氏刻本

嘯旨題記　一冊

330000－1702－0002809　普 280/5605　類叢部/叢書類/自著之屬

隨園三十六種　（清）袁枚撰　清光緒十八年（1892）上海圖書集成印書局鉛印本　八冊　存一種

330000－1702－0002811　普 280/5607　集部/別集類/唐五代別集

王子安集註二十卷首一卷末一卷　（唐）王勃撰　（清）蔣清翊注　清光緒九年（1883）吳縣蔣氏雙唐碑館刻本　六冊

330000－1702－0002812　普 280/5608　集部/別集類/清別集

小謨觴館詩集注八卷詩餘注一卷詩續集注二卷續集詩餘注一卷文集注四卷文續集注二卷　（清）彭兆蓀撰　（清）孫元培　（清）孫長熙注　清光緒二十年（1894）泉唐汪氏刻本　五冊　存十二卷（詩集注一至八、詩餘注、詩續集注一至二、續集詩餘注）

330000－1702－0002813　普 280/5609　史部/傳記類/總傳之屬/通代

人壽金鑑二十二卷　（清）程得齡輯　清光緒元年（1875）湖北崇文書局刻本　六冊

330000－1702－0002815　普 89/1890　集部/別集類/清別集

鞍村雜詠一卷　（清）沈香巖撰　清道光十七年（1837）壽樟書屋刻本　一冊

330000－1702－0002816　普 89/1892　集部/別集類/清別集

古松齋詩鈔二卷　（清）張志楓撰　清咸豐九年（1859）木活字印本　一冊

330000－1702－0002817　普 89/1893　集部/總集類/尺牘之屬

分類尺牘新語廣編不分卷　（清）汪淇　（清）吳雯清輯並評　清康熙七年（1668）刻本　二冊

330000－1702－0002818　普 89/1895　集部/別集類/清別集

抱潛詩錄五卷　（清）陳元祿撰　稿本　清張祖廉、清黃家昇跋　清周復觀款並記　一冊

330000－1702－0002819　普89/1896　集部/別集類/清別集

桐月吟秋館詩鈔一卷　（清）莼甫著　清光緒抄本　一冊

330000－1702－0002820　普281/5611　類叢部/類書類/通類之屬

事類賦三十卷　（宋）吳淑撰並注　清康熙劍光閣刻本　四冊

330000－1702－0002823　普281/5616　集部/別集類/清別集

紅韻閣學吟小草一卷　（清）闞壽坤撰　清光緒五年（1879）金閶刻本　一冊

330000－1702－0002824　普89/1897　集部/別集類/清別集

石松堂集八卷　（清）余爲霖撰　清康熙刻本　八冊

330000－1702－0002825　普89/1898　集部/別集類/清別集

醉樵山人集句牡丹詩三卷　（清）吳大冶著　清道光二十八年（1848）刻本　一冊

330000－1702－0002826　普89/1899　集部/別集類/清別集

聽月樓詩草一卷附詞一卷　（清）朱文娟撰　清嘉慶八年（1803）刻本　一冊　缺一卷（詞）

330000－1702－0002827　普89/1900　集部/總集類/郡邑之屬

虞邑遺文錄十卷補集五卷　（清）陳揆輯　清抄本　六冊　存十二卷（一至十、補集一至二）

330000－1702－0002828　普89/1901　集部/詞類/別集之屬

約園詞稿五卷　（清）趙起撰　清咸豐春藹堂刻本　清榆翁題記　一冊　存二卷（一至二）

330000－1702－0002829　普89/1903　集部/詞類/別集之屬

江湖載酒集三卷　（清）朱彝尊撰　清娛園抄本　一冊

330000－1702－0002830　普281/5618、5644　史部/地理類/總志之屬/通代

讀史方輿紀要一百三十卷方輿全圖總說五卷　（清）顧祖禹撰　清光緒二十七年（1901）上海圖書集成局鉛印本　二十一冊　缺三十三卷（一至九、十六至十八、三十至三十三、三十九至四十一、五十二至五十五、九十五至九十九,方輿全圖總説一至五）

330000－1702－0002832　普89/1904　集部/別集類/清別集

學古集四卷詩論一卷　（清）宋大樽撰　清嘉慶刻本　一冊

330000－1702－0002833　普89/1905　集部/總集類/郡邑之屬

魏塘竹枝詞不分卷　（清）孫燕昌撰　清嘉慶十三年（1808）柳南草堂刻本　一冊

330000－1702－0002834　普89/1906　集部/別集類/清別集

養一齋集二十六卷首一卷劄記九卷詞三卷詩話十卷李杜詩話三卷四書文不分卷試帖一卷　（清）潘德輿撰　清道光十六年（1836）刻本　二冊　存六卷（詩話一至六）

330000－1702－0002835　普89/1907　集部/別集類/清別集

南車草一卷薇堂和章一卷　（清）朱彝尊撰　清嘉慶二十三年（1818）蔣楷刻本　一冊

330000－1702－0002836　普89/1908　集部/詞類/類編之屬

六家詩餘　（清）孫默編　清康熙休寧孫氏留松閣刻本　一冊　存一種

330000－1702－0002837　普89/1914　集部/詞類/總集之屬

篋中詞六卷　（清）譚獻輯　清光緒十二年（1886）抄本　清徐珂跋　三冊

330000－1702－0002838　普281/5621　集部/別集類/清別集

守拙齋詩鈔二卷　（清）李騫臣撰　（清）鄭珍刪定　清同治三年（1864）貴州刻本　一冊

330000－1702－0002839　普89/1917　集部/別集類/清別集

招隱山房詩鈔二十卷續鈔二卷詠物詩鈔二卷　戴啓文撰　稿本　清熊光跋　十二冊

330000－1702－0002840　普89/1921　集部/別集類/明別集

奇零草二卷　（明）張煌言撰　清抄本　二冊

330000－1702－0002841　普281/5622　集部/別集類/清別集

洪北江文集四卷　（清）洪亮吉撰　清宣統二年（1910）上海國學扶輪社鉛印本　二冊

330000－1702－0002842　普281/5623　集部/別集類/清別集

師竹軒詩集四卷　（清）劉樹堂撰　清光緒十五年（1889）天津書局石印本　一冊

330000－1702－0002843　普89/1924　集部/詩文評類/詩評之屬

小清華園詩談二卷　（清）王壽昌撰　清道光抄本　一冊

330000－1702－0002844　普281/5625　經部/春秋公羊傳類/傳說之屬

張氏公羊二種六卷　（清）張憲和撰　清光緒刻本　一冊　存二卷（公羊臆二至三）

330000－1702－0002846　普89/1927　集部/詞類/總集之屬

花間集十卷　（五代）趙崇祚輯　（明）湯顯祖評　明萬曆刻朱墨套印本　一冊　存一卷（一）

330000－1702－0002848　普90/1930　集部/別集類/清別集

周鼎臣詩稿一卷　（清）周鼎臣撰　清末抄本　一冊

330000－1702－0002849　普281/5627　經部/小學類/文字之屬/說文/傳說

說文引經攷證七卷說文引經互異說一卷

（清）陳璨撰　清同治十三年（1874）湖北崇文書局刻本　二冊

330000－1702－0002850　普92/1958　類叢部/叢書類/彙編之屬

小石山房叢書三十八種　（清）顧湘編　清道光刻同治十三年（1874）虞山顧氏補刻本　一冊　存一種

330000－1702－0002851　普281/5648　子部/雜著類/雜說之屬

冷廬雜識八卷續編一卷　（清）陸以湉撰　清咸豐六年（1856）刻本　一冊　存一卷（七）

330000－1702－0002852　普92/1965　史部/目錄類/總錄之屬/官修

四庫未收書目提要五卷　（清）阮元撰　清光緒九年（1883）成都御風樓刻本　二冊

330000－1702－0002853　普281/5630　集部/別集類/清別集

晚翠軒集一卷　（清）林旭撰　清光緒二十八年（1902）吳門鉛印本　一冊

330000－1702－0002854　普92/1967　類叢部/叢書類/彙編之屬

嘯園叢書五十七種　（清）葛元煦編　清光緒二年至七年（1876－1881）仁和葛氏刻本　一冊　存一種

330000－1702－0002856　普92/1978　子部/小說家類/雜事之屬

嘯亭雜錄十卷　（清）昭槤撰　清抄本　八冊

330000－1702－0002857　普100/2250　集部/別集類/清別集

二曲集四十六卷　（清）李顒撰　清光緒三年（1877）石泉彭懋謙刻本　八冊　存二十二卷（一至二十二）

330000－1702－0002858　普281/5635　經部/春秋左傳類/傳說之屬

左繡三十卷首一卷　（清）馮李驊（清）陸浩評輯　春秋經傳集解三十卷　（晉）杜預註（唐）陸德明音釋　（宋）林堯叟補註　（清）馮李驊增訂　清康熙五十九年（1720）大文堂

刻本　一册　存三卷(左繡一、首,春秋經傳集解一)

330000－1702－0002859　普 92/1984　史部/目錄類

江刻書目三種　(清)江標輯　清光緒元和江氏師鄴室刻蘇州振新書社印本　一册　存一種

330000－1702－0002861　普 92/1986　類叢部/叢書類/彙編之屬

木犀軒叢書二十七種續刻六種　李盛鐸編　清光緒德化李氏木犀軒刻本　一册　存一種

330000－1702－0002862　普 92/1991　史部/目錄類/總錄之屬/官修

欽定天祿琳琅書目十卷　(清)于敏中等撰
欽定天祿琳琅書目後編二十卷　(清)彭元端等撰　清光緒十年(1884)長沙王氏刻本　九册　存二十六卷(一至十、後編一至十六)

330000－1702－0002863　普 92/1992　經部/小學類/文字之屬/說文/專著

六書通十卷　(明)閔齊伋撰　(清)畢弘述篆訂　清光緒二十一年(1895)上海鴻寶齋石印本　五册

330000－1702－0002864　普 92/1993　子部/藝術類/書畫之屬/書法書品

書學緒聞三卷　(清)魏錫曾撰　清刻本一册

330000－1702－0002865　普 92/1995　史部/目錄類

經史歌略二卷　(清)許家惺撰　清光緒二十四年(1898)刻本　一册

330000－1702－0002866　普 92/2011　史部/目錄類/書志之屬/提要

愛日精廬藏書志三十六卷續志四卷　(清)張金吾藏並撰　清道光七年(1827)張氏愛日精廬刻本　十册　存三十六卷(一至三十六)

330000－1702－0002868　普 281/5641　子部/藝術類/書畫之屬/畫譜

芥子園畫傳初集六卷二集九卷三集六卷

(清)王槩　(清)王蓍　(清)王臬輯　清末石印本　一册　存一卷(初集三)

330000－1702－0002869　普 281/5642　集部/總集類/選集之屬/通代

古賦首選不分卷　(清)梁夔譜輯注　清同治八年(1869)順德梁氏鏡古堂刻本　一册

330000－1702－0002870　普 281/5646　子部/叢編

子書二十三種　(清)浙江書局編　清光緒二十三年(1897)上海圖書集成局鉛印本　一册　存一種

330000－1702－0002871　普 281/5645　史部/雜史類/通代之屬

國語韋解補正二十一卷　吳曾祺撰　清宣統二年(1910)上海商務印書館鉛印本　三册存十七卷(五至二十一)

330000－1702－0002872　普 281/5651　集部/總集類/課藝之屬

惜陰書院東齋課藝八卷　(清)孫鏘鳴輯(清)孫渠田鑒定　清光緒刻本　一册　存一卷(六)

330000－1702－0002873　普 281/5652　集部/別集類/清別集

茂實軒初稿二卷　(清)黃儁撰　清宣統元年(1909)石印本　一册　存一卷(二)

330000－1702－0002874　普 281/5655　經部/小學類/音韻之屬/等韻

切音淺說一卷　(清)徐迺昭著　清末抄本一册

330000－1702－0002876　普 281/5656　集部/別集類/清別集

有正味齋駢體文二十四卷首一卷　(清)吳錫麒撰　(清)王廣業箋　(清)葉聯芬注　清光緒十五年(1889)上海蜚英館石印本　一册存六卷(五至十)

330000－1702－0002878　普 281/5659　經部/小學類/文字之屬/說文/傳說

說文解字注十五卷附六書音韻表五卷　(清)

段玉裁撰　說文部目分韻一卷　（清）陳煥編　說文通檢十四卷首一卷末一卷　（清）黎永椿編　說文解字注匡謬八卷　（清）徐承慶撰　清光緒上海中華圖書館石印本　八冊

330000－1702－0002879　普 280/5598　集部/總集類/選集之屬/通代

文選六十卷　（南朝梁）蕭統輯　（唐）李善注　清光緒十八年(1892)上海廣百宋齋鉛印本　十冊

330000－1702－0002880　普 281/5657　類叢部/類書類/專類之屬

酉山柿三卷　（清）王顯曾輯　清嘉慶七年(1802)舊雨齋刻本　一冊　存二卷(二至三)

330000－1702－0002882　普 282/5663　經部/詩類/傳說之屬

詩經精華十卷首一卷　（清）薛嘉穎輯　清刻本　四冊

330000－1702－0002884　普 282/5665　類叢部/叢書類/彙編之屬

風雨樓叢書二十三種　鄧實編　清宣統順德鄧氏鉛印本　一冊　存一種

330000－1702－0002885　普 28/463　類叢部/叢書類/彙編之屬

漸西村舍彙刊(漸西村舍叢刻)四十四種　（清）袁昶編　清光緒十六年至二十四年(1890－1898)桐廬袁氏刻本　二冊　存一種

330000－1702－0002886　普 282/5666　集部/別集類/清別集

大潛山房詩鈔一卷　（清）劉銘傳撰　劉壯肅公家傳一卷　（清）程先甲撰　清末石印本　一冊

330000－1702－0002887　普 282/5667　集部/別集類/清別集

詩文集畧一卷　（清）陳增撰　（清）秦維嶽評選　清道光十六年(1836)刻本　北厚南薄之地跋　一冊

330000－1702－0002888　普 282/5668　集部/別集類/清別集

適其適齋詩鈔一卷　（清）王桐撰　清咸豐八年(1858)刻本　一冊

330000－1702－0002889　普 282/5670　集部/別集類/清別集

曇華閣詩鈔一卷　（清）朱希蘊撰　清道光十二年(1832)刻本　一冊

330000－1702－0002890　普 282/5671　集部/總集類/選集之屬/通代

東萊先生古文關鍵二卷　（宋）呂祖謙輯　（宋）蔡文子注　（清）徐樹屏考異　清同治九年(1870)古閩晏湖張氏勵志書屋刻本　二冊

330000－1702－0002891　普 282/5673　集部/別集類/清別集

煮石齋稿一卷　（清）鮑家瑞撰　清光緒十八年(1892)刻本　一冊

330000－1702－0002892　普 282/5679　子部/醫家類/綜合之屬/通論

醫方簡義六卷　（清）王清源撰　清光緒二十四年(1898)杭州同善堂刻本　四冊

330000－1702－0002893　普 282/5678　集部/別集類/清別集

日損益齋古今體詩十八卷　（清）馬疏撰　清咸豐八年(1858)刻本　六冊

330000－1702－0002896　普 100/2248　集部/總集類/彙編之屬

全唐詩錄廣□□卷　（清）孫謀輯　稿本　八冊　存十一卷(一至二、五至六、十一、十五、十七、二十、二十四至二十六)

330000－1702－0002897　普 100/2247　集部/總集類/彙編之屬

唐詩百名家全集　（清）席啓寓輯　清康熙四十一年(1702)洞庭席氏琴川書屋刻本　二冊　存一種

330000－1702－0002898　普 100/2245　集部/別集類/清別集

紅樓夢賦一卷　（清）沈謙撰　清抄本　一冊

330000－1702－0002899　普 100/2244　集

部/曲類/散曲之屬

快樂吟餘天香集一卷快樂章程一卷快樂真機
一卷　（清）石成金輯　清刻本　一冊

330000 – 1702 – 0002900　　普 100/2243　　史
部/地理類/遊記之屬/紀勝

金牛湖漁唱一卷　（清）張雲璈撰　清嘉慶十
八年（1813）刻本　一冊

330000 – 1702 – 0002908　　普 56/932　　史部/
政書類/通制之屬

通典二百卷　（唐）杜佑撰　清同治十年
（1871）廣東學海堂刻本　三十四冊　存一百
七十四卷（一至一百七十四）

330000 – 1702 – 0002909　　普 57/937　　類叢
部/叢書類/彙編之屬

邵武徐氏叢書二十三種　（清）徐榦編　清光
緒邵武徐氏刻本　一冊　存一種

330000 – 1702 – 0002914　　普 57/941　　史部/
傳記類/日記之屬

補拙山房日記一卷（清光緒二十年元月至二
十一年三月）　（清）□□撰　稿本　一冊

330000 – 1702 – 0002915　　普 57/942　　史部/
傳記類/雜傳之屬

石門忠義錄一卷　清抄本　一冊

330000 – 1702 – 0002916　　普 149/3646　　類叢
部/叢書類/郡邑之屬

武林掌故叢編一百九十種　（清）丁丙編　清
光緒三年至二十六年（1877 – 1900）錢塘丁氏
嘉惠堂刻本（［乾道］臨安志卷四至十五、南宋
館閣錄卷一原缺）　二百冊　存一百七十
九種

330000 – 1702 – 0002917　　普 78/1447　　子部/
道家類

三子合刊　（明）閔齊伋輯　明閔齊伋刻朱墨
套印本　一冊　存一種

330000 – 1702 – 0002919　　普 57/943　　史部/
政書類/邦計之屬/營田

臺灣全省糧額一卷　清抄本　一冊

330000 – 1702 – 0002923　　普 57/951　　史部/
目錄類/專錄之屬

癖好堂收藏金石書目一卷　（清）凌瑕撰　清
抄本　一冊

330000 – 1702 – 0002928　　民 59/966　　類叢
部/叢書類/彙編之屬

清風室叢刊（清風室叢書）二十種　（清）錢保
塘編　清同治十年至民國二十五年（1871 –
1936）海寧錢氏清風室刻本　八冊　存一種

330000 – 1702 – 0002931　　普 60/975　　史部/
傳記類/科舉錄之屬/歷科鄉試錄

杭郡鄉試科名備查一卷　清抄本　一冊

330000 – 1702 – 0002941　　普 181/4193　　集
部/別集類/清別集

新城詩鈔八卷　（清）王士禎撰　清抄本　清
崔永安批並跋　一冊

330000 – 1702 – 0002944　　普 60/987　　史部/
地理類/山川之屬/山志

大明一統名勝志二百八卷目錄一卷　（明）曹
學佺撰　明崇禎三年（1630）曹氏刻本　一冊
存一卷（一）

330000 – 1702 – 0002952　　普 181/4217　　子
部/藝術類/書畫之屬/總論

埜堂論帖一卷　清抄本　一冊

330000 – 1702 – 0002953　　普 181/4219　　集
部/別集類/明別集

奇零詩草一卷附錄一卷　（明）張煌言撰　清
抄本　一冊

330000 – 1702 – 0002955　　普 181/4222　　集
部/別集類/清別集

庚觚賸稿五卷　（清）吳展成撰　清抄本
一冊

330000 – 1702 – 0002957　　普 181/4224　　類叢
部/叢書類/自著之屬

焉文子三種四卷　（清）王知介撰　稿本
四冊

330000 – 1702 – 0002958　　普 181/4225　　集

部/別集類/清別集

松夢寮刪餘詩稿一卷 （清）丁丙撰　清抄本
一冊

330000－1702－0002959　普60/1005　史部/
傳記類/總傳之屬/斷代

國朝人著作考一卷 清抄本　一冊

330000－1702－0002962　普181/4227　集
部/戲劇類/雜劇之屬

西廂記五卷附錄元人增對奕一卷 （元）王德
信 （元）關漢卿撰 （明）凌濛初評 **會真記
一卷** （唐）元稹撰　清抄本　一冊

330000－1702－0002963　普181/4228　集
部/別集類/清別集

慎行堂存稿不分卷 （清）吳蘭谷著　稿本
二冊

330000－1702－0002967　普180/4141　集
部/別集類/明別集

宗子相集十五卷 （明）宗臣撰　明萬曆刻本
一冊　存一卷（文部一）

330000－1702－0002968　普180/4142　史
部/紀傳類/別史之屬

名山藏一百九卷 （明）何喬遠撰　明崇禎福
建沈猶龍等刻本　三冊　存十卷（一至二、十
至十二、十六至二十）

330000－1702－0002969　普180/4143　史
部/金石類/金之屬/圖像

泊如齋重修宣和博古圖錄三十卷 （宋）王黼
等撰　明萬曆十六年（1588）泊如齋刻本　五
冊　存十二卷（二、七至九、十一、十三至十
四、十六至十八、二十六、二十八）

330000－1702－0002970　普180/4145　集
部/總集類/彙編之屬

唐宋八大家文鈔 （明）茅坤編　明萬曆七年
（1579）茅一桂刻本　一冊　存一種

330000－1702－0002972　普180/4146　史
部/政書類/通制之屬

通典二百卷 （唐）杜佑撰　清同治十年
（1871）廣東學海堂刻本　一冊　存二卷（一

百八十七至一百八十八）

330000－1702－0002973　普180/4146/2　史
部/政書類/通制之屬

杜氏通典二百卷 （唐）杜佑撰　明嘉靖十八
年（1539）王德溢吳鵬刻本　一冊　存四卷
（一百四十四至一百四十七）

330000－1702－0002976　普180/4149　集
部/總集類/課藝之屬

課藝不分卷 清抄本　三冊

330000－1702－0002977　普180/4150　經
部/群經總義類/傳說之屬

雜錄一卷 清抄本　一冊

330000－1702－0002989　普180/4157　經
部/三禮總義類/通禮雜禮之屬

婚喪帖具名式一卷 清末抄本　一冊

330000－1702－0002990　普180/4158　集
部/總集類/課藝之屬

制藝抄評一卷 清末抄本　一冊

330000－1702－0002992　普180/4159　集
部/別集類/清別集

佚名詩詞集一卷 清末抄本　一冊

330000－1702－0002998　普180/4164　集
部/別集類/清別集

詩詞集一卷 清末抄本　一冊

330000－1702－0002999　普180/4165　史
部/地理類/雜志之屬

湖北各縣修城史一卷 清末稿本　一冊

330000－1702－0003000　普180/4169　史
部/詔令奏議類/奏議之屬

**傅振邦奏章一卷（清咸豐九年九月至十年正
月）** （清）傅振邦撰　清末抄本　一冊

330000－1702－0003003　普180/4170　集
部/總集類/選集之屬/斷代

清文抄一卷 清抄本　一冊

330000－1702－0003005　普180/4174　子
部/術數類/相宅相墓之屬

集葬書三種 清抄本　一冊

330000－1702－0003009　普 180/4176　子部/雜著類/雜纂之屬

雜抄一卷　清抄本　一冊

330000－1702－0003010　普 180/4177　經部/三禮總義類/通禮雜禮之屬

儀禮經傳續二十九卷　（宋）黃榦撰　（宋）楊復訂　明刻本　一冊　存二卷（二十八至二十九）

330000－1702－0003011　普 180/4178　子部/雜著類/雜纂之屬

筆記一卷　清抄本　一冊

330000－1702－0003022　普 179/4081　史部/傳記類/總傳之屬/家乘

[浙江杭州]徐氏本支百世一卷　（清）徐培熙纂修　清末稿本　一冊

330000－1702－0003054　普 179/4090　史部/金石類/錢幣之屬/文字

歷代鍾官圖經八卷　（清）陳萊孝撰　清抄本　三冊　存五卷（一至五）

330000－1702－0003065　普 179/4100　集部/別集類/清別集

竹西書屋稿一卷　清抄本　一冊

330000－1702－0003066　普 179/4101　集部/小說類/長篇之屬

圖像鏡花緣二十卷一百回首一卷　（清）李汝珍撰　清光緒十六年（1890）上海廣百宋齋鉛印本　一冊　存三卷（十一至十三）

330000－1702－0003070　普 179/4102　類叢部/叢書類/自著之屬

隨園三十六種　（清）袁枚撰　清光緒十八年（1892）上海圖書集成印書局鉛印本　一冊存一種

330000－1702－0003073　普 179/4103　子部/術數類/雜術之屬

燒餅歌一卷　（明）劉基撰　清抄本　一冊

330000－1702－0003074　普 179/4104　集部/詞類/別集之屬

小蘇潭詞六卷　（清）謝學崇撰　清抄本　一冊　存一卷（六）

330000－1702－0003079　普 179/4112　集部/別集類/清別集

董正揚詩稿一卷　（清）董正揚撰　清抄本　一冊

330000－1702－0003083　普 179/4120　集部/別集類/清別集

草草園詩存一卷　（清）周濂撰　清抄本　一冊

330000－1702－0003087　普 179/4126　子部/醫家類/醫經之屬/內經

黃帝內經素問校義一卷　（清）胡澍撰　清抄本　一冊

330000－1702－0003089　普 179/4131　集部/總集類/課藝之屬

明清制藝文選抄一卷　清抄本　一冊

330000－1702－0003091　普 179/4130　集部/總集類/氏族之屬

錢塘戴氏家族唱和詩詞抄一卷　清抄本　一冊

330000－1702－0003101　普 179/4135　子部/醫家類/兒科之屬/痘疹

疹科真傳一卷　（明）呂坤輯　清抄本　一冊

330000－1702－0003102　普 179/4137　集部/總集類/課藝之屬

佚名清代制藝文抄一卷　清末抄本　二冊

330000－1702－0003103　普 179/4138　史部/傳記類/雜傳之屬

李念茲慕皋先生函牘雜錄一卷附碑記一卷　清末抄本　一冊

330000－1702－0003104　普 179/4139　經部/群經總義類/傳說之屬

經學述一卷　（清）濮鑅纂　清抄本　一冊

330000－1702－0003108　普 178/4036　史部/金石類/石之屬

漢射陽石門畫象彙攷一卷　（清）張寶德輯

清末抄本　一冊

330000－1702－0003118　普 53/855　類叢部/叢書類/彙編之屬

國粹叢書四十九種　（清）國學保存會編　清光緒至宣統鉛印本　一冊　存一種

330000－1702－0003146　普 177/4020　集部/別集類/清別集

秋笳集八卷　（清）吳兆騫撰　清康熙徐乾學刻雍正四年(1726)吳振臣增刻本　二冊

330000－1702－0003151　普 307/6455　史部/地理類/方志之屬/郡縣志

[光緒]慈谿縣志五十六卷附編一卷　（清）楊泰亨　（清）馮可鏞纂　（清）劉一桂校補　清光緒二十五年(1899)德潤書院刻本　二十四冊

330000－1702－0003158　普 78/1454　子部/宗教類/佛教之屬/經疏

大方廣圓覺修多羅了義經集註二卷　（宋）釋元粹撰　清刻本　二冊

330000－1702－0003167　普 64/1142　子部/農家農學類/園藝之屬/花卉

蘭蕙鏡不分卷　（清）屠用寧撰　清抄本　一冊

330000－1702－0003168　普 150/3647/1　類叢部/叢書類/郡邑之屬

武林掌故叢編一百九十種　（清）丁丙編　清光緒三年至二十六年(1877－1900)錢塘丁氏嘉惠堂刻本([乾道]臨安志卷四至十五、南宋館閣錄卷一原缺)　一百二十六冊　存一百三十二種

330000－1702－0003171　普 175/3888　子部/藝術類/遊藝之屬/棋弈

弈潛齋集譜初編十五種二編三種三編五種　（清）鄧元鏸輯　清光緒弈潛齋刻本　一冊　存五種

330000－1702－0003182　普 175/3899　新學/報章

國粹學報不分卷　清末鉛印本　一冊　存

一冊

330000－1702－0003186　普 309/6494　子部/藝術類/音樂之屬/樂譜

琴學入門四卷　（清）張鶴輯　清宣統元年(1909)蘇州刻本　四冊

330000－1702－0003191　普 175/3905　史部/目錄類/總錄之屬

知不足齋叢書目錄一卷　（清）鮑廷博輯　清乾隆至道光長塘鮑氏刻本　一冊

330000－1702－0003192　普 309/6497　子部/藝術類/音樂之屬/樂譜

琴譜不分卷　抄本　一冊

330000－1702－0003193　普 64/1146　子部/醫家類/傷寒金匱之屬/金匱要略

金匱方論衍義補註不分卷　（清）陳之濂撰　清抄本　五冊

330000－1702－0003194　普 175/3907　史部/目錄類/總錄之屬/彙刻

四部書目雜編不分卷　清刻本　一冊

330000－1702－0003197　普 175/3911　史部/目錄類/總錄之屬/私撰

士禮居藏書題跋記六卷　（清）黃丕烈撰　清末石印本　二冊

330000－1702－0003213　民 64/1157　子部/叢編

子書百家(崇文書局彙刻百子、彙刻百子、百子全書)　（清）崇文書局編　清光緒元年(1875)湖北崇文書局刻民國元年(1912)鄂官書處重印本　四冊　存一種

330000－1702－0003214　普 64/1156　子部/儒家類/儒學之屬/禮教/鑑戒

聖諭廣訓直解一卷　（清）世宗胤禛撰　（清）□□直解　清刻本　一冊

330000－1702－0003215　普 309/6508　子部/宗教類/道教之屬/戒律

暗室燈二卷　（清）深山居士輯　清光緒四年(1878)刻本　一冊

330000－1702－0003218　普 309/6511　子部/術數類/占卜之屬

卜筮正宗十四卷　（清）王維德撰　清光緒二年(1876)刻本　四冊

330000－1702－0003221　普 64/1155　集部/總集類/題詠之屬

馮柳東太史虞山覓句圖題詞一卷續題詞一卷馮柳東太史谿堂深柳圖題詠一卷　清光緒稿本　一冊

330000－1702－0003222　普 309/6514　子部/術數類/相宅相墓之屬

陽宅指掌不分卷　（清）符山撰　清末抄本一冊

330000－1702－0003224　普 309/6516　集部/別集類/清別集

青溪舊屋文集十一卷　（清）劉文淇撰　清光緒九年(1883)刻本　二冊

330000－1702－0003228　普 309/6517　經部/小學類/文字之屬/字書/字體

名原二卷　（清）孫詒讓撰　清光緒三十一年(1905)瑞安孫氏刻本　一冊

330000－1702－0003230　普 309/6519　史部/編年類/通代之屬

御批歷代通鑑輯覽一百二十卷　（清）傅恒等撰　清光緒上海商務印書館鉛印本　四十冊

330000－1702－0003231　普 310/6520　史部/地理類/山川之屬/水志

西湖志四十八卷　（清）李衛　（清）程元章修（清）傅王露撰　清雍正十三年(1735)兩浙鹽驛道庫刻本　二十冊

330000－1702－0003233　普 310/6522　史部/編年類/通代之屬

尺木堂綱鑑易知錄九十二卷明鑑易知錄十五卷　（清）吳乘權等輯　清光緒二十七年(1901)上海鑄史齋鉛印本　十六冊

330000－1702－0003240　普 175/3932　類叢部/叢書類/彙編之屬

靈鶼閣叢書五十六種　（清）江標編　清光緒

元和江氏湖南使院刻本　一冊　存一種

330000－1702－0003242　普 310/6523　史部/編年類/通代之屬

御批歷代通鑑輯覽一百二十卷　（清）傅恒等撰　清光緒二十九年(1903)上海文瀾書局石印本　二十冊

330000－1702－0003256　普 310/6527　集部/別集類/清別集

孫淵如先生全集二十二卷　（清）孫星衍撰（清）朱記榮編　清光緒十一年(1885)朱氏槐廬家塾刻本　十冊

330000－1702－0003257　普 310/6528　子部/醫家類/喉科口齒之屬/白喉

仙傳白喉治法忌表抉微二卷　（清）耐修子錄　清光緒十七年(1891)刻本　一冊

330000－1702－0003258　普 310/6529　子部/醫家類/喉科口齒之屬/白喉

洞主仙師白喉治法忌表抉微一卷　（清）徐鄂輯並注　清光緒二十七年(1901)順成書局石印本　一冊

330000－1702－0003260　普 310/6530　子部/醫家類/喉科口齒之屬

重樓玉鑰一卷　（清）鄭宏綱撰　洞主仙師白喉治法忌表抉微一卷　（清）徐鄂輯並注　清光緒二十六年(1900)杭州景文齋刻本　一冊

330000－1702－0003269　普 310/6539　子部/醫家類/綜合之屬/雜著

弄丸心法八卷　（清）楊鳳庭撰　清宣統三年(1911)成都刻本　八冊

330000－1702－0003293　普 175/3965　史部/目錄類/總錄之屬/私撰

姑蘇謝明新堂辛亥書目一卷　（清）姑蘇謝明新堂編　清宣統三年(1911)姑蘇謝明新堂刻本　一冊

330000－1702－0003294　普 311/6549　子部/醫家類/醫理之屬/綜合

中西醫判二卷　（清）唐宗海撰　清光緒十八年(1892)上海千頃堂書局石印本　二冊

330000－1702－0003296　普175/3966　史部/目録類/總錄之屬/私撰

掃葉山房書目一卷　（清）掃葉山房編　清末掃葉山房刻本　一冊

330000－1702－0003301　普175/3971　史部/目録類/總錄之屬/私撰

寄售宜都楊氏鄰蘇園書目一卷　清末刻本　一冊

330000－1702－0003304　普175/3970　史部/目録類/總錄之屬/私撰

寄售宜都楊氏鄰蘇園書目一卷　清末刻本　一冊

330000－1702－0003308　普175/3973　史部/目録類/總錄之屬/官修

浙江官書局減定書價一卷　（清）浙江官書局編　清光緒十八年（1892）浙江官書局刻朱印本　一冊

330000－1702－0003310　普311/6554　子部/醫家類/方書之屬/單方驗方

集驗方不分卷　（清）洪裕昆編　清宣統二年（1910）洪裕昆鉛印本　一冊

330000－1702－0003315　普175/3975　史部/目録類/總錄之屬/私撰

申報館點石齋印行各種書籍價目一卷　（清）上海申報館　（清）點石齋編　清末上海申報館、點石齋石印本　一冊

330000－1702－0003335　普311/6559　子部/醫家類/方書之屬/單方驗方

經驗方選不分卷　（清）朱錫綏撰　清同治元年（1862）刻本　一冊

330000－1702－0003346　普311/6566　子部/醫家類/婦科之屬/產科

增廣大生要旨五卷　（清）唐千頃撰　（清）葉灝增訂　清咸豐八年（1858）刻本　一冊

330000－1702－0003357　普174/3808　類叢部/叢書類/自著之屬

春在堂全書　（清）俞樾撰　清光緒二十五年（1899）刻本　一冊　存二種

330000－1702－0003361　普66/1196　子部/農家農學類/農藝之屬/土壤耕作

多稼集二卷　（清）奚子明撰　清抄本　一冊

330000－1702－0003375　普66/1200　子部/藝術類/遊藝之屬/棋弈

聽秋軒弈譜一卷　題（清）龍椒散人輯　清同治十二年（1873）刻本　一冊

330000－1702－0003382　普66/1204　新學/報章

杭州白話報不分卷　（清）杭州白話報館編　清光緒二十七年至二十八年（1901－1902）刻本　十六冊

330000－1702－0003385　普311/6587　子部/醫家類/溫病之屬/其他溫疫病證

溫病條辨六卷首一卷　（清）吳瑭撰　清光緒十九年（1893）上海圖書集成印書局鉛印本　一冊　存二卷（一、首）

330000－1702－0003386　普311/6588　子部/醫家類/綜合之屬/通論

繪圖東醫寶鑑二十二卷目錄二卷　（朝鮮）許浚撰　清光緒十六年（1890）年上海校經山房石印本　一冊　存二卷（雜病篇三至四）

330000－1702－0003389　普311/6591　子部/醫家類/本草之屬/本草藥性

藥書讀本不分卷　（清）靜菴輯　清咸豐四年（1854）抄本　一冊

330000－1702－0003391　普311/6593　子部/醫家類/綜合之屬

丹臺玉案六卷　（明）孫文胤撰　清光緒三十年（1904）抄本　一冊　存一卷（一）

330000－1702－0003395　普311/6597　子部/兵家類/兵法之屬

大六壬兵機百煉金不分卷　清末抄本　一冊

330000－1702－0003396　普311/6598　子部/醫家類/方書之屬/單方驗方

外治壽世方初編四卷　（清）鄒存淦輯　清光緒三年（1877）杭州勤藝堂刻本　二冊

330000－1702－0003397　普311/6599　子部/儒家類/儒學之屬/性理

藥言二卷贅稿二卷冰言十卷補錄十卷　（清）李惺撰　清光緒二十七年（1901）劉鴻業上海刻本　四冊

330000－1702－0003398　普311/6600　子部/藝術類/音樂之屬/琴學

琴律揭要一卷　（清）婁啓衍撰　清光緒二十四年（1898）山陰婁氏聽虛館刻本　一冊

330000－1702－0003402　普313/6646　類叢部/叢書類/彙編之屬

宛鄰書屋叢書十三種　（清）張琦編　清道光十年至十二年（1830－1832）張氏宛鄰書屋刻本　四冊　存一種

330000－1702－0003404　普314/6649　子部/醫家類/類編之屬

周氏醫學叢書（周澂之評注醫書、周氏彙刻醫學叢書）初集十二種二集十一種三集六種　（清）周學海編　清光緒至宣統池陽周氏刻宣統三年（1911）福慧雙脩館彙印本　七十一冊　存二十七種

330000－1702－0003410　普71/1238　子部/醫家類/外科之屬/外科方

外科圖說不分卷　清乾隆二十四年（1759）抄本　四冊

330000－1702－0003411　普314/6650　子部/醫家類/綜合之屬/通論

醫學十書　（清）陳璞撰　清光緒七年（1881）羊城雲林閣刻本　十四冊　存九種

330000－1702－0003412　普71/1239　子部/雜著類/雜纂之屬

懷鉛襍識三卷　（清）程士誥撰　清抄本　一冊

330000－1702－0003414　普71/1240　子部/醫家類/養生之屬

萬育仙書一卷　（清）曹無極輯　清抄本　一冊

330000－1702－0003415　普71/1241　史部/

政書類/軍政之屬/團練

營伍約編一卷　（清）武隆阿編　清抄本　一冊

330000－1702－0003417　普71/1242　子部/宗教類/道教之屬

真詮二卷　（明）桑喬撰　清抄本　一冊

330000－1702－0003419　普71/1243　集部/別集類/清別集

全越詩草不分卷　（清）竺孝根撰　清抄本　四冊

330000－1702－0003420　普71/1244　子部/雜著類/雜說之屬

席上輔談二卷　（元）俞琰撰　清抄本　寶鄂校　一冊

330000－1702－0003421　普71/1245　子部/醫家類

格致餘論一卷　（元）朱震亨撰　明刻本　一冊

330000－1702－0003423　普71/1249　類叢部/叢書類/彙編之屬

寶顏堂祕笈二百二十八種　（明）陳繼儒編　明萬曆至泰昌繡水沈氏刻本　一冊　存二種

330000－1702－0003426　普71/1254　類叢部/叢書類/彙編之屬

津逮祕書十五集一百四十種　（明）毛晉編　明崇禎虞山毛氏汲古閣刻本　二冊　存一種

330000－1702－0003434　普174/3865　史部/目錄類/總錄之屬/官修

欽定四庫全書簡明目錄二十卷　（清）紀昀等撰　清光緒十年（1884）上海同文書局石印本　四冊

330000－1702－0003435　普315/6669　子部/醫家類/傷寒金匱之屬/金匱要略

金匱懸解二十二卷　（清）黃元御注　清刻本　四冊

330000－1702－0003438　普315/6670　子部/醫家類/本草之屬/歷代綜合本草

本草綱目五十二卷圖三卷奇經八脈攷二卷
（明）李時珍撰　本草綱目拾遺十卷　（清）趙
學敏輯　本草萬方鍼線八卷　（清）蔡烈先輯
　清光緒三十年（1904）同文書局石印本　二
十冊

330000－1702－0003440　普101/2279　集
部/總集類/選集之屬/斷代

聽嚶堂選四六新書廣集八卷　（清）黃始選輯
　清康熙聽嚶堂刻本　七冊　存六卷（一至
六）

330000－1702－0003441　普315/6672　史
部/政書類/通制之屬

皇朝文獻通考輯要二十六卷　湯壽潛輯　清
末通雅堂活字本　十冊

330000－1702－0003443　普101/2280　集
部/別集類/清別集

受祺堂詩三十五卷　（清）李因篤撰　清康熙
三十八年（1699）田少華粵東刻本（卷四原缺）
　二冊　存七卷（一至三、五至八）

330000－1702－0003444　普174/3873　史
部/目錄類/總錄之屬/私撰

廣百宋齋書目一卷　（清）上海廣百宋齋編
清末上海廣百宋齋鉛印本　一冊

330000－1702－0003445　普174/3874　史
部/地理類/專志之屬/祠墓

越中先賢祠目序例一卷　（清）李慈銘撰　清
光緒十一年（1885）都門越祠刻本　一冊

330000－1702－0003456　普315/6686　子
部/宗教類/佛教之屬/經疏

妙法蓮華經玄義釋籤二卷　（隋）釋智顗說
（隋）釋灌頂記　（唐）釋湛然釋　清光緒七年
（1881）昭慶律寺經房刻本　一冊　存二卷
（一至二）

330000－1702－0003457　普174/3885　史
部/目錄類/專錄之屬

宋金元詞集見存卷目一卷附錄一卷　吳昌綬
編　清光緒三十三年（1907）上海鴻文書局石
印本　一冊

330000－1702－0003465　普173/3703　集
部/小說類/短篇之屬

西湖拾遺四十八卷　（清）陳樹基輯　清刻本
　一冊　存三卷（二十至二十二）

330000－1702－0003466　普101/2281　集
部/別集類/清別集

蔗塘未定稿九卷外集八卷　（清）查為仁撰
清乾隆刻本　清查瑩批　一冊　存三卷（蓮
坡詩話一至三）

330000－1702－0003469　普316/6694　子
部/宗教類/佛教之屬/諸宗

萬松老人評唱天童覺和尚拈古請益錄六卷
（宋）釋正覺拈古　（元）釋行秀評唱　（元）
釋從隆輯　清末福德因緣堂刻本　二冊

330000－1702－0003470　普316/6695　子
部/宗教類/佛教之屬/經

大佛頂如來密因修證了義諸菩薩萬行首楞嚴
經十卷　題（唐）釋般剌密帝　（唐）釋彌伽釋
迦譯　清同治八年（1869）金陵刻經處刻本
二冊

330000－1702－0003471　普173/3711　集
部/總集類/謠諺之屬

古諺七言對聯一卷古諺五言對聯一卷　（清）
黃基集　清宣統三年（1911）石印本　一冊

330000－1702－0003473　普101/2284　集
部/別集類/清別集

嘉蔭樓集二卷　（清）孫允膺撰　清康熙五十
五年（1716）刻本　一冊　存一卷（上）

330000－1702－0003475　普101/2285　集
部/總集類/選集之屬/斷代

詩集廣序十卷　（清）朱嘉徵論正　（清）許三
禮參定　清康熙清遠堂刻本　四冊

330000－1702－0003477　普316/6699　子
部/宗教類/佛教之屬/諸宗

四眾弟子淨土詩六種　清末刻本　一冊

330000－1702－0003481　普73/1288　子部/
醫家類/本草之屬/本草藥性

師利心四卷　（清）張璐纂輯　清抄本　四冊

330000－1702－0003482　普73/1290　子部/雜著類/雜說之屬

廉泉山館隨筆六卷　（清）楊浩撰　稿本
二冊

330000－1702－0003485　普101/2283　集部/別集類/宋別集

施注蘇詩四十二卷目錄二卷　（宋）蘇軾撰
（宋）施元之　（宋）顧禧注　（清）顧嗣立
（清）邵長蘅　（清）宋至刪補　**蘇詩續補遺二卷**　（清）馮景補註　**王註正譌一卷**　（清）邵長蘅撰　**東坡先生年譜一卷**　（宋）王宗稷編
清康熙三十八年(1699)商丘宋犖刻本　八冊　存三十八卷(施注蘇詩七至四十二、王註正譌、東坡先生年譜)

330000－1702－0003502　普101/2286　集部/總集類/郡邑之屬

徐州詩徵八卷　（清）桂中行輯　清光緒十七年(1891)刻民國三年(1914)王爲毅補刻本
劉學修題記　三冊　存六卷(一至四、七至八)

330000－1702－0003545　普319/6766　子部/天文曆算類/算書之屬

翠薇山房數學十四種　（清）張作楠撰　清光緒二十三年(1897)上海鴻寶齋石印本　八冊

330000－1702－0003547　普319/6768　史部/雜史類/斷代之屬

杭城辛酉紀事詩一卷　題(清)東郭子　（清）蒿目生撰　清末抄本　一冊

330000－1702－0003550　普319/6769　集部/楚辭類

楚辭集註八卷　（宋）朱熹撰　明崇禎十年(1637)刻本　四冊

330000－1702－0003551　普319/6770　集部/別集類/清別集

淮南近詩一卷岸園近詩一卷　（清）黃維珠撰　清初刻本　一冊

330000－1702－0003552　普319/6771　集部/別集類/清別集

詩文雜鈔八卷　（清）熊寶泰等撰　清抄本
一冊

330000－1702－0003553　普73/1317　類叢部/叢書類/自著之屬

香雪崦叢書　（清）平步青撰　清光緒二年(1876)刻本　一冊　存一種

330000－1702－0003554　普73/1315　子部/雜著類/雜纂之屬

長生詮六卷　（明）洪應明輯　明萬曆刻本
一冊　存一卷(四)

330000－1702－0003556　普319/6772　集部/總集類/選集之屬/通代

古賦辯體十卷　（元）祝堯輯　明嘉靖十一年(1532)熊氏刻本　八冊

330000－1702－0003565　普173/3785　子部/宗教類/道教之屬/方法

金華直指二卷　（清）純陽道人　（清）靈陽道人述　清光緒十三年(1887)刻本　一冊

330000－1702－0003569　普323/6796　類叢部/叢書類/自著之屬

覆瓿集十三種附一種　（清）張文虎撰　清同治至光緒刻本　一冊　存一種

330000－1702－0003573　普173/3796　子部/術數類/雜術之屬

萬年曆歌節解等雜鈔一卷　清末抄本　一冊

330000－1702－0003584　普75/1349　集部/別集類/唐別集

絳守居園池記註一卷綿州越王樓詩序一卷
（清）沈裕註　（清）樊鎮編　清抄本　一冊

330000－1702－0003589　普75/1352　類叢部/叢書類/彙編之屬

校經山房叢書二十七種　（清）朱記榮編　清光緒三十年(1904)孫谿朱氏槐廬家塾重編印式訓堂叢書本　一冊　存二種

330000－1702－0003590　善257/2　集部/總集類/選集之屬/通代

詩詞雜俎十二種　（明）毛晉輯　明天啓至崇

152

禎海虞毛氏汲古閣刻本　一冊　存二種

330000－1702－0003591　普 75/1357　子部/藝術類/書畫之屬/畫譜

古籍版畫剪貼彙編不分卷　清刻本　二冊

330000－1702－0003608　普 110/2683　集部/詞類/詞譜之屬

詞律二十卷　（清）萬樹撰　**詞律拾遺八卷**（清）徐本立撰　**詞律補遺一卷**　（清）杜文瀾撰　清光緒二年(1876)石印本　十二冊

330000－1702－0003609　普 108/2585　史部/傳記類/日記之屬

日記不分卷　（清）□□撰　稿本　四冊

330000－1702－0003613　普 155/3686　經部/叢編

十三經注疏附考證　（清）□□輯　清乾隆四年(1739)武英殿刻本　一百十四冊　缺五卷（論語注疏十六至二十）

330000－1702－0003617　普 110/2707　子部/藝術類/遊藝之屬/謎語

笑柄一卷燈謎□□卷　清末刻本　二冊　存二卷(笑柄、燈謎二)

330000－1702－0003620　普 154/3676－3684　經部/叢編

十三經注疏附考證　（清）□□輯　清乾隆四年(1739)武英殿刻本　七十七冊　存九種

330000－1702－0003628　普 77/1388　子部/藝術類/書畫之屬/總論

清河書畫舫十二卷鑒古百一詩一卷　（明）張丑輯　清光緒十四年(1888)孫溪朱氏家塾刻本　四冊　存四卷(一至二、八、十二)

330000－1702－0003636　普 154/3674　類叢部/叢書類/輯佚之屬

二酉堂叢書(張氏叢書)二十一種　（清）張澍輯　清道光元年(1821)武威張氏二酉堂刻本　七冊　存十七種

330000－1702－0003639　普 77/1395　類叢部/叢書類/彙編之屬

塵海妙品十二種　（清）陳琰編　清宣統三年(1911)上海六藝書局石印本　三冊　存七種

330000－1702－0003653　普 153/3670　類叢部/叢書類/彙編之屬

古逸叢書二十六種　（清）黎庶昌編　清光緒八年至十年(1882－1884)黎庶昌日本東京使署影刻本(漢書食貨志卷下、玉燭寶典卷九原缺)　四十九冊

330000－1702－0003658　普 102/2325　集部/小說類/短篇之屬

西湖佳話古今遺蹟十六卷　（清）墨浪子撰　清光緒十八年(1892)上海文選局石印本　二冊　存八卷(一至八)

330000－1702－0003663　普 152/3669　類叢部/叢書類/彙編之屬

榆園叢刻十五種附一種　（清）許增編　清同治至光緒刻本　十冊　存六種

330000－1702－0003679　民 78/1422　子部/藝術類/書畫之屬/總論

甌鉢羅室書畫過目攷四卷首一卷附一卷（清）李玉棻輯　清宣統三年(1911)北京晉華書局石印本　四冊

330000－1702－0003690　普 340/4741　類叢部/類書類

佩文韻府一百六卷　（清）蔡升元等輯　**韻府拾遺一百六卷**　（清）汪灝等輯　清光緒十三年(1887)上海點石齋石印本　六十冊

330000－1702－0003691　普 78/1455　子部/儒家類/儒學之屬/性理

天關證學錄一卷　（明）詹軫光著　明末抄本　明問翁跋　一冊

330000－1702－0003692　普 150/3647/2　類叢部/叢書類/郡邑之屬

武林掌故叢編一百九十種　（清）丁丙編　清光緒三年至二十六年(1877－1900)錢塘丁氏嘉惠堂刻本([乾道]臨安志卷四至十五、南宋館閣錄卷一原缺)　九冊　存十四種

330000－1702－0003694　普 147/3634　類叢

部/叢書類/彙編之屬

雙楳景闇叢書十六種 葉德輝編 清光緒至宣統長沙葉氏郎園刻本 四冊 存九種

330000－1702－0003700 普 79/1459 子部/雜著類/雜纂之屬

福壽全書六卷 （明）陳繼儒撰 明末刻本 八冊 存四卷（一至四）

330000－1702－0003716 普 146/3588 子部/藝術類/書畫之屬/畫譜

餘姚蔣君揚畫真跡一卷 蔣鑣繪 稿本 一冊

330000－1702－0003723 普 146/3600 史部/目錄類/總錄之屬/私撰

嘯園書目一卷 （清）袁祖志編次 清光緒四年（1878）仁和葛元煦刻本 陶承杏題記 一冊

330000－1702－0003731 普 164/3602 史部/傳記類/總傳之屬

杭州府中學堂同學錄一卷附錄一卷 章瑞廷等輯 清宣統元年（1909）杭州府中學堂鉛印本 一冊

330000－1702－0003747 普 79/1486 子部/藝術類/書畫之屬/畫譜

點石齋畫報一百二十號 （清）點石齋編 清光緒十年至十三年（1884－1887）上海點石齋石印本 十一冊 缺十號（九十至九十九）

330000－1702－0003758 普 300/6418 新學/礦務/礦工

開煤要法十二卷 （英國）士密德輯 （英國）傅蘭雅口譯 （清）王德均筆述 清光緒江南機器製造總局刻本 二冊

330000－1702－0003761 普 300/6434 史部/傳記類/總傳之屬/家乘

[浙江海寧]**海寧朱氏宗譜二十卷首一卷末一卷附七里松支三卷** （清）朱昌燕等纂修 清光緒十年（1884）海寧朱氏哲延堂刻本 十三冊 存十一卷（一至十、首）

330000－1702－0003762 普 300/6435 史

部/傳記類/總傳之屬/家乘

[浙江紹興]**山陰前梅周氏宗譜三十四卷** （清）周鼎等纂修 清光緒二十年（1894）木活字印本 九冊 存十七卷（一至十七）

330000－1702－0003763 普 81/1531

申言七卷 （清）王抱一撰 清光緒二十九年（1903）稿本 六冊

330000－1702－0003769 普 311/6605 子部/天文曆算類/算書之屬

白芙堂算學叢書 （清）丁取忠輯 清光緒二十二年（1896）石印本 八冊

330000－1702－0003777 普 296/6386 子部/藝術類/書畫之屬/法帖

古鑑閣藏漢曹全碑集聯搨本一卷 秦文錦編集 清光緒上海藝苑真賞社影印本 一冊

330000－1702－0003778 普 296/6387－6388 史部/金石類/總志之屬

金石索十二卷首一卷 （清）馮雲鵬 （清）馮雲鵷輯 清末石印本 五冊 存五卷（金索五，石索一至二、五至六）

330000－1702－0003783 普 295/6319 子部/藝術類/書畫之屬/法帖

三希堂蘇長公法書帖三卷 （宋）蘇軾書 清光緒至宣統上海有正書局影印本 一冊 存一卷（三）

330000－1702－0003804 普 84/1579 集部/別集類/清別集

續谿雜感詩一卷附錄一卷 （清）高孝本撰 （清）汪澤注釋 清同治九年（1870）刻本 一冊

330000－1702－0003806 普 295/6339 集部/總集類/尺牘之屬

明代名人尺牘七種 鄧實輯 清光緒三十三年至三十四年（1907－1908）上海國學保存會影印本 一冊 存一種

330000－1702－0003812 普 295/6344 子部/藝術類/書畫之屬/法帖

渤海藏真帖八卷 清宣統元年（1909）影印本 一冊 存一卷（一）

330000－1702－0003838　普295/6362　子部/藝術類/書畫之屬/法帖

古鑑閣藏漢張遷碑集聯拓本一卷　秦文錦編集　清宣統三年(1911)上海藝苑真賞社影印本　一冊

330000－1702－0003855　普294/6231　子部/藝術類/書畫之屬/法帖

快雪堂法書四卷　(晉)王羲之等書　清末影印本　四冊

330000－1702－0003857　普294/6233－1　子部/藝術類/書畫之屬/法帖

松禪老人遺墨二卷　(清)翁同龢書　清光緒石印本　一冊　存一卷(二)

330000－1702－0003858　普5055　子部/宗教類/佛教之屬/經

地藏菩薩本願經一卷　題(唐)釋實叉難陀譯　清同治五年(1866)昭慶寺慧空經房刻本　三冊

330000－1702－0003861　普294/6234　子部/藝術類/書畫之屬/法帖

翁相國手札八卷　(清)翁同龢書　清光緒三十四年至宣統三年(1908－1911)上海有正書局影印本　五冊　存五卷(二、四、六至八)

330000－1702－0003863　普146/3627　史部/政書類/軍政之屬/兵制

浙江省城巡警總局章程一卷　清末鉛印本　一冊

330000－1702－0003866　普87/1861　詞類/詞譜之屬

嘯餘譜十一卷　(明)程明善撰　清康熙刻本　十二冊

330000－1702－0003868　普294/6236　子部/藝術類/書畫之屬/法帖

松禪老人遺墨二卷　(清)翁同龢書　清光緒石印本　一冊　存一卷(一)

330000－1702－0003869　普294/6237－1　子部/藝術類/書畫之屬/法帖

常熟翁相國手札一卷　(清)翁同龢撰並書　清光緒三十四年(1908)上海有正書局石印本　一冊

330000－1702－0003870　普87/1863　集部/總集類/題詠之屬

湖心亭題咏三卷　清初刻本　一冊

330000－1702－0003872　普294/6237－2　子部/藝術類/書畫之屬/法帖

常熟翁相國手札一卷　(清)翁同龢撰並書　清光緒三十四年(1908)上海有正書局石印本　一冊

330000－1702－0003873　普294/6237－3　子部/藝術類/書畫之屬/法帖

常熟翁相國手札一卷　(清)翁同龢撰並書　清光緒三十四年(1908)上海有正書局石印本　一冊

330000－1702－0003878　普145/3565－3570　類叢部/叢書類/彙編之屬

誦芬室叢刊二十二種　董康編　清光緒三十四年至民國十四年(1908－1925)武進董氏刻本　二十冊　存二種

330000－1702－0003884　普145/3578/2　集部/小說類/長篇之屬

新刊全續彭公案八卷首一卷　(清)貪夢道人撰　清光緒三十三年(1907)章福記石印本　二冊　存四卷(三至四、七至八)

330000－1702－0003887　普145/3574　集部/小說類/短篇之屬

聊齋志異新評十六卷　(清)蒲松齡撰　(清)王士禛評　(清)呂湛恩注　(清)但明倫批　清道光二十二年(1842)廣順但氏刻朱墨套印本　十五冊　缺一卷(九)

330000－1702－0003893　普173/3773/2　史部/地理類/輿圖之屬/郡縣

西湖遊覽志圖一卷　(清)孫樹義等校字(清)姜德銓摹圖　清光緒二十一年(1895)刻本　一冊

330000－1702－0003894　普173/3773/3　史部/地理類/輿圖之屬/郡縣

西湖遊覽志圖一卷　（清）孫樹義等校字
（清）姜德銓摹圖　清光緒二十一年（1895）刻
本　一冊

330000 – 1702 – 0003895　普 173/3773/4　史
部/地理類/輿圖之屬/郡縣
西湖遊覽志圖一卷　（清）孫樹義等校字
（清）姜德銓摹圖　清光緒二十一年（1895）刻
本　一冊

330000 – 1702 – 0003896　普 173/3773/5　史
部/地理類/輿圖之屬/郡縣
西湖遊覽志圖一卷　（清）孫樹義等校字
（清）姜德銓摹圖　清光緒二十一年（1895）刻
本　一冊

330000 – 1702 – 0003897　普 173/3773/6　史
部/地理類/輿圖之屬/郡縣
西湖遊覽志圖一卷　（清）孫樹義等校字
（清）姜德銓摹圖　清光緒二十一年（1895）刻
本　一冊

330000 – 1702 – 0003903　普 89/1887　集部/
別集類/清別集
三湖詩艸十卷　（清）笪世基撰　稿本　六冊

330000 – 1702 – 0003904　普 89/1889　集部/
別集類/清別集
廉泉山館詩鈔六卷　（清）楊浩撰　清抄本
一冊

330000 – 1702 – 0003907　普 144/3535　集
部/總集類/酬唱之屬
西泠酬倡集五卷二集五卷三集五卷　（清）秦
緗業等撰　清光緒刻本　二冊　存五卷（三
集一至五）

330000 – 1702 – 0003913　普 144/3544　集
部/總集類/郡邑之屬
梅里詩輯二十八卷　（清）許燦輯　清道光三
十年（1850）嘉興縣齋刻本　八冊

330000 – 1702 – 0003923　普 144/3551　集
部/總集類/選集之屬/斷代
永言彙編一卷　（明）袁季佩輯　明崇禎十六
年（1643）抄本　一冊

330000 – 1702 – 0003924　普 144/3552　集
部/別集類
可園外集四卷　三多撰　清光緒十六年
（1890）石印本　一冊　存一卷（柳營謠）

330000 – 1702 – 0003929　普 294/6274　子
部/藝術類/書畫之屬/法帖
唐拓九成宮醴泉銘一卷　（唐）歐陽詢書　清
末上海有正書局影印本　一冊

330000 – 1702 – 0003933　普 89/1912　集部/
別集類/清別集
三湖詩彙十二卷　（清）笪四基撰　清光緒二
十四年至二十七年（1898 – 1901）稿本　清笪
四基跋　十二冊

330000 – 1702 – 0003941　普 142/3528　集
部/總集類/郡邑之屬
國朝杭郡詩三輯一百卷姓氏韻編一卷　（清）
丁申　（清）丁丙編　清光緒十九年（1893）錢
塘丁氏刻本　四十冊

330000 – 1702 – 0003942　普 142/3529　集
部/總集類/郡邑之屬
國朝杭郡詩輯三十二卷姓氏韻編一卷　（清）
吳顥輯　（清）吳振棫重輯　清同治十三年
（1874）錢塘丁氏刻本　十二冊

330000 – 1702 – 0003943　普 142/3530　集
部/總集類/郡邑之屬
國朝杭郡詩續輯四十六卷姓氏韻編一卷
（清）吳振棫輯　清光緒二年（1876）錢唐丁氏
刻本　十六冊

330000 – 1702 – 0003946　普 89/1913　集部/
別集類/清別集
鴛湖草堂吟稿一卷　（清）陳槐蔭撰　稿本
清葉振棠、清吳清未、清葛鈺、清周爾壆、清陸
以森、清金雲錦、清徐士毅、清徐大杭跋
一冊

330000 – 1702 – 0003948　普 89/1915　集部/
別集類/清別集
張斯桂詩稿一卷　（清）張斯桂撰　清末抄本
一冊

330000 – 1702 – 0003949　普 142/3518　類叢
部/叢書類/郡邑之屬

武林掌故叢編一百九十種　（清）丁丙編　清
光緒三年至二十六年(1877 – 1900)錢塘丁氏
嘉惠堂刻本([乾道]臨安志卷四至十五、南宋
館閣錄卷一原缺)　一冊　存四種

330000 – 1702 – 0003950　普 89/1916　集部/
別集類/清別集

越吟草二卷　（清）王葉滋撰　清抄本　一冊

330000 – 1702 – 0003962　普 141/3450　史
部/政書類/邦計之屬/賦稅

寧波府鄞縣賦役全書一卷　清光緒刻本
一冊

330000 – 1702 – 0003975　普 89/1922　史部/
傳記類/總傳之屬/家乘

[安徽休寧]何氏宗譜不分卷　（明）何仁卿修
清抄本　一冊

330000 – 1702 – 0003976　普 89/1923　史部/
政書類/邦計之屬

李氏祭奠賬簿不分卷　明萬曆三十七年至清
順治十七年(1609 – 1660)稿本　一冊

330000 – 1702 – 0003977　普 141/3465　類叢
部/叢書類/郡邑之屬

武林掌故叢編一百九十種　（清）丁丙編　清
光緒三年至二十六年(1877 – 1900)錢塘丁氏
嘉惠堂刻本([乾道]臨安志卷四至十五、南宋
館閣錄卷一原缺)　一冊　存一種

330000 – 1702 – 0003978　普 141/3466　史
部/金石類/陶之屬/文字

豐宮瓦當文攷一卷　（清）錢東垣輯　清末抄
本　一冊

330000 – 1702 – 0003989　普 141/3474　集
部/別集類/清別集

驂鸞集一卷　（清）周朱末撰　清抄本　清蔣
寶齡題記　一冊

330000 – 1702 – 0003990　民 141/3475　子
部/藝術類/書畫之屬/書法書品

稧帖緒餘四卷　（清）曾廷枚撰　清末抄本

330000 – 1702 – 0003992　普 89/1926　集部/
總集類/酬唱之屬

食葉餘聲一卷　（清）吳振棫　（清）張祥河撰
稿本　清張祖同跋　一冊

330000 – 1702 – 0004000　普 141/3480　子
部/雜著類/雜纂之屬

雜鈔一卷　清末抄本　一冊

330000 – 1702 – 0004003　普 141/3484　類叢
部/叢書類/彙編之屬

說鈴前集三十七種後集十六種　（清）吳震方
編　清刻本　三冊　存七種

330000 – 1702 – 0004006　普 90/1931　史部/
雜史類/斷代之屬

金陵被難記一卷附金陵述略一卷　清臥雲氏
抄本　一冊

330000 – 1702 – 0004011　普 90/1935　集部/
小說類/短篇之屬

詳註聊齋志異圖詠十六卷首一卷　（清）蒲松
齡撰　（清）呂湛恩注　（清）徐潤編　清光緒
十二年(1886)上海同文書局石印本　八冊

330000 – 1702 – 0004022　普 141/3490　集
部/別集類/宋別集

黃太史精華錄六卷　（宋）黃庭堅撰　（宋）任
淵選　清抄本　二冊　存三卷(一至二、六)

330000 – 1702 – 0004023　普 293/6132　史
部/金石類/石之屬/文字

魏劉懿墓志銘一卷　清光緒二十六年(1900)
上海有正書局影印本　一冊

330000 – 1702 – 0004029　普 141/3495　集
部/別集類/清別集

長春草廬學文一卷　（清）邱墾撰　稿本
一冊

330000 – 1702 – 0004030　普 293/6135　子
部/藝術類/書畫之屬/法帖

賞奇軒合編　清刻本　一冊　存一種

330000 – 1702 – 0004032　普 91/1947/1　集

部/總集類/郡邑之屬

兩浙輶軒錄四十卷補遺十卷　（清）阮元輯
清光緒十六年（1890）刻本　二十六冊

330000－1702－0004033　普 91/1947/2　集
部/總集類/郡邑之屬

兩浙輶軒錄四十卷補遺十卷　（清）阮元輯
清光緒十六年（1890）刻本　一冊　存一卷
（補遺六）

330000－1702－0004034　普 141/3497　集
部/別集類/清別集

簠齋尺牘一卷　（清）陳介祺撰　清末抄本
一冊

330000－1702－0004035　普 141/3498　史
部/金石類/總志之屬/雜著

金石雜鈔一卷　清末抄本　一冊

330000－1702－0004036　普 141/3499　史
部/金石類/石之屬/文字

周宣王石鼓文定本二卷　（清）劉凝撰　清末
抄本　一冊

330000－1702－0004039　普 141/3500　集
部/別集類/清別集

帶星草堂詩鈔一卷　（清）曹文埴撰　清抄本
一冊

330000－1702－0004052　普 293/6143　史
部/金石類/石之屬/文字

刁惠公墓誌銘一卷　清光緒上海有正書局影
印本　一冊

330000－1702－0004064　普 293/6148　子
部/藝術類/書畫之屬/法帖

米南宮十七帖一卷　（宋）米芾書　清光緒三
十三年（1907）上海聚古齋石印本　一冊

330000－1702－0004066　普 293/6149　子
部/藝術類/書畫之屬/法帖

宋拓李北海雲麾碑一卷　（唐）李邕撰並書
清末上海有正書局影印本　章鈺題記　一冊

330000－1702－0004077　普 138/3181　集
部/總集類/郡邑之屬

兩浙輶軒續錄不分卷　（清）潘衍桐輯　稿本
十七冊

330000－1702－0004083　普 138/3184　新
學/交涉/案牘

泰西大臣進謁紀略一卷　清同治十三年
（1874）抄本　一冊

330000－1702－0004098　普 138/3188　集
部/別集類/清別集

秋畦函札一卷　（清）秋畦撰　稿本　一冊

330000－1702－0004121　普 138/3199　史
部/政書類/公牘檔冊之屬

善舉米捐案一卷　清抄本　一冊

330000－1702－0004125　普 138/3200　類叢
部/叢書類/彙編之屬

式讘樓五種　清刻本　一冊

330000－1702－0004130　普 138/3203　子
部/宗教類/道教之屬/經文

黃庭經一卷　清抄本　一冊

330000－1702－0004136　普 293/6169　史
部/傳記類/別傳之屬/事狀

席輯卿七十八十壽言不分卷　（清）孫廷翰等
書　清宣統石印本　一冊

330000－1702－0004141　普 138/3215　史
部/傳記類/總傳之屬/仕宦

杭州府歷代循吏小傳一卷　清抄本　一冊

330000－1702－0004143　普 138/3223　史
部/政書類/公牘檔冊之屬

浙省奏案一卷　清末抄本　一冊

330000－1702－0004145　普 92/1987　史部/
目錄類/總錄之屬/私撰

絳雲樓書目不分卷　（清）錢謙益藏並撰　清
抄本　一冊

330000－1702－0004160　普 255/5083/1　子
部/宗教類/佛教之屬/經疏

藥師琉璃光如來本願功德經一卷　（唐）釋玄
奘譯　清光緒二十八年（1902）刻本　一冊

330000－1702－0004191　普 93/2016　史部/

目錄類/總錄之屬/官修

廣雅書局書目一卷 清宣統元年（1909）廣雅書局刻本 一冊

330000 - 1702 - 0004200 普 93/2019 類叢部/叢書類/彙編之屬

小石山房叢書三十八種 （清）顧湘編 清道光刻同治十三年（1874）虞山顧氏補刻本 一冊 存一種

330000 - 1702 - 0004215 普 293/6208 子部/藝術類/書畫之屬/書法書品

趙撝叔手札一卷 （清）趙之謙書 **附楊海琹尺牘一卷** （清）楊翰書 清光緒三十四年（1908）群學社石印本 一冊

330000 - 1702 - 0004218 普 293/6209 子部/藝術類/書畫之屬/書法書品

張文襄公手劄不分卷 （清）張之洞書 清宣統二年（1910）敫藝廬影印本 一冊

330000 - 1702 - 0004219 普 93/2026 子部/藝術類/書畫之屬/總論

書眼一卷 （明）李日華撰 清康熙五十六年（1717）傅森刻本 清諸璧發跋 一冊

330000 - 1702 - 0004223 普 93/2029 類叢部/叢書類/彙編之屬

鐵琴銅劍樓叢書十三種 瞿啓甲編 清光緒至民國刻本暨影印本 十冊 存一種

330000 - 1702 - 0004224 普 293/6211 子部/藝術類/書畫之屬/法帖

戚伯著碑一卷 （清）嚴可均摹 清嘉慶十五年（1810）刻本 一冊

330000 - 1702 - 0004225 普 139/3237 集部/別集類/清別集

郭沈銑窗稿不分卷 （清）郭沈銑撰 稿本 二冊

330000 - 1702 - 0004229 普 293/6214 子部/藝術類/書畫之屬/法帖

後漢楊氏四碑四卷 （清）徐杲臨 清光緒十七年（1891）抄本 一冊

330000 - 1702 - 0004230 普 293/6215 子部/藝術類/書畫之屬/法帖

三希堂續刻法帖四卷 （唐）褚遂良等書 （清）蔣溥等輯 清宣統元年（1909）影印本 三冊 存三卷（二至四）

330000 - 1702 - 0004233 普 95/2087 史部/地理類/總志之屬/通代

歷代沿革輿圖一卷 （清）厲雲官繪 清同治九年（1870）無錫周氏刻朱墨套印本 一冊

330000 - 1702 - 0004234 普 293/6217 - 1 子部/藝術類/書畫之屬/法帖

御刻三希堂石渠寶笈法帖三十二卷 （清）梁詩正等輯 清末影印本 一冊 存一卷（一）

330000 - 1702 - 0004236 普 293/6217 - 2 子部/藝術類/書畫之屬/法帖

御刻三希堂石渠寶笈法帖三十二卷 （清）梁詩正等輯 清末石印本 二冊 存一卷（一）

330000 - 1702 - 0004250 普 261/5146 集部/別集類/清別集

用西吟榭詩鈔一卷 （清）陸超陞撰 清宣統三年（1911）華雲閣鉛印本 一冊

330000 - 1702 - 0004252 普 95/2095 子部/儒家類/儒學之屬

陽明先生集要十五卷附年譜一卷 （明）王守仁撰 （明）施邦曜輯 清乾隆五十二年（1787）濟美堂刻本 九冊 存十一卷（經濟編一至七、文章編一至四）

330000 - 1702 - 0004258 普 261/5147/2 集部/總集類/選集之屬/通代

詠物詩選八卷 （清）俞琰輯 清雍正三年（1725）寧儉堂刻本 二冊

330000 - 1702 - 0004259 普 307/6464 子部/小說家類/雜事之屬

湧幢小品三十二卷 （明）朱國禎輯 明天啓二年（1622）清美堂刻本 三十二冊

330000 - 1702 - 0004264 普 293/6229 - 3 子部/藝術類/書畫之屬/法帖

御刻三希堂石渠寶笈法帖三十二卷 （清）梁

詩正等輯　清末影印本　一冊　存一卷（二十八）

330000－1702－0004277　普 96/2108　類叢部/叢書類/彙編之屬

琳琅祕室叢書三十種　（清）胡珽編　清光緒十三年（1887）會稽董氏雲瑞樓木活字印本　一冊

330000－1702－0004283　普 139/3282　史部/金石類/總志之屬/雜著

金石資料摘鈔一卷　清末抄本　一冊

330000－1702－0004291　普 97/2114　集部/別集類/清別集

飴山文集十二卷附錄一卷　（清）趙執信撰　清乾隆蘇州近文齋穆局刻本　八冊

330000－1702－0004293　普 261/5160　史部/金石類/金之屬/文字

積古齋鐘鼎款識稿本四卷附錄一卷　（清）阮元　（清）朱爲弼撰　清光緒三十二年（1906）朱之榛影印本　二冊

330000－1702－0004301　普 261/5164/2　經部/叢編

皇清經解續編一千四百三十卷　王先謙輯　清光緒十四年（1888）江陰南菁書院刻本（卷三十原缺）　一冊　存七卷（說文諧聲譜七至九、春秋穀梁傳時月日書法釋例一至四）

330000－1702－0004302　普 139/3295　集部/別集類/清別集

寓廬詩集一卷　（清）胡山撰　清抄本　一冊

330000－1702－0004318　普 97/2123　子部/雜著類/雜纂之屬

湘煙錄十六卷　（明）閔元京　（明）凌義渠輯　清嘉慶刻本　四冊

330000－1702－0004321　普 139/3321　集部/別集類/清別集

樓巢詩鈔一卷　（清）郭沈華撰　稿本　清戴陳常題記　一冊

330000－1702－0004322　普 262/5174　子部/藝術類/書畫之屬/畫譜

周臨芥子園畫傳五卷　（清）周鏞臨　清光緒十三年（1887）上海大同書局石印本　三冊　存四卷（一至四）

330000－1702－0004323　普 292/6004　子部/藝術類/書畫之屬/法帖

汪退谷臨褚河南聖教序一卷　（清）汪士鋐臨　清末上海有正書局石印本　一冊

330000－1702－0004325　普 262/5175　子部/藝術類/書畫之屬/畫譜

芥子園畫傳初集六卷二集九卷三集六卷　（清）王槩　（清）王蓍　（清）王臬輯　清光緒十六年（1890）上海鴻寶齋石印本　二冊　存四卷（初集一至四）

330000－1702－0004351　普 140/3349　子部/雜著類/雜纂之屬

玉照居小品一卷　（□）徐雲林撰　稿本　一冊

330000－1702－0004360　普 140/3354　集部/別集類/清別集

三江書畫船集二卷　（清）柯煜撰　清抄本　一冊

330000－1702－0004365　普 140/3358　子部/雜著類/雜編之屬

廉泉山館隨筆六卷　（清）楊浩撰　清末鴻遠書屋抄本　一冊　存三卷（四至六）

330000－1702－0004382　普 140/3362　集部/戲劇類/雜劇之屬

斗姆閣一卷　清末抄本　一冊

330000－1702－0004383　普 140/3363　集部/別集類/清別集

閑中一樂一卷　（清）鴛水望雲樓主撰　**雜鈔一卷**　稿本　一冊

330000－1702－0004384　普 140/3364　史部/金石類/石之屬/文字

摩碑文字鈔一卷　清抄本　一冊

330000－1702－0004386　普 140/3365　子

部/雜著類/雜纂之屬

文餘雜錄不分卷 清末抄本 二冊

330000－1702－0004397 普 292/6045 史部/傳記類/别傳之屬/事狀

鑑湖女俠秋君墓表一卷附西泠十字碑一卷 吴芝瑛撰 **西報事略一卷廉夫人吴芝瑛傳一卷** 嚴復譯撰 清光緒三十四年(1908)上海悲秋閣影印本 一冊

330000－1702－0004405 普 140/3366 集部/總集類/課藝之屬

金石餘音一卷 清抄本 一冊

330000－1702－0004409 普 140/3368 集部/總集類/氏族之屬

觀仙汩餘集六卷 (清)法重正撰 **飯珠軒遺集一卷** (清)法嘉蓀撰 清抄本 一冊

330000－1702－0004413 普 97/2137 史部/編年類/通代之屬

御批歷代通鑑輯覽一百二十卷 (清)傅恒等撰 清光緒二十九年(1903)上海通元書局石印本 二十四冊

330000－1702－0004420 普 292/6057 子部/藝術類/書畫之屬/法帖

宋拓黄庭内景經一卷 (晉)王羲之等書 清末上海有正書局影印本 一冊

330000－1702－0004423 普 140/3379 集部/總集類/課藝之屬

疎香吟館時文讀本一卷 清末抄本 一冊

330000－1702－0004424 普 292/6059 子部/藝術類/書畫之屬/法帖

大佛頂如來密因修證了義諸菩薩萬行首楞嚴經十卷 吴芝瑛書 清光緒三十四年至宣統元年(1908－1909)杭州小萬柳堂石印本 一冊 存五卷(一至五)

330000－1702－0004425 普 140/3381 類叢部/叢書類/彙編之屬

百川學海一百種 (宋)左圭編 明刻本 一冊 存四種

330000－1702－0004426 普 292/6060 子部/藝術類/書畫之屬/法帖

明拓伊闕佛龕碑一卷 (唐)褚遂良書 清末有正書局影印本 一冊

330000－1702－0004444 普 98/1247 史部/政書類/通制之屬

廣治平略三十六卷補編八卷 (清)蔡方炳撰 清末刻本 十二冊

330000－1702－0004445 普 98/2148 史部/詔令奏議類/奏議之屬

教案奏議彙編八卷首一卷 (清)程宗裕編 清光緒二十七年(1901)上海書局石印本 六冊

330000－1702－0004446 普 98/2149 史部/史抄類

廿四史菁華錄七十六卷 (清)汪慶生輯 清光緒二十九年(1903)上海奎章書局石印本 十一冊 存六十九卷(一至六十九)

330000－1702－0004460 普 98/2157 集部/别集類/清别集

一品集二卷使黔集一卷 (清)費錫章撰 清嘉慶十四年(1809)無錫費錫章恩詒堂刻本 二冊 存二卷(一品集一至二)

330000－1702－0004466 普 98/2163 集部/别集類/清别集

九百畝稻香山莊詩草不分卷 清末抄本 一冊

330000－1702－0004468 普 140/3410 子部/藝術類/書畫之屬/題跋

題畫詩鈔一卷 清末抄本 一冊

330000－1702－0004470 普 98/2167 史部/地理類/雜志之屬

湖墅雜詩前集一卷後集一卷 (清)魏標撰 清末抄本 一冊

330000－1702－0004488 普 263/5204 集部/别集類/清别集

射山詩選一卷 (清)陸嘉淑撰 清嘉慶十四年(1809)海鹽張伯魁刻本 一冊

330000－1702－0004490　普 263/5205　經部/周禮類/傳說之屬

周禮十二卷　（漢）鄭玄注　（唐）陸德明音義　清光緒十年（1884）成都葉章輈刻本　五冊　存十卷（三至十二）

330000－1702－0004492　普 263/5207　類叢部/叢書類/彙編之屬

粵雅堂叢書一百八十四種　（清）伍崇曜編輯　清道光二十九年至光緒十一年（1849－1885）南海伍氏刻彙印本（春秋五禮例宗卷四至六，乾道臨安志卷四至十五，群書治要卷四、十三、二十原缺）　二冊　存二種

330000－1702－0004496　普 263/5210　集部/別集類/唐五代別集

孟東野集十卷附一卷　（唐）孟郊撰　**追昔遊集三卷**　（唐）李紳撰　清宣統二年（1910）上海著易堂石印本　二冊　存八卷（一至八）

330000－1702－0004506　普 98/2187　類叢部/叢書類/自著之屬

隨園三十六種　（清）袁枚撰　清光緒十八年（1892）上海圖書集成印書局鉛印本　十冊　存八種

330000－1702－0004508　普 263/5220　經部/春秋穀梁傳類/傳說之屬

春秋穀梁傳十二卷攷一卷　（明）閔齊伋裁注並撰考　明天啓元年（1621）刻本　三冊

330000－1702－0004509　普 98/2186　集部/曲類/曲選之屬

綴白裘新集十二編四十八卷　清乾隆四十六年（1781）四教堂刻本　六冊　存六卷（二集一至三、十集二至四）

330000－1702－0004517　普 98/2194　集部/別集類/明別集

青藤書屋文集三十卷　（明）徐渭撰　（明）袁宏道編　清宣統三年（1911）石印本　八冊

330000－1702－0004523　普 263/5230　集部/總集類/選集之屬/通代

文選六十卷　（南朝梁）蕭統輯　（唐）李善注

文選考異十卷　（清）胡克家撰　清宣統三年（1911）上海會文堂石印本　二冊　存十卷（考異一至十）

330000－1702－0004528　普 140/3420　經部/春秋左傳類/傳說之屬

左傳節鈔一卷　清抄本　一冊

330000－1702－0004529　普 140/3421　史部/政書類/公牘檔冊之屬

東江軍務稟稿一卷　清末抄本　一冊

330000－1702－0004532　普 99/2196　集部/總集類/選集之屬/斷代

貫華堂選批唐才子詩集七言律八卷　（清）金人瑞輯　（清）金雍注　清宣統三年（1911）上海國學扶輪社石印本　八冊

330000－1702－0004533　普 140/3422　經部/春秋左傳類/傳說之屬

左傳文鈔一卷　清抄本　一冊

330000－1702－0004534　普 99/2197　集部/總集類/選集之屬/斷代

唐賢三昧集三卷　（清）王士禎輯　清宣統二年（1910）淵古齋石印本　六冊

330000－1702－0004536　普 263/5234　集部/別集類/清別集

元咸詩墨一卷　（清）沈銛撰並書　清宣統三年（1911）石印本　一冊

330000－1702－0004538　普 292/6106　子部/藝術類/書畫之屬/法帖

蘇文忠公行書帖一卷　（宋）蘇軾書　清光緒至宣統上海有正書局石印本　一冊

330000－1702－0004551　普 99/2202　集部/別集類/宋別集

梁谿先生文集一百八十卷附錄一卷年譜一卷行狀三卷　（宋）李綱撰　清道光十四年（1834）刻本　四十冊

330000－1702－0004553　普 99/2204　集部/戲劇類/傳奇之屬

茗雪山房二種曲四卷　（清）彭劍南撰　清道

光六年(1826)彭氏茗雪山房刻本　四冊　存
二卷(影梅菴傳奇一至二)

330000－1702－0004555　普99/2206　集部/
別集類/清別集

石樵詩稿十二卷　(清)嚴允肇撰　清康熙刻
本　一冊　存四卷(一至四)

330000－1702－0004556　普99/2207　集部/
別集類/清別集

一品集二卷使黔集一卷　(清)費錫章撰　清
嘉慶十四年至十八年(1809－1813)無錫費錫
章恩詒堂刻本　一冊

330000－1702－0004557　普99/2208　集部/
總集類/彙編之屬

唐四家詩八卷　(清)汪立名編　清康熙三十
四年(1695)天都汪立名刻本　四冊　缺三卷
(王右丞詩集二、孟襄陽詩集一、柳河東詩集
二)

330000－1702－0004564　普264/5243/1　經
部/叢編

皇清經解續編一千四百三十卷　王先謙輯
清光緒十四年(1888)江陰南菁書院刻本(卷
三十原缺)　一冊　存二卷(羣經宮室圖一至
二)

330000－1702－0004565　普264/5243/2　經
部/叢編

皇清經解一千四百八卷首一卷　(清)阮元輯
清道光九年(1829)廣東學海堂刻咸豐十一
年(1861)補刻本　七冊　存十七卷(潛研堂
集文集一至三、爾雅正義十二至十四、廣雅疏
證一至四、公羊春秋何氏解詁箋一、發墨守評
一、左氏春秋考證一至二、箴膏肓評一、論語
述何一至二)

330000－1702－0004567　普99/2209　集部/
別集類/唐五代別集

重訂李義山詩集箋注三卷集外詩箋注一卷
(唐)李商隱撰　(清)朱鶴齡箋注　(清)程
夢星刪補　附年譜一卷詩話一卷　(清)程夢
星輯　清乾隆八年(1743)東柯草堂刻本　一
冊　存二卷(中、集外詩箋注)

330000－1702－0004568　普99/2210　集部/
總集類/選集之屬/通代

歷朝名媛詩詞十二卷　(清)陸昶輯　清乾隆
三十八年(1773)吳門陸昶紅樹樓刻本　一冊
存二卷(一至二)

330000－1702－0004569　普99/2213　集部/
別集類/清別集

學福齋詩稿六卷　(清)陳鴻寶撰　清嘉慶三
年(1798)刻本　一冊

330000－1702－0004570　普264/5247　經
部/儀禮類/傳說之屬

**儀禮鄭注句讀十七卷監本正誤一卷石本誤字
一卷**　(清)張爾岐撰　清同治七年(1868)金
陵書局刻本　三冊

330000－1702－0004571　普99/2214　集部/
別集類/元別集

鐵厓樂府註十卷咏史註八卷逸編註八卷
(元)楊維楨撰　(清)樓卜瀍注　清乾隆三十
九年(1774)聯桂堂刻本　一冊　存二卷(詠
史註一至二)

330000－1702－0004577　普99/2215　集部/
曲類/散曲之屬

秋水菴花影集五卷　(明)施紹莘撰　明末刻
本　二冊　存二卷(一、三)

330000－1702－0004579　普99/2216　集部/
別集類/清別集

心孺詩選二十四卷　(清)傅仲辰撰　清雍正
樹滋堂刻本　三冊　存十八卷(七至二十四)

330000－1702－0004580　普99/2217　集部/
別集類/唐五代別集

唐陸宣公集二十二卷　(唐)陸贄撰　清雍正
元年(1723)年羹堯刻本　一冊　存七卷(一
至四、二十至二十二)

330000－1702－0004581　普292/6119　子
部/藝術類/書畫之屬/法帖

西嶽華山廟碑一卷　楊守敬輯　清末石印本
一冊

330000－1702－0004584　普99/2218　集部/

總集類/選集之屬/斷代

唐詩別裁集十卷 （清）沈德潛輯　清康熙刻本　三冊　存七卷（三至五、七至十）

330000 – 1702 – 0004586　普 99/2219　集部/別集類/清別集

雲川閣集十四卷 （清）杜詔撰　清雍正刻本　一冊　存二卷（一至二）

330000 – 1702 – 0004588　普 99/2221　集部/別集類/清別集

孟晉齋詩集二十四卷 （清）陳章撰　清乾隆四十四年(1779)勤有書堂刻本　五冊　存二十卷（一至二十）

330000 – 1702 – 0004590　普 264/5251　集部/別集類/清別集

牧齋全集一百六十三卷 （清）錢謙益撰 （清）錢曾箋注　清宣統二年(1910)邃漢齋鉛印本　三十五冊　存一百四十二卷（初學集一至七十、七十八至一百十,有學集一至二、五至二十二、三十至四十五,補遺一至二,投筆集一）

330000 – 1702 – 0004593　普 99/2222　集部/總集類/選集之屬/通代

六朝唐賦讀本不分卷 （清）馬傳庚選注　清光緒元年(1875)刻本　二冊

330000 – 1702 – 0004595　普 99/2224　集部/詞類/別集之屬

延露詞三卷 （清）彭孫遹撰　清乾隆八年(1743)刻本　一冊

330000 – 1702 – 0004596　普 99/2223　集部/曲類/曲韻曲譜曲律之屬

納書楹曲譜全集二十二卷 （清）葉堂撰　清乾隆五十七年至五十九年(1792 – 1794)納書楹刻本　八冊　存六卷（牡丹亭一至二、紫釵記一至二、南柯記一至二）

330000 – 1702 – 0004598　普 292/6125　子部/藝術類/書畫之屬/法帖

明代名臣墨寶八卷 （明）史可法等書　清光緒有正書局影印本　一冊　存一卷（七）

330000 – 1702 – 0004599　普 99/2225 – 2226　類叢部/叢書類/彙編之屬

古逸叢書二十六種 （清）黎庶昌編　清光緒八年至十年(1882 – 1884)黎庶昌日本東京使署影刻本（漢書食貨志卷下、玉燭寶典卷九原缺）　三冊　存一種

330000 – 1702 – 0004606　普 292/6127　集部/總集類/尺牘之屬

明代名人尺牘七種 鄧實輯　清光緒三十三年至三十四年(1907 – 1908)上海國學保存會影印本　一冊　存一種

330000 – 1702 – 0004608　普 292/6128　史部/傳記類/別傳之屬/墓誌

皇清誥贈一品夫人陳母姜夫人墓志銘一卷 （清）俞樾撰 （清）王垿書　清光緒石印本　一冊

330000 – 1702 – 0004610　普 291/5914　經部/小學類/文字之屬/說文/專著

說文解字部目一卷 （清）胡澍書　清同治五年(1866)溧陽王晉玉刻本　一冊

330000 – 1702 – 0004611　普 99/2228　集部/別集類

星隱樓文集一卷詩集一卷雜記一卷 錢振鍠撰　清末木活字印本　一冊

330000 – 1702 – 0004612　普 99/2230　集部/別集類/清別集

紅樓夢賦一卷 （清）沈謙撰　清道光二十六年(1846)眠琴書屋刻本　一冊

330000 – 1702 – 0004615　普 99/2232　集部/總集類/選集之屬/斷代

南宋襍事詩七卷 （清）沈嘉轍等撰　清武林芹香齋刻本　二冊

330000 – 1702 – 0004616　普 99/2231　集部/詞類/別集之屬

四春詞不分卷 （清）董國琛撰　清嘉慶二十一年(1816)刻本　一冊

330000 – 1702 – 0004620　普 99/2233　集部/別集類/清別集

花韻軒詩詞合鈔一卷　（清）蔣恭亮撰　清道光二十八年(1848)刻本　一冊

330000 - 1702 - 0004622　普 264/5256　經部/詩類/傳說之屬

詩傳大全二十卷詩傳大全圖一卷諸國世次圖一卷詩傳大全綱領一卷　（明）胡廣撰　詩序辨說一卷　（宋）朱熹撰　詩經考異一卷　（宋）王應麟撰　清刻本　十二冊

330000 - 1702 - 0004628　普 137/3166　子部/工藝類/日用器物之屬/器具

湖船錄一卷　（清）厲鶚撰　清同治九年(1870)胡氏退補齋刻本　一冊

330000 - 1702 - 0004629　普 99/2234、普105/2483　集部/別集類/清別集

鐵莊文集八卷疏快軒詩二卷詩餘一卷　（清）陸楣撰　清光緒二十一年(1895)曹氏樂善堂木活字印本　四冊

330000 - 1702 - 0004630　普 99/2235　集部/總集類/選集之屬/通代

八代詩選二十卷　王闓運輯　清光緒七年(1881)四川尊經書局刻本　六冊

330000 - 1702 - 0004631　普 137/3168　史部/傳記類/日記之屬

記事珠不分卷(清光緒二十二年至三十年、三十四年)　稿本　十冊

330000 - 1702 - 0004632　普 99/2236　集部/詞類/類編之屬

淮海秋笳集十二卷附錄一卷　（清）李肇增編　清咸豐十年(1860)遲雲山館刻本　一冊

330000 - 1702 - 0004633　普 137/3148　史部/地理類/輿圖之屬/郡縣

浙江駐防及七十八廳州縣投票區圖不分卷　（清）黃超繪　清末石印本　二冊

330000 - 1702 - 0004636　普 99/2237　集部/別集類/清別集

袁文箋正十六卷補注一卷　（清）袁枚撰　（清）石韞玉箋　清嘉慶十七年(1812)鶴壽山堂刻本　六冊

330000 - 1702 - 0004639　普 99/2238　類叢部/叢書類/郡邑之屬

婁東雜著(棣香齋叢書)五十六種　（清）邵廷烈編　清抄本　二冊　存九種

330000 - 1702 - 0004642　普 99/2239　集部/別集類/清別集

紅豆村人詩稿十四卷　（清）袁樹撰　清乾隆四十六年(1781)袁枚刻增刻本　四冊

330000 - 1702 - 0004643　普 99/2240　集部/總集類/郡邑之屬

越風三十卷　（清）商盤輯　清乾隆三十七年(1772)山陰王大治刻嘉慶十六年(1811)徐兆補修本　九冊　存二十七卷(一至二十七)

330000 - 1702 - 0004644　普 137/3169　史部/傳記類/總傳之屬/通代

古人事蹟一卷　清抄本　一冊

330000 - 1702 - 0004645　普 99/2241　集部/別集類/宋別集

林和靖先生詩集四卷附錄一卷　（宋）林逋撰　省心錄一卷　（宋）李邦獻撰　清光緒二十一年至二十二年(1895 - 1896)俞氏清蔭堂刻本　二冊

330000 - 1702 - 0004646　普 137/3170　史部/金石類/錢幣之屬

泉文名品一卷　清抄本　一冊

330000 - 1702 - 0004648　普 137/3172　史部/史抄類

通鑑事要總記不分卷　明抄本　四冊

330000 - 1702 - 0004661　民 137/3174　史部/金石類/錢幣之屬/文字

歷代鍾官圖經八卷　（清）陳萊孝撰　清抄本　一冊　存二卷(一至二)

330000 - 1702 - 0004662　普 137/3175　史部/傳記類/日記之屬

日記不分卷(清光緒七年至十年)　稿本　四冊

330000 - 1702 - 0004663　普 137/3176　史

部/政書類/律令之屬/律例

律例集註不分卷 清抄本 三冊

330000－1702－0004668 普291/5940 史部/金石類/石之屬/文字

二百蘭亭齋溫虞公碑宋搨本一卷 （清）吳雲輯 清同治二年（1863）刻本 一冊

330000－1702－0004673 普291/5946 集部/總集類/尺牘之屬

明代名人尺牘七種 鄧實輯 清光緒三十三年至三十四年（1907－1908）上海國學保存會影印本 一冊 存一種

330000－1702－0004675 普100/2249 集部/詞類/別集之屬

碧螺齋詞草□□卷 （清）徐芝淦撰 清抄本 一冊 存一卷（一）

330000－1702－0004676 普131/3144 類叢部/叢書類/郡邑之屬

武林往哲遺著五十六種後編十種 （清）丁丙編 清光緒二十年至二十六年（1894－1900）錢塘丁氏嘉惠堂刻本（錢塘韋先生文集卷一至二原缺） 八十八冊 存八種

330000－1702－0004678 普131/3143 類叢部/叢書類/郡邑之屬

武林往哲遺著五十六種後編十種 （清）丁丙編 清光緒二十年至二十六年（1894－1900）錢塘丁氏嘉惠堂刻本（錢塘韋先生文集卷一至二原缺） 一冊 存一種

330000－1702－0004682 普100/2255 集部/別集類/清別集

有正味齋駢體文二十四卷 （清）吳錫麒撰 （清）王廣業箋 清咸豐九年（1859）青箱塾刻本 八冊

330000－1702－0004698 普100/2262 子部/叢編

子書百家 （清）崇文書局編 清光緒元年（1875）湖北崇文書局刻本 一冊 存四種

330000－1702－0004703 普291/5971 子部/藝術類/書畫之屬/法帖

雙清堂石刻十卷 （清）劉樹堂書 清光緒二十年（1894）石印本 一冊 存五卷（六至十）

330000－1702－0004711 普100/2264 集部/別集類/清別集

帶經堂集九十二卷 （清）王士禎撰 （清）程哲編 清康熙四十九年至五十年（1710－1711）程哲七略書堂刻本 二十二冊 缺三十四卷（一至三十四）

330000－1702－0004712 普100/2270 類叢部/叢書類/郡邑之屬

武林掌故叢編一百九十種 （清）丁丙編 清光緒三年至二十六年（1877－1900）錢塘丁氏嘉惠堂刻本（［乾道］臨安志卷四至十五、南宋館閣錄卷一原缺） 一冊 存二種

330000－1702－0004713 普290/5908 集部/別集類/清別集

隨園文集二卷 （清）袁枚撰 清宣統二年（1910）上海國學扶輪社石印本 二冊

330000－1702－0004716 普290/5900 集部/總集類/選集之屬/斷代

唐賢三昧集三卷 （清）王士禎輯 清宣統二年（1910）淵古齋石印本 三冊

330000－1702－0004719 普100/2274 集部/總集類/郡邑之屬

西泠三閨秀詩 （清）西泠印社主人輯 清光緒二十三年（1897）錢塘丁氏刻民國三年（1914）西泠印社印本 二冊 存一種

330000－1702－0004720 普289/5836 類叢部/叢書類/彙編之屬

粵雅堂叢書一百八十四種 （清）伍崇曜編輯 清道光二十九年至光緒十一年（1849－1885）南海伍氏刻彙印本（春秋五禮例宗卷四至六，乾道臨安志卷四至十五，群書治要卷四、十三、二十原缺） 二冊 存一種

330000－1702－0004721 普289/5837 集部/總集類/彙編之屬

漢魏六朝名家集初刻四十一種 丁福保編 清宣統三年（1911）無錫丁氏鉛印本 一冊

存一種

330000 – 1702 – 0004723　普 182/4246　類叢部/叢書類/郡邑之屬

湖墅叢書　（清）王麟輯　清光緒五年（1879）錢塘王氏刻本　一冊　存一種

330000 – 1702 – 0004726　普 125/3139　集部/總集類/選集之屬/通代

全上古三代秦漢三國六朝文七百四十一卷（清）嚴可均輯　清光緒二十年（1894）黃岡王氏刻本　一百冊

330000 – 1702 – 0004727　普 289/5842　集部/楚辭類

楚辭燈四卷　（清）林雲銘撰　清刻本　一冊存二卷（三至四）

330000 – 1702 – 0004730　普 289/5844　集部/別集類/清別集

懺綺樓詩橐二卷　（清）顧餘撰　稿本　一冊存一卷（一）

330000 – 1702 – 0004731　普 124/3101　集部/詞類/詞譜之屬

詞律二十卷　（清）萬樹撰　清康熙二十六年（1687）萬氏堆絮園刻本　四冊　存十二卷（一、六至九、十四至二十）

330000 – 1702 – 0004732　普 289/5845　集部/別集類/清別集

曠觀樓詩存八卷　（清）朱霖撰　清光緒十六年（1890）刻本　一冊　存二卷（一至二）

330000 – 1702 – 0004733　普 104/2422 – 2424集部/總集類/彙編之屬

七十二家集　（明）張燮編　明天啓至崇禎刻本　六冊　存三種

330000 – 1702 – 0004734　普 104/2429　集部/總集類/選集之屬/通代

名媛詩歸三十六卷　（明）鍾惺輯　明末勉善堂刻本　五冊　存九卷（一、十三至二十）

330000 – 1702 – 0004737　普 124/3105　集部/小說類/長篇之屬

增像全圖加批西游記八卷一百回　（明）吳承恩撰　（清）陳士斌詮解　清光緒二十七年（1901）上洋慶記石印本　四冊

330000 – 1702 – 0004738　普 104/2435　集部/詞類/類編之屬

宋名家詞六十一種九十卷　（明）毛晉編　明崇禎虞山毛氏汲古閣刻本　一冊　存一種

330000 – 1702 – 0004740　民 289/5852　類叢部/叢書類/彙編之屬

古今說部叢書二百七十二種　國學扶輪社編　清宣統二年至民國二年（1910 – 1913）上海國學扶輪社鉛印本　一冊　存一種

330000 – 1702 – 0004741　普 124/3111　集部/小說類/長篇之屬

說唐後傳二種八卷五十八回　（清）如蓮居士撰　清末京口文成堂刻本　四冊

330000 – 1702 – 0004743　普 124/3112　集部/小說類/長篇之屬

繪圖說唐前傳三卷六十八回　清末石印本三冊

330000 – 1702 – 0004745　普 289/5858　集部/別集類/唐五代別集

昌黎先生詩集注十一卷年譜一卷　（唐）韓愈撰　（清）顧嗣立刪補　清康熙三十八年（1699）長洲顧嗣立秀野草堂刻本　一冊　存二卷（一、年譜）

330000 – 1702 – 0004746　普 289/5859　子部/叢編

二十二子（二十二子彙函）　（清）浙江書局編　清光緒元年至三年（1875 – 1877）浙江書局刻本　二冊　存一種

330000 – 1702 – 0004748　普 289/5860　經部/春秋穀梁傳類/傳說之屬

春秋穀梁經傳補注二十四卷首一卷末一卷（清）鍾文烝補注　清光緒二年（1876）嘉善鍾氏信美室刻本　四冊　存十四卷（九至二十二）

330000 – 1702 – 0004750　普 289/5862　集部/總集類/選集之屬/通代

全上古三代秦漢三國六朝文七百四十一卷
（清）嚴可均輯　清光緒十三年至十九年
（1887－1893）黃岡王氏廣州刻本　一冊　存
四卷（全北齊文一至四）

330000－1702－0004751　普289/5863　集
部/別集類/清別集
嶺南集八卷　（清）杭世駿撰　清光緒七年
（1881）嶺南刻本　二冊

330000－1702－0004754　普289/5868　集
部/總集類/選集之屬/通代
東萊先生古文關鍵二卷　（宋）呂祖謙輯
（宋）蔡文子注　（清）徐樹屏考異　清光緒二
十四年（1898）江蘇書局刻本　二冊

330000－1702－0004757　普124/3123　集
部/曲類/曲韻曲譜曲律之屬
遏雲閣曲譜初集不分卷　（清）王錫純輯
（清）李秀雲拍正　清光緒十九年（1893）鉛印
本　七冊

330000－1702－0004759　普289/5870　類叢
部/叢書類/自著之屬
章氏遺書二種　（清）章學誠撰　清道光十二
年至十三年（1832－1833）章華紱刻浙江書局
補刻本　一冊　存一種

330000－1702－0004764　普289/5873　類叢
部/叢書類/自著之屬
西河合集一百十九種　（清）毛奇齡撰　清刻
本　一冊　存一種

330000－1702－0004765　普124/3133　集
部/總集類/選集之屬/斷代
夢筆生花初編八卷二編八卷三編八卷四編八
卷　（清）繆艮輯　清光緒二十年（1894）上海
石經書局石印本　六冊

330000－1702－0004766　普124/3135　集
部/總集類/選集之屬/斷代
夢筆生花初編八卷二編八卷三編八卷四編八
卷　（清）繆艮輯　清光緒二十年（1894）上海
積山書局石印本　三冊　存二十卷（初編一
至八、二編一至八、三編五至八）

330000－1702－0004767　普289/5875　集
部/總集類/選集之屬/斷代
宋詩百一鈔八卷　（清）張景星　（清）姚培謙
　（清）王永祺輯　清乾隆二十六年（1761）刻
本　一冊　存二卷（一至二）

330000－1702－0004768　普289/5874　類叢
部/叢書類/彙編之屬
龍威秘書一百六十九種　（清）馬俊良編　清
乾隆五十九年至嘉慶元年（1794－1796）浙江
石門馬氏大酉山房刻本　一冊　存一種

330000－1702－0004770　普289/5876　經
部/小學類/訓詁之屬/群雅
駢雅十六卷首一卷　（明）朱謀㙔撰　（清）魏
茂林訓纂　清光緒二十年（1894）上海萬選書
局石印本　周端濟題記　二冊

330000－1702－0004771　普104/2456　類叢
部/叢書類/彙編之屬
申報館叢書正集五十七種附錄三種　（清）尊
聞閣主編　續集一百四十二種　（清）蔡爾康
編　清同治至光緒上海申報館鉛印本　一冊
　存二種

330000－1702－0004780　普284/5741　子
部/小說家類/瑣語之屬
豔粧新語二卷　（清）李漁撰　清光緒十一年
（1885）刻本　二冊

330000－1702－0004781　普289/5880　經
部/小學類/文字之屬/說文/傳說
說文拈字七卷補遺三卷　（清）王玉樹撰　清
末石印本　四冊

330000－1702－0004782　普289/5881　集
部/別集類/清別集
西陂類稿五十卷　（清）宋犖撰　清康熙毛
扆、宋懷金、高岑刻本　十四冊　存四十五卷
（一至三十六、三十九至四十一、四十五至五
十）

330000－1702－0004783　普289/5882　經
部/小學類
增訂臨文便覽不分卷　（清）張啓泰輯　（清）

怡雲僊館主人重訂　清光緒二年(1876)怡雲
僊館刻本　二冊

330000－1702－0004784　普104/2463　子
部/小說家類/異聞之屬
閱微草堂筆記擇要二卷　(清)紀昀撰　(清)
籜園居士選訂　清光緒十五年(1889)鉛印本
一冊

330000－1702－0004785　普104/2464　子
部/小說家類/異聞之屬
閱微草堂筆記擇要二卷　(清)紀昀撰　(清)
籜園居士選訂　清光緒十五年(1889)鉛印本
一冊

330000－1702－0004786　普104/2465　子
部/小說家類/異聞之屬
閱微草堂筆記擇要二卷　(清)紀昀撰　(清)
籜園居士選訂　清光緒十五年(1889)鉛印本
一冊

330000－1702－0004787　普104/2466　子
部/小說家類/異聞之屬
閱微草堂筆記擇要二卷　(清)紀昀撰　(清)
籜園居士選訂　清光緒十五年(1889)鉛印本
一冊

330000－1702－0004790　普289/5885　史
部/金石類/玉之屬/圖像
古玉圖攷不分卷　(清)吳大澂撰　清光緒十
五年(1889)上海同文書局石印本　四冊

330000－1702－0004792　普289/5888　子
部/天文曆算類/算書之屬
行素軒算稿九種　(清)華蘅芳撰　清光緒金
匱華氏行素軒刻本　一冊　存一種

330000－1702－0004793　普104/2469　集
部/別集類/清別集
西征集四卷首一卷　(清)黃家鼎撰　清光緒
八年(1882)補不足齋刻本　一冊　缺三卷
(二至四)

330000－1702－0004794　普288/5799　集
部/詞類/總集之屬
絕妙好詞箋七卷　(宋)周密輯　(清)查爲仁

(清)厲鶚箋　**絕妙好詞續鈔一卷**　(清)余
集輯　**絕妙好詞又續鈔一卷**　(清)徐楙補錄
清同治十一年(1872)會稽章氏刻本　周端
濟跋　三冊

330000－1702－0004796　普49/757　類叢
部/叢書類/彙編之屬
咫進齋叢書三十五種　(清)姚覲元編　清光
緒九年(1883)歸安姚氏刻本　一冊　存三種

330000－1702－0004798　普49/759　類叢
部/叢書類/彙編之屬
學津討原一百七十三種　(清)張海鵬編　清
嘉慶十年(1805)虞山張氏照曠閣刻本　七冊
存一種

330000－1702－0004799　普104/2472　集
部/小說類/長篇之屬
**新鐫玉茗堂批點按鑑參補楊家將傳十卷五十
回**　(明)研石山樵訂正　清鄭五雲堂刻本
六冊

330000－1702－0004800　普288/5802　集
部/別集類/唐五代別集
昌黎先生集四十卷外集十卷遺文一卷　(唐)
韓愈撰　(宋)廖瑩中校正　**朱子校昌黎先生
集傳一卷**　(宋)朱熹撰　**韓集點勘四卷**
(清)陳景雲撰　清同治八年至九年(1869－
1870)江蘇書局刻本　十一冊

330000－1702－0004801　普104/2475　集
部/詞類/別集之屬
石湖詞一卷補遺一卷　(宋)范成大撰　**和石
湖詞一卷**　(清)陳三聘撰　清味菜廬木活字
印本　一冊

330000－1702－0004802　民105/2476　集
部/別集類/宋別集
歐陽文忠公全集一百五十三卷附錄五卷
(宋)歐陽修撰　(宋)周必大編　清末上海錦
章書局石印本　六冊　存五十卷(一至五十)

330000－1702－0004803　普105/2482　集
部/別集類/清別集
劫火紀焚一卷　(清)何桂笙撰　清光緒九年

（1883）上海點石齋石印本　一冊

330000－1702－0004805　普288/5803　子部/藝術類/書畫之屬/畫譜

海陽胡正言畫稿二卷　（明）胡正言輯選　清末彩色套印本　二冊

330000－1702－0004806　普288/5804　史部/傳記類/總傳之屬/斷代

國朝先正事略六十卷首一卷　（清）李元度撰　清光緒十二年（1886）鉛印本　九冊

330000－1702－0004807　普288/5805－5806類叢部/叢書類/自著之屬

洪北江全集二十一種　（清）洪亮吉撰　清光緒三年至五年（1877－1879）洪用懃授經堂刻本　二冊　存三種

330000－1702－0004808　普288/5807　經部/叢編

重刊宋本十三經注疏七十五卷附十三經注疏校勘記七十五卷　（清）阮元撰　（清）盧宣旬摘錄　**校勘記識語四卷**　（清）汪文臺撰　清光緒十三年（1887）上海點石齋石印本　十三冊　存九種

330000－1702－0004809　普288/5810　類叢部/叢書類/彙編之屬

榆園叢刻十五種附一種　（清）許增編　清同治至光緒刻本　一冊　存一種

330000－1702－0004810　普288/5811　經部/叢編

皇清經解一千四百八卷首一卷　（清）阮元輯　清道光九年（1829）廣東學海堂刻咸豐十一年（1861）補刻本　一冊　存六卷（毛詩紬義十至十五）

330000－1702－0004811　普105/2485　集部/別集類/宋別集

趙清獻公集十卷目錄二卷　（宋）趙抃撰　清南陽趙氏刻本　四冊

330000－1702－0004814　普288/5816　集部/別集類/清別集

木雞書屋文鈔四卷文二集六卷三集八卷四集

六卷五集六卷　（清）黃金臺撰　清道光五年至咸豐元年（1825－1851）刻同治十年（1871）黃晉諝心窗樓補刻本　二冊　存七卷（文鈔一至四、四集四至六）

330000－1702－0004815　普288/5815　子部/叢編

子書二十二種　（清）浙江書局編　清光緒二十三年（1897）上海圖書集成局鉛印本　一冊　存一種

330000－1702－0004816　普288/5817　集部/別集類/清別集

曠觀樓詩存八卷　（清）朱霖撰　清光緒六年（1880）刻十六年（1890）補刻本　二冊　存四卷（三至四、七至八）

330000－1702－0004817　普288/5818　集部/別集類/清別集

袁文箋正十六卷補注一卷　（清）袁枚撰（清）石韞玉箋　清同治八年（1869）松壽山房刻本　一冊　存二卷（七至八）

330000－1702－0004826　普288/5825　子部/工藝類/文房四寶之屬/硯

端石擬三卷　（清）陳齡撰　清同治十二年（1873）刻本　一冊

330000－1702－0004827　普288/5826　集部/別集類/清別集

小謨觴居詩存一卷　（清）孫成彥撰　清光緒六年（1880）刻本　一冊

330000－1702－0004831　普288/5829　集部/別集類/明別集

夏節愍全集十卷首一卷末一卷補遺一卷續補遺一卷　（明）夏完淳撰　（明）陳均編（明）莊師洛輯　清嘉慶十二年（1807）婁縣陳氏刻同治八年（1869）重修本　一冊　存七卷（一至六、首）

330000－1702－0004832　普288/5830　集部/別集類/清別集

放鷴亭稿二卷　（清）李廷昰撰　清宣統三年（1911）華雲閣鉛印本　一冊

330000 – 1702 – 0004836　普 288/5834　集部/總集類/彙編之屬

唐四家詩集　清光緒十年(1884)上海同文書局石印本　二冊　存一種

330000 – 1702 – 0004839　普 288/5835　類叢部/類書類/專類之屬

酉山臬二卷　(清)王嘉璧輯　清刻本　一冊

330000 – 1702 – 0004841　普 287/5793　史部/紀傳類/正史之屬

漢書一百卷　(漢)班固撰　(唐)顏師古注　清光緒十三年(1887)金陵書局刻本　十六冊

330000 – 1702 – 0004844　普 287/5794　集部/總集類/選集之屬/通代

重訂文選集評十五卷首一卷末一卷　(清)于光華輯　清同治八年(1869)寶文堂刻本　周梅安題記　十三冊　缺三卷(六至七、九)

330000 – 1702 – 0004845　普 287/5795　集部/總集類/選集之屬/通代

御選唐宋詩醇四十七卷目錄二卷　(清)高宗弘曆輯　清乾隆二十五年(1760)珊城遺安堂刻朱墨套印本　二十四冊

330000 – 1702 – 0004847　普 287/5797　集部/詩文評類/詩評之屬

帶經堂詩話三十卷首一卷　(清)王士禛撰　(清)張宗柟輯　清同治十二年(1873)廣州藏脩堂刻本　十二冊

330000 – 1702 – 0004850　普 287/5798　類叢部/叢書類/自著之屬

張宣公全集三種　(宋)張栻撰　清道光二十九年(1849)縣邑洗墨池刻本　二十冊

330000 – 1702 – 0004854　普 286/5766　經部/叢編

十三經注疏三百三十三卷　(明)□□輯　清四友堂刻本　二十三冊　存一種

330000 – 1702 – 0004855　普 286/5767　經部/群經總義類

四書五經類典集成三十四卷　(清)戴兆春輯　清光緒十四年(1888)同文書局石印本　二

十四冊

330000 – 1702 – 0004856　普 286/5768　史部/金石類/金之屬/文字

積古齋鐘鼎彝器款識十卷　(清)阮元　(清)朱爲弼撰　清光緒三十三年(1907)上海醉二堂石印本　五冊

330000 – 1702 – 0004858　普 286/5769　子部/雜著類/雜考之屬

東塾讀書記十五卷　(清)陳澧撰　清光緒二十四年(1898)上海江左書林刻本　四冊

330000 – 1702 – 0004861　普 286/5770　集部/別集類/明別集

疑雨集四卷　(明)王彥泓撰　清聚秀堂刻本　二冊

330000 – 1702 – 0004864　普 286/5771　集部/總集類/選集之屬/斷代

宋詩百一鈔八卷　(清)張景星　(清)姚培謙　(清)王永祺輯　清道光十三年(1833)文萃堂刻本　四冊

330000 – 1702 – 0004865　普 286/5772　集部/總集類/選集之屬/斷代

元詩百一鈔八卷補遺一卷　(清)張景星等輯　清道光十三年(1833)文萃堂刻本　四冊

330000 – 1702 – 0004866　普 286/5773　集部/詩文評類/詩評之屬

餘墨偶談十六卷　(清)孫橒撰　清同治十三年(1874)桂林刻本　四冊　存八卷(九至十六)

330000 – 1702 – 0004867　普 286/5774　子部/農家農學類/園藝之屬/花卉

秘傳花鏡六卷　(清)陳淏子撰　清刻本　六冊

330000 – 1702 – 0004872　普 286/5775　子部/醫家類/方書之屬/單方驗方

驗方新編十六卷　(清)鮑相璈輯　**痧症全書三卷**　(清)王凱輯　**咽喉秘集二卷**　(清)海山仙館輯　清同治三年(1864)長白毓清刻本　九冊　缺五卷(十五至十六、痧症全書一至

三)

330000－1702－0004873　普 286/5776　史部/目録類/總錄之屬/私撰

書目答問五卷別錄一卷附國朝箸述諸家姓名畧一卷　（清）張之洞撰　清光緒四年(1878)上海淞隱閣鉛印本　栗長志題記　四冊

330000－1702－0004874　普 286/5777　子部/藝術類/書畫之屬/畫錄

國朝畫識十七卷墨香居畫識十卷　（清）馮金伯撰　清乾隆刻道光十一年(1831)江左書林增修本　九冊　缺七卷（國朝畫識一至二、二十三至十七）

330000－1702－0004875　普 286/5778　類叢部/叢書類/自著之屬

隨園三十種　（清）袁枚撰　清乾隆至嘉慶刻本　四冊　存四種

330000－1702－0004876　普 286/5779　類叢部/叢書類/自著之屬

隨園三十八種　（清）袁枚撰　清光緒十八年(1892)勤裕堂鉛印本　二冊　存一種

330000－1702－0004884　普 107/2569　子部/藝術類/遊藝之屬/雜藝

番戲雜記一卷　（清）許晉笙撰　清同治二年(1863)刻本　一冊

330000－1702－0004886　普 286/5785　類叢部/叢書類/彙編之屬

粵雅堂叢書一百八十四種　（清）伍崇曜編輯　清道光二十九年至光緒十一年(1849－1885)南海伍氏刻彙印本（春秋五禮例宗卷四至六，乾道臨安志卷四至十五，群書治要卷四、十三、二十原缺）　一冊　存一種

330000－1702－0004887　普 106/2526　集部/別集類/唐五代別集

白香山詩長慶集二十卷後集十七卷別集一卷補遺二卷　（唐）白居易撰　（清）汪立名編訂　**白香山年譜一卷**　（清）汪立名撰　**白香山年譜舊本一卷**　（宋）陳振孫撰　清宣統三年(1911)石印本　十二冊

330000－1702－0004890　普 286/5786　史部/史評類/史論之屬

讀史論畧一卷　（清）杜詔撰　清刻本　一冊

330000－1702－0004892　普 286/5787　類叢部/叢書類/自著之屬

隨園三十種　（清）袁枚撰　清乾隆至嘉慶刻本　一冊　存一種

330000－1702－0004894　普 286/5788　子部/儒家類/儒學之屬/勸學

程氏家塾讀書分年日程三卷綱領一卷　（元）程端禮撰　清光緒十八年(1892)蘭州督學節署刻本　一冊

330000－1702－0004895　普 286/5789　類叢部/叢書類/彙編之屬

花雨樓叢鈔十一種續鈔十一種附一種　（清）張壽榮編　清光緒八年至十四年(1882－1888)蛟川張氏花雨樓刻本　二冊　存一種

330000－1702－0004899　普 286/5790　類叢部/叢書類/彙編之屬

知不足齋叢書一百九十六種　（清）鮑廷博編　（清）鮑士恭續編　清乾隆三十七年至道光三年(1772－1823)長塘鮑氏刻彙印本　六冊　存十一種

330000－1702－0004900　普 285/5791　子部/小說家類/異聞之屬

太平廣記五百卷目錄十卷　（宋）李昉等輯　清乾隆十八年(1753)黃晟槐蔭草堂刻本　五十六冊　缺三十九卷（十一至十八、二百二十五至二百三十四、二百九十一至三百一、三百三十六至三百四十五）

330000－1702－0004906　普 284/5731、5733－5736　類叢部/叢書類/彙編之屬

小石山房叢書三十八種　（清）顧湘編　清道光刻同治十三年(1874)虞山顧氏補刻本　五冊　存九種

330000－1702－0004909　普 284/5732　集部/總集類/選集之屬/通代

古唐詩合解古詩四卷唐詩十二卷　（清）王堯

衢注　清儒興堂刻本　一冊　存四卷(古詩一至四)

330000－1702－0004910　普284/5737　經部/易類/傳說之屬

周易廓二十四卷　(清)陳世鎔撰　清咸豐元年(1851)獨秀山莊刻本　五冊　缺五卷(二十至二十四)

330000－1702－0004911　普284/5738　經部/四書類/總義之屬/傳說

四書左國彙纂四卷　(清)高其名　(清)鄭師成輯　清本立堂刻本　四冊

330000－1702－0004912　普284/5739　集部/別集類/清別集

薛荔山莊詩稿一卷試律詩稿一卷詞稿一卷四書文稿一卷文稿一卷　(清)成瑞撰　(清)黃澨等評　清道光二十四年(1844)刻本　二冊

330000－1702－0004913　普284/5740　史部/傳記類/總傳之屬/姓名

史姓韻編六十四卷　(清)汪輝祖撰　清光緒石印本　十二冊

330000－1702－0004915　普284/5743　子部/藝術類/書畫之屬/畫譜

冶梅石譜二卷　(清)王寅繪　清末上海朝記書莊石印本　二冊

330000－1702－0004916　普284/5744　經部/小學類/訓詁之屬/爾雅

爾雅音圖三卷　(晉)郭璞注　(清)姚之麟摹圖　清光緒十年(1884)上海同文書局石印本　一冊

330000－1702－0004917　普284/5745　史部/傳記類/總傳之屬/姓名

青樓小名錄八卷　(清)趙慶楨輯　清宣統二年(1910)上海國學扶輪社鉛印本　四冊

330000－1702－0004921　普284/5749　集部/別集類/清別集

蕤秀山房存稿十卷　(清)馬功儀等撰　清光緒四年(1878)刻本　四冊

330000－1702－0004923　普284/5750　集部/別集類/宋別集

東坡和陶合箋四卷陶詩彙評四卷　(宋)蘇軾撰　(清)溫汝能輯　清宣統二年(1910)上海掃葉山房石印本　四冊

330000－1702－0004924　普284/5752　子部/小說家類/諧謔之屬

藝苑叢話十六卷　(清)陳琰輯　清宣統三年(1911)上海六藝書局石印本　四冊

330000－1702－0004927　普284/5755　集部/別集類/清別集

二南詩鈔二卷詩續鈔二卷　(清)周樂撰　清道光九年(1829)紉香齋刻本　三冊

330000－1702－0004933　普284/5757　子部/藝術類/書畫之屬/畫法畫品

紅豆樹館書畫記八卷　(清)陶樑輯　清末抄本　四冊

330000－1702－0004934　普284/5758　子部/小說家類/異聞之屬

新齊諧二十四卷　(清)袁枚撰　清咸豐八年(1858)聚文堂刻本　六冊

330000－1702－0004935　普284/5759　史部/金石類/總志之屬/題跋

清儀閣題跋不分卷　(清)張廷濟撰　清宣統蘇州振新書社石印本　六冊

330000－1702－0004939　普284/5760－1　類叢部/叢書類/自著之屬

隨園三十種　(清)袁枚撰　清乾隆至嘉慶刻本　一冊　存一種

330000－1702－0004940　普284/5760－2　類叢部/叢書類/自著之屬

隨園三十種　(清)袁枚撰　清乾隆至嘉慶刻本　一冊　存一種

330000－1702－0004941　普284/5761　集部/別集類/清別集

韻香閣詩草一卷　(清)孔祥淑撰　清光緒十三年(1887)石印本　一冊

330000－1702－0004946　普284/5762　集部/總集類/選集之屬/通代

忠雅堂評選四六法海八卷　（清）蔣士銓評選　清同治十年（1871）步月山房刻朱墨套印本　八冊

330000－1702－0004947　普284/5763　集部/別集類/清別集

三魚堂文集十二卷外集六卷附錄一卷　（清）陸隴其撰　清康熙四十年（1701）琴川書屋刻本　八冊

330000－1702－0004948　普284/5764　集部/小說類/長篇之屬

東周列國全志二十三卷一百八回　（清）蔡奡評點　清咸豐四年（1854）書成山房刻朱墨套印本　二十一冊　缺二卷（一、二十三）

330000－1702－0004954　普107/2574　史部/金石類/總志之屬

金石索十二卷首一卷　（清）馮雲鵬　（清）馮雲鵷輯　清末石印本　一冊　存一卷（石索四）

330000－1702－0004955　普283/5708　經部/小學類/文字之屬/字書/字典

康熙字典十二集三十六卷總目一卷檢字一卷辨似一卷等韻一卷補遺一卷備考一卷　（清）張玉書等纂修　清光緒十一年（1885）上海同文書局石印本　六冊

330000－1702－0004956　普283/5710－1　史部/地理類/總志之屬/通代

讀史方輿紀要一百三十卷方輿全圖總說五卷　（清）顧祖禹撰　清光緒二十七年（1901）上海圖書集成局鉛印本　二冊　存九卷（一至九）

330000－1702－0004957　普283/5710－2　史部/地理類/總志之屬/通代

讀史方輿紀要一百三十卷方輿全圖總說五卷　（清）顧祖禹撰　清光緒二十七年（1901）上海圖書集成局鉛印本　周梅安題記　二冊　存九卷（一至九）

330000－1702－0004958　普283/5711　類叢部/類書類/通類之屬

玉海二百四卷附刻十三種六十一卷　（宋）王應麟撰　**校補玉海瑣記二卷王深甯先生年譜一卷**　（清）張大昌撰　清光緒九年至十六年（1883－1890）浙江書局刻本　二冊　存四卷（急就篇補注一至四）

330000－1702－0004959　普283/5712－1　經部/小學類/文字之屬/字書/字典

字林考逸八卷附錄一卷　（晉）呂忱撰　（清）任大椿輯　**字林考逸補本一卷**　（清）陶方琦撰　**補附錄一卷**　（清）諸可寶撰　清光緒十六年（1890）江蘇書局刻本　二冊

330000－1702－0004960　普283/5712－2　經部/叢編

皇清經解一千四百八卷首一卷　（清）阮元輯　清道光九年（1829）廣東學海堂刻咸豐十一年（1861）補刻本　六冊　存二十一卷（三百二至三百九、六百七十九至六百九十一）

330000－1702－0004961　普283/5713　集部/別集類/清別集

息養廬文集十一卷　（清）徐錦華撰　清光緒二十五年（1899）徐士琛寶善堂刻本　四冊

330000－1702－0004962　普283/5714　類叢部/叢書類/彙編之屬

邵武徐氏叢書二十三種　（清）徐幹編　清光緒邵武徐氏刻本　二冊　存一種

330000－1702－0004963　普283/5715－1　經部/小學類/文字之屬/字書/訓蒙

倉頡篇三卷　（清）孫星衍輯　**倉頡篇續本一卷**　（清）任大椿輯　**倉頡篇補本二卷**　（清）陶方琦輯　清光緒十六年（1890）江蘇書局刻本　二冊

330000－1702－0004964　普283/5715－2　子部/雜著類/雜說之屬

讀書作文譜十二卷父師善誘法二卷　（清）唐彪撰　清刻本　四冊

330000－1702－0004965　普283/5716　新

學/史志/別國史

日本維新三十年史十二編附錄一卷 （日本）博文館輯　（清）上海廣智書局譯　清光緒三十一年(1905)上海廣智書局鉛印本　六冊

330000－1702－0004968　普 107/2576　集部/別集類/宋別集

岳忠武王文集八卷 （宋）岳飛撰　**年譜一卷末一卷** （清）黄邦寧輯　清乾隆三十五年(1770)黄邦寧刻本　八冊

330000－1702－0004971　普 283/5719　集部/別集類/清別集

轉蕙軒詩存八卷 （清）謝質卿撰　清光緒元年(1875)刻本　一冊　存四卷(一至四)

330000－1702－0004974　普 283/5722　史部/目錄類/總錄之屬

經籍舉要一卷 （清）龍啓瑞撰　清光緒七年(1881)京師刻本　一冊

330000－1702－0004976　普 283/5724　史部/編年類/斷代之屬

紀元編三卷末一卷 （清）李兆洛撰　（清）六承如輯　清光緒十八年(1892)長沙竹素書局刻本　三冊

330000－1702－0004977　普 283/5725　經部/春秋左傳類/傳說之屬

評點春秋綱目左傳句解彙雋六卷 （清）韓葵重訂　清宣統元年(1909)石印本　五冊

330000－1702－0004978　普 283/5726　集部/別集類/清別集

陳檢討集十二卷詩鈔十卷詞鈔十二卷 （清）陳維松撰　（清）蔣景祁等輯　清康熙二十三年(1684)天藜閣刻本　十冊　缺五卷(陳檢討集六至八、詞鈔六至七)

330000－1702－0004979　普 283/5727　子部/儒家類/儒學之屬/禮教/家訓

澄懷園語四卷 （清）張廷玉撰　清同治七年(1868)張師亮刻本　一冊

330000－1702－0004980　普 283/5728　集部/總集類/選集之屬/通代

叠山謝先生文章軌範七卷 （宋）謝枋得輯　清道光十一年(1831)三韓銘惪刻本　二冊

330000－1702－0004981　普 283/5729－5730　類叢部/叢書類/彙編之屬

小石山房叢書三十八種 （清）顧湘編　清道光刻同治十三年(1874)虞山顧氏補刻本　二冊　存六種

330000－1702－0004982　普 282/5660－5662　類叢部/叢書類/彙編之屬

嘯園叢書五十七種 （清）葛元煦編　清光緒二年至七年(1876－1881)仁和葛氏刻本　六冊　存三種

330000－1702－0004983　普 282/5664　類叢部/叢書類/彙編之屬

半厂叢書初編十種 （清）譚獻編　清同治至光緒仁和譚氏刻本　四冊　存一種

330000－1702－0004987　普 282/5677　集部/總集類/選集之屬/斷代

唐詩三百首註疏六卷 （清）孫洙編　（清）章燮注　**續選一卷姓氏小傳一卷** （清）于慶元輯　清道光十五年(1835)刻本　六冊

330000－1702－0004989　普 282/5680　集部/別集類/清別集

松花菴全集十二卷 （清）吳鎮撰　清宣統二年(1910)狄道後學刻本　十二冊

330000－1702－0004990　普 108/2584　子部/藝術類/遊藝之屬/聯語

楹聯叢話十二卷續話四卷 （清）梁章鉅輯　清道光上海郁氏刻本　一冊　存六卷(七至十二)

330000－1702－0004991　普 282/5681　史部/地理類/山川之屬/水志

莫愁湖志六卷首一卷 （清）馬士圖撰　清光緒八年(1882)刻本　二冊

330000－1702－0004992　普 282/5682　集部/別集類/清別集

寒香館文鈔八卷詩鈔四卷 （清）賀熙齡撰　**皇清誥授朝議大夫掌四川道監察御史加二級**

前翰林院編修京畿道監察御史提督湖北學政
賀薌農先生崇祀鄉賢錄一卷　清道光二十八
年(1848)刻本　二冊　存四卷(詩鈔一至四)

330000 - 1702 - 0004993　普 282/5684　史
部/史評類/考訂之屬
話雲軒詠史詩二卷　(清)曹振鏞撰　清嘉慶
五年(1800)刻本　一冊

330000 - 1702 - 0004994　普 282/5685　集
部/別集類/唐五代別集
洪度集一卷　(唐)薛濤撰　清光緒三十二年
(1906)陳氏靈峯草堂刻本　一冊

330000 - 1702 - 0004995　普 282/5686　集
部/別集類/唐五代別集
儲御史詩集四卷　(唐)儲光羲撰　清光緒十
年(1884)遂寧書局刻本　一冊

330000 - 1702 - 0004996　普 282/5687　子
部/兵家類/兵法之屬
黃石公素書一卷素書三卷蕾侯世家一卷　清
道光十九年(1839)紫栢山張文成公祠刻本
嘯白題記　一冊

330000 - 1702 - 0004997　普 108/2612　史
部/地理類/山川之屬/山志
峨山圖志二卷　(清)黃錫燾纂　清光緒十七
年(1891)刻本　四冊

330000 - 1702 - 0005001　普 108/2613　史
部/地理類/山川之屬/山志
峨山圖志二卷　(清)黃錫燾纂　清光緒十七
年(1891)刻本　二冊

330000 - 1702 - 0005002　普 282/5683　類叢
部/叢書類/自著之屬
春在堂全書三十六種　(清)俞樾撰　清同治
至光緒刻光緒末彙印本　五冊　存二種

330000 - 1702 - 0005003　普 282/5689　子
部/儒家類/儒學之屬/禮教/女範
宋尚宮女論語一卷　(唐)宋若昭撰　清光緒
十三年(1887)刻本　一冊

330000 - 1702 - 0005005　民 109/2633　類叢

部/叢書類/彙編之屬
增訂漢魏叢書九十六種　(清)王謨編　清宣
統三年(1911)上海大通書局石印本　三十
二冊

330000 - 1702 - 0005007　普 282/5693　子
部/藝術類/書畫之屬/書法書品
隸法彙纂十卷　(清)項懷述編　清乾隆五十
一年(1786)小酉山房刻本　四冊

330000 - 1702 - 0005011　普 282/5696　類叢
部/叢書類/彙編之屬
廣漢魏叢書九十六種　(明)何允中編　清嘉
慶刻本　一冊　存一種

330000 - 1702 - 0005014　普 282/5698　子
部/叢編
子書二十二種　(清)浙江書局編　清光緒二
十三年(1897)上海圖書集成局鉛印本　九冊
　存六種

330000 - 1702 - 0005021　普 282/5702　集
部/總集類/選集之屬/通代
憑山閣彙輯留青采珍集前函十二卷後函十二
卷　(清)陳枚輯　清康熙金閶寶翰樓刻本
十二冊　存十二卷(前函一至十二)

330000 - 1702 - 0005022　普 282/5703　集
部/別集類/清別集
晚香齋吟草一卷　(清)陳泊撰　清光緒十一
年(1885)刻本　一冊

330000 - 1702 - 0005024　普 282/5705　集
部/總集類/氏族之屬
廬江錢氏詩匯　(清)錢儀吉輯　清道光刻本
　一冊　存三種

330000 - 1702 - 0005025　普 281/5610　類叢
部/類書類/通類之屬
廣事類賦四十卷　(清)華希閔撰　清康熙五
十八年(1719)錫山華氏劍光閣刻本　六冊

330000 - 1702 - 0005031　普 281/5613　史
部/地理類/雜志之屬
南湖百詠一卷　(清)吳萃恩撰　清同治五年
(1866)嘉興吳氏小匏庵刻本　一冊

330000－1702－0005035　普 281/5615　類叢
部/叢書類/彙編之屬

後知不足齋叢書四十七種　（清）鮑廷爵編
清同治至光緒常熟鮑氏刻本　二冊　存一種

330000－1702－0005040　普 110/2701　類叢
部/叢書類/自著之屬

隨園三十八種　（清）袁枚撰　清光緒十八年
（1892）勤裕堂鉛印本　一冊　存三種

330000－1702－0005041　普 281/5620　集
部/總集類/彙編之屬

唐八家詩鈔　（清）陳明善編選　清乾隆刻本
一冊　存二種

330000－1702－0005044　普 281/5624　子
部/藝術類/書畫之屬/法帖

屈原賦二十五篇不分卷　（清）王仁堪等書
清光緒十六年（1890）退想齋石印本　一冊

330000－1702－0005045　普 281/5626　經
部/周禮類/傳說之屬

周禮十二卷　（漢）鄭玄注　（唐）陸德明音義
清光緒九年（1883）刻本　一冊　存二卷
（一至二）

330000－1702－0005048　普 111/2708　子
部/藝術類/書畫之屬/題跋

蘇黃題跋五卷　（清）溫一貞錄　清乾隆刻同
治十一年（1872）補刻本　五冊

330000－1702－0005049　普 281/5629－1
集部/總集類/彙編之屬

唐四家詩集　清光緒十年（1884）上海同文書
局石印本　一冊　存一種

330000－1702－0005050　普 281/5629－2
類叢部/叢書類/彙編之屬

說郛一百二十一千二百八十種　（元）陶宗儀
編　（明）陶珽等重編　**說郛續四十六五百三
十種**　（明）陶珽編　（清）李際期重訂　明末
刻清初李際期宛委山堂續刻彙印本　三冊
存三十四種

330000－1702－0005051　普 111/2712　集
部/詩文評類/詩評之屬

隨園詩話十六卷補遺十卷　（清）袁枚撰　清
刻本　十冊　缺五卷（補遺六至十）

330000－1702－0005057　普 281/5631　集
部/別集類/清別集

談瀛閣詩稿八卷附詩餘一卷　（清）袁祖志撰
清光緒刻本　一冊　存二卷（三至四）

330000－1702－0005059　普 281/5634　經
部/詩類/傳說之屬

詩經集傳八卷　（宋）朱熹撰　清末刻本　一
冊　存三卷（六至八）

330000－1702－0005061　普 281/5636　類叢
部/叢書類/自著之屬

隨園三十六種　（清）袁枚撰　清光緒十八年
（1892）上海圖書集成印書局鉛印本　一冊
存四種

330000－1702－0005063　普 281/5639　類叢
部/叢書類/彙編之屬

小石山房叢書三十八種　（清）顧湘編　清道
光刻同治十三年（1874）虞山顧氏補刻本　一
冊　存四種

330000－1702－0005065　普 281/5640　子
部/藝術類/書畫之屬/畫譜

芥子園畫傳初集六卷二集九卷三集六卷
（清）王槩　（清）王蓍　（清）王臬輯　清光
緒十四年（1888）上海天寶書局石印本　一冊
存六卷（三集一至六）

330000－1702－0005066　普 281/5643　類叢
部/類書類/專類之屬

子史精華一百六十卷　（清）吳襄等輯　清刻
本　一冊　存三卷（六十七至六十九）

330000－1702－0005069　民 111/2735　集
部/詩文評類/詩評之屬

海山詩屋詩話十卷　（清）李文泰輯　清光緒
四年（1878）粵東羊城森寶閣鉛印本　二冊

330000－1702－0005071　普 280/5600　類叢
部/叢書類/彙編之屬

花雨樓叢鈔十一種續鈔十一種附一種　（清）
張壽榮編　清光緒八年至十四年（1882－

1888)蛟川張氏花雨樓刻本　八冊　存一種

330000－1702－0005072　普279/5567　集部/別集類/清別集

西林詩萃八卷後萃二卷　（清）戴玉華撰　清道光四年(1824)刻本　六冊

330000－1702－0005073　普2/42　類叢部/叢書類/彙編之屬

問經堂叢書　（清）孫馮翼編　清嘉慶承德孫氏刻本　一冊　存一種

330000－1702－0005075　民279/5571　類叢部/叢書類/彙編之屬

風雨樓祕笈留真十種　鄧實編　清宣統元年至民國六年(1909－1917)順德鄧氏風雨樓影印本　一冊　存一種

330000－1702－0005076　普279/5573　子部/儒家類/儒學之屬/蒙學

人範六卷附錄一卷　（清）蔣元輯　（清）顧廣譽增輯　清光緒十六年(1890)守拙軒刻本　一冊

330000－1702－0005077　普279/5576　子部/雜著類/雜說之屬

思補齋筆記八卷　（清）潘世恩撰　清會文齋刻本　一冊

330000－1702－0005078　普279/5581　子部/小說家類/雜事之屬

薑露盦雜記六卷　（清）施山撰　清宣統三年(1911)施煋金陵刻本　二冊

330000－1702－0005080　普111/2760　集部/總集類/酬唱之屬

西冷話別集一卷　（清）馬馴良輯　清光緒十三年(1887)鉛印本　一冊

330000－1702－0005082　普112/2766　集部/總集類/選集之屬/通代

歷代宮閨文選二十六卷姓氏小錄一卷　（清）周壽昌輯　清宣統三年(1911)上海群學社鉛印本　六冊

330000－1702－0005083　普279/5597　經

部/群經總義類/傳說之屬

皇朝五經彙解二百七十卷　朱鏡清輯　清光緒十四年(1888)上海鴻文書局石印本　十六冊

330000－1702－0005085　普112/2771　集部/小說類/長篇之屬

增評加批金玉緣圖說十二卷一百二十回首一卷　（清）曹霑　（清）高鶚撰　（清）蝶薌仙史評訂　清光緒三十二年(1906)上海桐蔭軒石印本　十六冊

330000－1702－0005087　普278/5551　經部/小學類/音韻之屬/韻書

佩文詩韻釋要五卷辨正一卷　（清）周兆基輯　清光緒三年(1877)粵東使署刻本　一冊　存四卷(三至五、辨正)

330000－1702－0005092　普278/5552　類叢部/叢書類/彙編之屬

天壤閣叢書二十種　（清）王祖源　（清）王懿榮編　清同治至光緒福山王氏刻彙印本　二冊　存五種

330000－1702－0005094　普278/5553　集部/別集類/清別集

大梅山館集五十五卷　（清）姚燮撰　清道光十三年至咸豐六年(1833－1856)大梅山館刻本　二冊　存四卷(復莊駢儷文権三至六)

330000－1702－0005095　普278/5555　集部/別集類/清別集

越縵堂駢體文四卷散體文一卷　（清）李慈銘撰　清光緒二十三年(1897)刻虛霩居叢書本　三冊　存四卷(駢體文二至四、散體文)

330000－1702－0005103　普278/5561　史部/史評類/史論之屬

史通通釋二十卷　（清）浦起龍撰　清光緒十九年(1893)上海文瑞樓石印本　八冊

330000－1702－0005105　普278/5562　經部/叢編

皇清經解一千四百八卷首一卷　（清）阮元輯　清道光九年(1829)廣東學海堂刻咸豐十一

年(1861)補刻本　二冊　存七卷(一千二百八十至一千二百八十六)

330000－1702－0005112　普278/5566　類叢部/類書類/專類之屬

皇朝駢文類苑十四卷首一卷　(清)姚燮選　清光緒十二年(1886)鎮海張壽榮刻本　二十冊

330000－1702－0005117　普277/5547　集部/總集類/選集之屬/通代

續古文辭類纂二十八卷　(清)黎庶昌輯　清光緒十五年(1889)上海商務印書館鉛印本　十一冊　缺二卷(二十四至二十五)

330000－1702－0005118　普4/105　經部/小學類/文字之屬/說文/專著

說文通訓定聲十八卷分部柬韻一卷說雅一卷古今韻準一卷　(清)朱駿聲撰　(清)朱鏡蓉參訂　**行述一卷**　(清)朱孔彰撰　清光緒十三年(1887)上海積山書局石印本　八冊

330000－1702－0005120　普276/5494　類叢部/叢書類/自著之屬

悔餘庵集三種　(清)何栻撰　清同治四年(1865)鳩江戎幄刻本　十一冊　缺三卷(文稿八至九、詩稿十三)

330000－1702－0005122　普112/2801　集部/總集類/選集之屬/通代

文選五卷首一卷　(南朝梁)蕭統輯　(唐)李善注　**文選考異一卷**　(清)胡克家撰　清光緒二十五年(1899)煥文書局石印本　六冊

330000－1702－0005123　普276/5515　類叢部/叢書類/彙編之屬

藝苑捃華四十八種　(清)顧之逵編　清同治刻本　三冊　存四種

330000－1702－0005126　普276/5516　經部/小學類/音韻之屬/韻書

詩韻合璧五卷　(清)湯祥瑟輯　**虛字韻藪一卷**　(清)潘維城輯　清末鉛印本　二冊　存三卷(詩韻合璧三、五,虛字韻藪)

330000－1702－0005128　普323/6805　類叢

部/叢書類/郡邑之屬

武林往哲遺著五十六種後編十種　(清)丁丙編　清光緒二十年至二十六年(1894－1900)錢塘丁氏嘉惠堂刻本(錢塘韋先生文集卷一至二原缺)　一冊　存二種

330000－1702－0005132　普275/5475　集部/總集類/選集之屬/斷代

東嵒草堂評訂唐詩鼓吹十卷　(金)元好問輯　(元)郝天挺注　(明)廖文炳解　(清)朱三錫評　清康熙刻本　三冊　存六卷(三至八)

330000－1702－0005137　普275/5481　經部/群經總義類/傳說之屬

皇朝五經彙解二百七十卷　朱鏡清輯　清光緒十四年(1888)上海鴻文書局石印本　十六冊　存一百二十六卷(詩經一百四十五至一百六十八、春秋一百六十九至二百二十一、禮記二百二十二至二百七十)

330000－1702－0005143　普275/5486　子部/叢編

子書百家　(清)崇文書局編　清光緒元年(1875)湖北崇文書局刻本　一冊　存一種

330000－1702－0005144　普275/5490　類叢部/叢書類/自著之屬

西堂全集四種附一種　(清)尤侗撰　清刻本　二冊　存二種

330000－1702－0005145　普274/5458　集部/別集類/漢魏六朝別集

庾子山集十六卷總釋一卷　(北周)庾信撰　(清)倪璠注　**年譜一卷**　(清)倪璠撰　清光緒二十年(1894)粵東儒雅堂刻本　十一冊　缺一卷(三)

330000－1702－0005146　普274/5460　類叢部/叢書類/彙編之屬

廣雅書局叢書一百五十九種　徐紹棨編　清光緒廣雅書局刻民國九年(1920)番禺徐紹棨彙編印本　五冊　存一種

330000－1702－0005150　普273/5441　集

部/別集類/清別集

自然好學齋詩鈔十卷 （清）汪端撰　清同治
十三年（1874）刻本　三冊

330000－1702－0005151　普273/5445　集
部/別集類/唐五代別集

杜詩鏡銓二十卷附諸家論杜一卷年譜一卷
（清）楊倫撰　**讀書堂杜工部文集註解二卷**
（清）張溍撰　清光緒十八年（1892）上海著易
堂鉛印本　六冊　缺一卷（年譜）

330000－1702－0005154　普113/2827－2828
集部/別集類/清別集

喬劍溪遺集十九卷 （清）喬億撰　清乾隆至
嘉慶刻本　二冊

330000－1702－0005159　普273/5455　集
部/別集類/清別集

梅村詩集箋注十八卷 （清）吳偉業撰　（清）
吳翌鳳箋注　清嘉慶十九年（1814）嚴榮滄浪
吟榭刻本　十二冊

330000－1702－0005162　普273/5457　類叢
部/叢書類/彙編之屬

刻鵠齋叢書十六種 （清）胡念修編　清光緒
二十三年至二十七年（1897－1901）刻鵠齋刻
本　六冊　存一種

330000－1702－0005164　普272/5416　子
部/兵家類

中國歷史戰爭形勢圖說附論二卷　盧彤撰
清宣統二年（1910）武昌同倫學社鉛印本
一冊

330000－1702－0005165　普272/5417　新
學/理學/理學

天演論二卷 （英國）赫胥黎撰　嚴復譯　清
光緒二十七年（1901）富文書局石印本　一冊

330000－1702－0005166　普272/5419　集
部/別集類/清別集

題鳳館詩稿八卷詞稿一卷文稿二卷 （清）朱
鑑成撰　清同治十年（1871）成都刻本　一冊
存二卷（文稿一至二）

330000－1702－0005173　普272/5426　集

部/別集類/唐五代別集

**溫飛卿詩集七卷別集一卷集外詩一卷附錄諸
家詩評一卷** （唐）溫庭筠撰　（明）曾益注
（清）顧予咸補注　（清）顧嗣立續注　清刻本
二冊

330000－1702－0005175　普272/5429　類叢
部/叢書類/彙編之屬

榆園叢刻十五種附一種 （清）許增編　清同
治至光緒刻本　二冊　存一種

330000－1702－0005176　普114/2843　集
部/總集類/尺牘之屬

昭代名人尺牘二十四卷小傳二十四卷 （清）
吳修輯　清光緒三十四年（1908）西泠印社影
印本　二十六冊

330000－1702－0005177　普272/5434　集
部/別集類/清別集

**定盦文集三卷續集四卷續錄一卷古今體詩二
卷雜詩一卷詞選一卷詞錄一卷文集補編四卷
文拾遺一卷文集補一卷** （清）龔自珍撰　**定
盦先生年譜一卷**　吳昌綬編　清宣統二年
（1910）上海國學扶輪社鉛印本　四冊　存十
一卷（文集一至三、詞選、詞錄、文集補編一至
四、文拾遺、文集補）

330000－1702－0005179　普272/5436　史
部/編年類/通代之屬

御批歷代通鑑輯覽一百二十卷 （清）傅恒等
撰　清光緒二十九年（1903）中西書局石印本
六冊　存七十卷（一至十四、二十八至四
十、五十三至九十五）

330000－1702－0005180　普272/5437　史
部/地理類/總志之屬/通代

天下郡國利病書一百二十卷 （清）顧炎武撰
清光緒二十七年（1901）上海圖書集成局鉛
印本　二十七冊　缺四卷（二十九至三十二）

330000－1702－0005182　普272/5438－2
集部/詞類/別集之屬

曝書亭集詞註七卷 （清）朱彝尊撰　（清）李
富孫注　清嘉慶十九年（1814）嘉興李氏校經
廎刻本　三冊

330000－1702－0005183　普115/2852－2863　類叢部/叢書類/彙編之屬

功順堂叢書十八種　（清）潘祖蔭編　清光緒吳縣潘氏刻本（周人經說卷五至八原缺）　二十四冊

330000－1702－0005184　普271/5387　子部/藝術類/音樂之屬/樂譜

琴學入門二卷　（清）張鶴輯　清光緒七年（1881）刻本　六冊

330000－1702－0005185　普271/5389　集部/別集類/清別集

舊雨草堂時文不分卷　（清）陳康祺撰　清同治九年（1870）寧郡蔣文照刻本　三冊

330000－1702－0005187　普101/2305　集部/戲劇類/傳奇之屬

牡丹亭還魂記二卷五十五齣　（明）湯顯祖撰　清末石印本　一冊

330000－1702－0005190　普271/5401　集部/詩文評類/文評之屬

文心雕龍十卷　（南朝梁）劉勰撰　（清）黃叔琳輯注　（清）紀昀評　清道光十三年（1833）盧坤兩廣節署刻朱墨套印本　四冊

330000－1702－0005191　普271/5403　類叢部/類書類/專類之屬

子史精華一百六十卷　（清）吳襄等輯　清光緒十三年（1887）上海蜚英館石印本　八冊

330000－1702－0005192　普7/147　史部/政書類/軍政之屬/兵制

杭州八旗駐防營志略二十五卷　（清）張大昌輯　清光緒十九年（1893）浙江書局刻本　六冊

330000－1702－0005193　普7/149　史部/詔令奏議類/奏議之屬

改亭奏草一卷　（明）方鳳撰　清抄本　一冊

330000－1702－0005194　普7/150　史部/傳記類/別傳之屬/年譜

程子年譜二種　（清）池生春　（清）諸星杓編　清抄本　一冊　存一種

330000－1702－0005195　普271/5410　子部/藝術類/書畫之屬/法帖

御刻三希堂石渠寶笈法帖三十二卷　（清）梁詩正等輯　清末影印本　三冊　存三卷（十六、十八至十九）

330000－1702－0005196　普7/168　集部/別集類/清別集

歷劫餘吟一卷　清末抄本　一冊

330000－1702－0005197　普7/152　類叢部/叢書類/自著之屬

孫夏峰全集十二種附一種　（清）孫奇逢撰　清康熙刻道光至光緒遞刻本　二十四冊　存一種

330000－1702－0005198　普7/164　史部/傳記類/總傳之屬/家乘

[安徽]休寧金氏族譜二十六卷首一卷　（清）金門詔纂修　清乾隆十三年（1748）刻本　一冊　缺十九卷（八至二十六）

330000－1702－0005200　普269/5353　子部/藝術類/總論之屬

美術叢書初集一百二種　鄧實輯　清宣統三年（1911）上海神州國光社鉛印本　四冊　存八種

330000－1702－0005203　普269/5354　史部/目錄類/總錄之屬/官修

欽定四庫全書簡明目錄二十卷首一卷　（清）紀昀等撰　清同治七年（1868）廣東書局刻本　十一冊　存十五卷（二至四、八至十六、十八至二十）

330000－1702－0005205　普10/178　史部/地理類/方志之屬/郡縣志

[乾隆]杭州府志一百十卷首六卷　（清）鄭澐修　（清）邵晉涵等纂　清乾隆四十九年（1784）刻本　四十冊　缺二卷（二十七至二十八）

330000－1702－0005207　普269/5356　經部/儀禮類/傳說之屬

儀禮鄭注句讀十七卷監本正誤一卷石本誤字

一卷　（清）張爾岐撰　清乾隆八年（1743）濟陽高廷樞和衷堂刻本　一冊　存三卷（六至八）

330000－1702－0005209　普269/5358　類叢部/叢書類/彙編之屬

檀几叢書五十種二集五十種餘集四十七種附政十種　（清）王晫　（清）張潮編　清康熙王晫霞舉堂刻本　九冊　存七十五種

330000－1702－0005212　普51/806　史部/傳記類/總傳之屬/家乘

[江西婺源][安徽歙縣][江西浮梁]三田李氏統宗譜不分卷　（明）李暉等纂修　明萬曆刻本　四冊

330000－1702－0005213　普182/4249　集部/總集類/彙編之屬

群賢小集五種七卷　（宋）陳思編　清抄本三冊

330000－1702－0005215　普182/4250　子部/醫家類/類編之屬

石山醫案八種　（明）汪機等撰　明嘉靖刻崇禎祁門樸墅增刻本　一冊　存一種

330000－1702－0005221　普183/4257　集部/戲劇類/雜劇之屬

桃谿雪二卷　（清）黃燮清撰　（清）李光溥評文　清光緒元年（1875）雲鶴僊館刻本　一冊

330000－1702－0005223　普269/5369　經部/三禮總義類/圖說之屬

新定三禮圖二十卷　（宋）聶崇義集注　清光緒上海同文書局石印通志堂本　二冊

330000－1702－0005224　普269/5370　類叢部/叢書類/彙編之屬

花雨樓叢鈔十一種續鈔十一種附一種　（清）張壽榮編　清光緒八年至十四年（1882－1888）蛟川張氏花雨樓刻本　二冊　存一種

330000－1702－0005225　普183/4262　史部/地理類/專志之屬/書院

杭州府錢塘仁和三學合志□□卷首二卷　清末來以仁、潘魯珊抄本　五冊　存六卷（一、三、六至七,首一至二）

330000－1702－0005226　普183/4268　子部/術數類/雜術之屬

月下老人籤一卷　清末刻本　一冊

330000－1702－0005227　普183/4269　子部/宗教類/道教之屬/眾術

關帝靈籤一卷武帝靈籤一卷　清刻本　一冊

330000－1702－0005228　普269/5371　子部/雜著類/雜纂之屬

清異錄二卷　（宋）陶穀撰　清同治十二年（1873）刻本　二冊

330000－1702－0005229　普269/5377　經部/三禮總義類/通禮雜禮之屬

司馬氏書儀十卷　（宋）司馬光撰　清同治七年（1868）江蘇書局刻本　一冊

330000－1702－0005230　普269/5378　類叢部/叢書類/自著之屬

潛廬全集五種附一種　金蓉鏡撰　清光緒三十四年（1908）、宣統二年（1910）刻本　一冊　存一種

330000－1702－0005231　普268/5337　子部/醫家類/方書之屬/單方驗方

類證普濟本事方十卷坊刻王氏本備錄一卷　（宋）許叔微撰　（清）葉桂釋義　清嘉慶十九年（1814）葉鍾刻本　六冊

330000－1702－0005232　普268/5343－2　子部/醫家類/方書之屬/單方驗方

經驗良方四卷　（清）錢青揄輯　（清）陳彥吾續增　清道光二十五年（1845）觀心書屋刻本　二冊

330000－1702－0005233　普268/5344　子部/叢編

子書二十三種　（清）浙江書局編　清光緒二十三年（1897）上海圖書集成局鉛印本　九冊　存六種

330000－1702－0005234　普183/4270　子部/藝術類/書畫之屬/法帖

玉版十三行一卷　（晉）王獻之書　清影印本
　一冊

330000 - 1702 - 0005237　普 268/5346　子
部/藝術類/總論之屬
美術叢書　鄧實輯　清宣統三年（1911）上海
神州國光社鉛印本　四冊　存八種

330000 - 1702 - 0005240　普 268/5347　集
部/別集類/清別集
**卷施閣駢體文八卷續編一卷更生齋駢體文四
卷**　（清）洪亮吉撰　清光緒二十一年（1895）
上海文瑞樓石印本　二冊

330000 - 1702 - 0005248　普 268/5350　類叢
部/叢書類/自著之屬
隨園三十種　（清）袁枚撰　清光緒十八年
（1892）上海圖書集成印書局鉛印本　四冊
存二種

330000 - 1702 - 0005250　普 184/4285　史
部/目錄類/書志之屬/提要
善本書室藏書志四十卷附錄一卷　（清）丁丙
輯　清光緒二十五年至二十七年（1899 -
1901）錢唐丁立中鄂中刻本　六冊

330000 - 1702 - 0005260　普 267/5306　集
部/總集類/選集之屬/通代
文選六十卷　（南朝梁）蕭統輯　（唐）李善注
　文選考異十卷　（清）胡克家撰　清光緒六
年（1880）四明林植梅刻本　二十四冊

330000 - 1702 - 0005270　普 267/5309　經
部/春秋左傳類/傳說之屬
東萊博議四卷增補虛字註釋一卷　（宋）呂祖
謙撰　清光緒七年（1881）鳳城官舍刻本
四冊

330000 - 1702 - 0005271　普 267/5310　集
部/別集類/唐五代別集
**玉谿生詩詳註三卷首一卷樊南文集箋註八卷
首一卷**　（唐）李商隱撰　（清）馮浩編訂　清
乾隆四十五年（1780）德聚堂刻嘉慶元年
（1796）增刻本　四冊　存四卷（玉谿生詩詳
註一至三、首）

330000 - 1702 - 0005294　普 267/5317　史
部/雜史類/通代之屬
最近支那史二卷　（日本）河野通之　（日本）
石村貞一輯　清光緒上海振東室學社影印本
　四冊

330000 - 1702 - 0005296　普 267/5319　子
部/醫家類/類編之屬
述古齋幼科新書三種　（清）張振鋆編　清光
緒二十年（1894）蘭州臬署刻本　一冊　存
一種

330000 - 1702 - 0005307　普 267/5327　子
部/醫家類/方書之屬/單方驗方
同善堂神效秘方一卷　清道光二十四年
（1844）聚錦堂刻本　一冊

330000 - 1702 - 0005311　普 267/5328　史
部/史評類/史論之屬
漢晉史日記摘錄二卷　（清）謝國翰等撰　清
光緒三十一年（1905）甘肅高等學堂刻本
一冊

330000 - 1702 - 0005313　普 185/4376　史
部/政書類/公牘檔冊之屬
**雲南地方自治籌辦處擬訂各廳州縣清查公欸
處章程一卷**　清宣統三年（1911）鉛印本
一冊

330000 - 1702 - 0005318　普 267/5329、5332
類叢部/叢書類/彙編之屬
知不足齋叢書一百九十六種　（清）鮑廷博編
　（清）鮑士恭續編　清乾隆三十七年至道光
三年（1772 - 1823）長塘鮑氏刻彙印本　二冊
　存三種

330000 - 1702 - 0005325　普 267/5334　集
部/別集類/清別集
篔山堂詩鈔十二卷　（清）王賡言撰　清嘉慶
十四年（1809）刻本　四冊

330000 - 1702 - 0005334　普 266/5282　子
部/儒家類/儒學之屬/性理
漢學商兌三卷　（清）方東樹撰　清光緒二十
六年（1900）浙江書局刻本　四冊

330000－1702－0005339　普266/5289　集部/別集類/清別集

怡雲廬駢體文一卷詩鈔一卷　（清）金安瀾撰　清同治九年(1870)滬城刻本　一冊

330000－1702－0005342　普266/5290　集部/別集類/清別集

讀均軒館賦偶存一卷　（清）龐鍾璐撰　清光緒十一年(1885)刻本　一冊

330000－1702－0005345　普266/5291　類叢部/叢書類/彙編之屬

湖海樓叢書十二種　（清）陳春編　清嘉慶蕭山陳氏刻二十四年(1819)彙印本　二冊　存一種

330000－1702－0005350　普266/5293　子部/農家農學類/園藝之屬/總志

佩文齋廣羣芳譜一百卷目錄二卷　（清）汪灝等撰　清刻本　二冊　存五卷(八十二至八十六)

330000－1702－0005351　普266/5294　類叢部/類書類/通類之屬

玉海二百四卷附刻十三種六十一卷　（宋）王應麟撰　**校補玉海瑣記二卷王深甯先生年譜一卷**　（清）張大昌撰　清光緒九年至十六年(1883－1890)浙江書局刻本　一冊　存一卷(詩攷)

330000－1702－0005352　普266/5297　集部/別集類/唐五代別集

白香山詩長慶集二十卷後集十七卷別集一卷補遺二卷　（唐）白居易撰　（清）汪立名編訂　**白香山年譜一卷**　（清）汪立名撰　**白香山年譜舊本一卷**　（宋）陳振孫撰　清康熙四十一年至四十二年(1702－1703)汪立名一隅草堂刻本　四冊　存十二卷(長慶集一至十、年譜、年譜舊本)

330000－1702－0005353　普266/5298　集部/總集類/選集之屬/通代

文選六十卷　（南朝梁）蕭統輯　（唐）李善注　（清）何焯評　清乾隆三十四年至三十七年(1769－1772)長洲葉氏海錄軒刻朱墨套印本　六冊　存四十五卷(七至四十二、五十二至六十)

330000－1702－0005358　普266/5299　集部/總集類/選集之屬/通代

重訂文選集評十五卷首一卷末一卷　（清）于光華輯　清同治八年(1869)寶文堂刻本　三冊　存三卷(六至七、九)

330000－1702－0005363　普266/5300　集部/別集類/清別集

袁文箋正十六卷補注一卷　（清）袁枚撰　（清）石韞玉箋　清道光七年(1827)松壽山房刻本　五冊　存十卷(一至六、九至十、十三至十四)

330000－1702－0005370　普266/5302　子部/藝術類/書畫之屬

桐陰論畫三卷附錄一卷桐陰畫訣一卷續桐陰論畫一卷　（清）秦祖永撰　清同治三年至六年(1864－1867)刻朱墨套印本　三冊　存三卷(桐陰論畫一至三)

330000－1702－0005383　普265/5263　經部/春秋穀梁傳類/傳說之屬

春秋穀梁經傳補注二十四卷首一卷末一卷　（清）鍾文烝補注　清光緒二年(1876)嘉善鍾氏信美室刻本　三冊　存九卷(二至八、二十三至二十四)

330000－1702－0005390　民185/4434　史部/政書類/軍政之屬

今後當以武力護國說一卷　童振藻撰　稿本　一冊

330000－1702－0005391　普185/4436　史部/政書類/公牘檔冊之屬

籌辦簡易識字學塾申報提學司文暨改革錢糧積弊諮詢議事文一卷　童振藻撰　稿本　一冊

330000－1702－0005398　普265/5269　集部/總集類/選集之屬/通代

詩比興箋四卷　（清）陳沆輯　清光緒九年(1883)長洲彭祖賢武昌刻本　一冊　存二卷

（三至四）

330000－1702－0005408　普185/4451　史部/地理類/雜志之屬

維西調查錄一卷　稿本　一冊

330000－1702－0005417　普185/4460　新學/議論

中國地理文明論一卷　（日本）停春樓主人撰　清末童振藻抄本　一冊

330000－1702－0005427　普263/5199－1　子部/叢編

子書二十三種　（清）浙江書局編　清光緒二十三年（1897）上海圖書集成局鉛印本　九冊　存五種

330000－1702－0005435　普263/5209　史部/雜史類/通代之屬

戰國策補註三十三卷　吳曾祺撰　清宣統二年（1910）商務印書館鉛印本　三冊　存二十三卷（一至七、十八至三十三）

330000－1702－0005455　普263/5216　類叢部/叢書類/彙編之屬

弢園叢書□□種　（清）王韜編　清光緒鉛印本　一冊　存一種

330000－1702－0005456　普263/5228　類叢部/叢書類/彙編之屬

粵雅堂叢書一百八十四種　（清）伍崇曜編輯　清道光二十九年至光緒十一年（1849－1885）南海伍氏刻彙印本（春秋五禮例宗卷四至六，乾道臨安志卷四至十五，群書治要卷四、十三、二十原缺）　二冊　存一種

330000－1702－0005457　普263/5229　集部/總集類/選集之屬/通代

文選六十卷　（南朝梁）蕭統輯　（唐）李善注　**文選考異十卷**　（清）胡克家撰　清宣統三年（1911）上海會文堂石印本　六冊　存二十七卷（三十四至六十）

330000－1702－0005458　普193/4864　史部/政書類/公牘檔冊之屬

大理府雲龍州白羊廠漢回聚眾械鬥案紀實一

卷　清道光抄本　一冊

330000－1702－0005459　普193/4865　史部/政書類/邦計之屬

試辦烏格煤礦公司集股章程一卷　清末曬藍本　一冊

330000－1702－0005461　民193/4868　史部/政書類/考工之屬/雜志

銅差總覽一卷　清末抄本　一冊

330000－1702－0005462　普193/4844　史部/政書類/邦計之屬

稟擬招商集股開採滇礦附呈章程一卷　清光緒九年（1883）刻本　一冊

330000－1702－0005469　普193/4872　史部/傳記類/總傳之屬/人表

雲南總商會幫董職名一覽表一卷　清末鉛印本　一冊

330000－1702－0005481　普196/4969、4975－1　子部/天文曆算類/算書之屬

行素軒算稿九種　（清）華蘅芳撰　清光緒金匱華氏行素軒刻本　七冊　存五種

330000－1702－0005483　普196/4971　集部/別集類/清別集

樊榭山房全集四十二卷　（清）厲鶚撰　**振綺堂詩存一卷**　（清）汪憲撰　**松聲池館詩存四卷**　（清）汪璐撰　清光緒十年至十五年（1884－1889）汪氏振綺堂刻本　五冊

330000－1702－0005484　普196/4972　史部/地理類/山川之屬/水志

水道提綱二十八卷　（清）齊召南撰　清光緒四年（1878）津門徐士鑾霞城精舍刻本　八冊

330000－1702－0005485　普196/4973　史部/目錄類/書志之屬/提要

昭德先生郡齋讀書志二十卷首一卷　（宋）晁公武撰　清光緒六年（1880）會稽章氏刻本　八冊

330000－1702－0005492　普196/4982　史部/政書類/律令之屬/治獄

刑案匯覽六十卷首一卷末一卷拾遺備考一卷續增十六卷 （清）祝慶祺輯 新增刑案匯覽十六卷首一卷 （清）潘文舫輯 清光緒十二年（1886）上海圖書集成局鉛印本 四十册

330000－1702－0005493 普196/5002 類叢部/叢書類/彙編之屬
風雨樓叢書二十三種 鄧實編 清宣統順德鄧氏鉛印本 三册 存一種

330000－1702－0005531 普196/4999 子部/藝術類/書畫之屬/總論
畫禪室隨筆四卷 （明）董其昌撰 （清）楊補輯 清康熙大魁堂刻本 二册

330000－1702－0005546 普196/5001 集部/詞類/別集之屬
彊邨詞四卷前集一卷別集一卷 朱祖謀撰 清光緒三十一年（1905）刻本 二册 存四卷（一至四）

330000－1702－0005551 普51/808 集部/總集類/郡邑之屬
可園叢錄二種 清抄本 一册

330000－1702－0005557 普51/809 史部/傳記類/總傳之屬/文苑
西湖三祠名賢考畧三卷首一卷 戴啓文撰 清光緒三十年（1904）丹徒戴啓文刻本 二册

330000－1702－0005559 普196/5006 集部/別集類/清別集
三省樓賸稿一卷 （清）張婉撰 清光緒三十三年（1907）鉛印本 一册

330000－1702－0005570 普186/4545 史部/地理類/遊記之屬/紀行
雲南高等學堂諸生西山旅行記一卷 葉大鑫 葉芳瀚 陳阜源記 童振藻修改 稿本 一册

330000－1702－0005587 普196/5017 類叢部/叢書類/彙編之屬
三長物齋叢書二十六種 （清）黃本驥編 清道光二十二年至二十八年（1842－1848）湘陰蔣瓌刻本 十二册 存一種

330000－1702－0005602 普195/4948 史部/傳記類/職官錄之屬/總錄
[清光緒三十四年]大清搢紳全書四卷 清光緒三十四年（1908）榮祿堂刻本 四册

330000－1702－0005603 普195/4954 子部/雜著類/雜考之屬
東塾讀書記二十五卷 （清）陳澧撰 清光緒刻本 五册 缺四卷（二十二至二十五）

330000－1702－0005611 普193/4918 史部/政書類/考工之屬/雜志
迤東銅務紀畧一卷 （清）嚴慶祺撰 清宣統元年（1909）稿本 一册

330000－1702－0005627 普195/4959－2 子部/天文曆算類/算書之屬
行素軒算稿九種 （清）華蘅芳撰 清光緒金匱華氏行素軒刻本 一册 存二種

330000－1702－0005634 普195/4963 子部/藝術類/音樂之屬/樂譜
五知齋琴譜八卷 （清）徐祺撰 （清）周魯封輯 清乾隆二年（1737）棲心琴社刻本 六册

330000－1702－0005655 普195/4967 集部/總集類/課藝之屬
麗澤課藝選二卷 （清）姚瑩俊選評 清光緒二十一年（1895）蕭山陳氏木活字印本 二册

330000－1702－0005657 普194/4947 類叢部/叢書類/彙編之屬
知不足齋叢書一百九十六種 （清）鮑廷博編 （清）鮑士恭續編 清乾隆三十七年至道光三年（1772－1823）長塘鮑氏刻同治十一年（1872）嶺南蘇氏補刻本 二百四十册

330000－1702－0005658 普193/4933 史部/職官類/官箴之屬
牧令須要一卷 清光緒十五年（1889）抄本 一册

330000－1702－0005672 普193/4937 史部/地理類/專志之屬/書院
雲南省官立高等學堂一覽表一卷 稿本 一册

330000－1702－0005678　普51/810　類叢部/叢書類/郡邑之屬

武林掌故叢編一百九十種　（清）丁丙編　清光緒三年至二十六年(1877－1900)錢塘丁氏嘉惠堂刻本([乾道]臨安志卷四至十五、南宋館閣錄卷一原缺)　一冊　存二種

330000－1702－0005680　普51/811　史部/政書類/邦計之屬/貿易

大清國大英國續議滇緬界商務條款一卷中緬條約附款專條一卷　清光緒刻本　一冊

330000－1702－0005681　普51/813　史部/雜史類/斷代之屬

越南朝貢過楚紀事一卷　（清）張福鑅撰　清同治十一年(1872)丹徒張氏進脩齋刻本　一冊

330000－1702－0005683　普51/814　史部/紀事本末類/斷代之屬

元史紀事本末四卷　（明）陳邦瞻編　（明）臧懋循補　清刻本　一冊

330000－1702－0005685　普51/815　史部/史抄類

史記菁華錄六卷　（清）姚祖恩輯　清道光四年(1824)吳興姚氏扶荔山房刻朱墨套印本　六冊

330000－1702－0005688　普187/4601　史部/政書類/律令之屬/治獄

雲南刑事案例十二起一卷　清光緒稿本　一冊

330000－1702－0005700　普191/4797　集部/別集類/明別集

青邱高季迪先生詩集十八卷遺詩一卷扣舷集一卷鳧藻集五卷首一卷附錄一卷　（明）高啓撰　（清）金檀輯注　**年譜一卷**　（清）金檀編　清雍正六年至七年(1728－1729)桐鄉金檀文瑞樓刻墨華池館印本　一冊　存五卷(鳧藻集一至五)

330000－1702－0005702　普191/4802－4804　類叢部/叢書類/彙編之屬

國粹叢書四十九種　（清）國學保存會編　清光緒至宣統鉛印本　四冊　存二種

330000－1702－0005703　普191/4805　類叢部/叢書類/彙編之屬

經訓堂叢書二十一種　（清）畢沅編　清光緒十三年(1887)上海大同書局石印本　二十冊

330000－1702－0005708　普191/4807　類叢部/叢書類/彙編之屬

連筠簃叢書十二種　（清）楊尚文編　清道光二十七年至二十九年(1847－1849)靈石楊氏刻本(羣書治要卷四、十三、二十原缺)　一冊　存一種

330000－1702－0005771　普323/6797　集部/總集類/選集之屬/通代

文選五卷首一卷　（南朝梁）蕭統輯　（唐）李善注　**文選考異一卷**　（清）胡克家撰　清光緒十四年(1888)同文書局石印本　五冊　缺一卷(三)

330000－1702－0005800　普187/4687　集部/別集類/漢魏六朝別集

枚都尉文集二卷首一卷末一卷　（漢）枚乘撰　童振雲集　清光緒二十八年(1902)童振雲稿本　一冊

330000－1702－0005815　普192/4813　子部/醫家類/醫理之屬/病源病機

重刊巢氏諸病源侯總論五十卷　（隋）巢元方撰　清光緒元年(1875)湖北崇文書局刻十二年(1886)湖北官書處印本　八冊

330000－1702－0005818　普192/4816　子部/藝術類/書畫之屬/畫譜

盼雲軒畫傳四卷　（清）李若昌繪　清同治三年(1864)刻本　四冊

330000－1702－0005819　普192/4817　子部/雜著類/雜考之屬

日知錄集釋三十二卷刊誤二卷續刊誤二卷　（清）黃汝成撰　清道光十四年至十八年(1834－1838)嘉定黃氏西谿草廬刻本　十二冊　缺二卷(續刊誤一至二)

330000 – 1702 – 0005829　普 140/3380　集部/總集類/尺牘之屬

書牘留存一卷　（清）沈銘輯　稿本　一冊

330000 – 1702 – 0005830　普 137/3180　史部/政書類/公牘檔冊之屬

公牘信稿一卷　稿本　一冊

330000 – 1702 – 0005831　普 96/2103　史部/地理類/水利之屬

海寧念汛大口門二限三限石塘圖說一卷
（清）李輔燿撰　（清）袁鎮嵩繪圖　清光緒七年（1881）刻本　一冊

330000 – 1702 – 0005833　普 323/6800　史部/政書類

三通考輯要　湯壽潛輯　清光緒二十五年（1899）上海圖書集成局鉛印本　二十冊　存二種

330000 – 1702 – 0005839　普 323/6808　經部/四書類/孟子之屬/傳說

孟子集註七卷　（宋）朱熹撰　清末刻本　一冊　存二卷（四至五）

330000 – 1702 – 0005840　普 323/6809　子部/藝術類/書畫之屬/法帖

刻帖殘本二卷　清刻本　一冊

330000 – 1702 – 0005844　普 52/835　史部/詔令奏議類/奏議之屬

戊戌秋七月摘錄奏稿一卷　清末抄本　一冊

330000 – 1702 – 0005848　普 264/5242　類叢部/叢書類/彙編之屬

知不足齋叢書一百九十六種　（清）鮑廷博編　（清）鮑士恭續編　清乾隆三十七年至道光三年（1772 – 1823）長塘鮑氏刻彙印本　周端濟題簽　五冊　存十一種

330000 – 1702 – 0005849　普 276/5502　集部/總集類/彙編之屬

汪羅彭薛四家合鈔　國學扶輪社輯　清宣統二年（1910）上海國學扶輪社鉛印本　一冊　存一種

330000 – 1702 – 0005860　普 323/6814　子部/宗教類/佛教之屬/經

金剛般若波羅蜜經一卷　（後秦）釋鳩摩羅什譯　清末至民國刻本　一冊

330000 – 1702 – 0005882　善 215/111/2　史部/傳記類/日記之屬

許乃濟丙申日記不分卷（清道光十六年六月至十二月）　（清）許乃濟撰　稿本　一冊

書名筆畫字頭索引

六畫

七畫

191

九畫

195

十五畫

書名筆畫索引

202

203

四畫

七畫

213

九畫

219

221

十畫

227

229

十三畫

233

235

十四畫

十五畫

十九畫

二十畫

二十一畫

244

二十八畫

二十九畫

三十畫